이 책은 지속적인 성과를 내는 투자자가 되는 데 절대적으로 필요한 '태도' 문제를 파헤치고 있다. 기본적인 투자 원칙을 이해하고 자신감을 갖고 투자하고 싶은 사람들에게 나는 조금의 주저함 없이 이 책을 추천한다.

— 로버트 크라우츠Robert Krauz, 피보나치 투자그룹 대표

언뜻 별것 아니게 보이지만 나중에 돌아보니 엄청난 가치를 지닌 선물을 받은 적이 있는가? 나에게는 마크 더글러스가 쓴 이 책이야말로 바로 그런 선물이 아닐 수 없다. 최고의 투자자가 되고 싶은 여러분이 자기 자신에게 주는 선물로 이 책을 추천한다.

— 웰레스 윌더Welles Wilder, 트렌드 리서치 CEO

성공적인 투자자가 되기 위해서 가장 중요한 것은 바로 투자 심리다. 마크 더글러스는 단연 이 분야 최고의 선생님이다.

— 존 힐John Hill, 퓨처스 트루스 CEO

이 책을 읽으면서 저자의 한 마디 한 마디에 감탄하지 않을 수 없었다. 모두 백번 옳은 말이기 때문이다. 이 책에는 다른 어디서도 찾을 수 없고, 돈으로도 살 수 없는 통찰력이 들어 있다.

— 에디 광Eddie Kwong, 트레이딩마켓스닷컴 편집장

이 책은 기술적인 방법이나 성공한 투자자들의 성공담을 다룬 여느 책들과 차원이 다르다. 우리 자신, 우리가 처한 문제, 우리의 '자질', 그리고 우리가

지속적으로 성공하는 투자자가 되기 위해서 꼭 필요한 사고방식을 잘 설명해놓았다. 이 책을 사라! 그리고 이 내용을 온전히 당신 것으로 만들 때까지 늘 갖고 다녀라.

— 조 코웰Joe Cowell, 파테논 휴퍼스 매니지먼트 CEO

이 책이 20년 넘게 베스트셀러로 자리 잡은 데는 다 이유가 있다. 마크 더글러스가 쓴 책 가운데 단연 최고의 책이다. 모든 투자자들이 책상에 두고 오래오래 읽어야 할 필독서이다.

— 짐 트웬티먼Jim Twentyman, CQG 수석 트레이더

위대한 투자서의 반열에 오른 책. 심리와 확률의 매우 핵심적이고 중요한 요소들을 다룬 이 책은 더 나은 투자자가 되도록 우리를 인도해주는 최고의 실용서 중 하나다.

— 〈데일리FX〉

투자의 근본적인 진리를 이해하고, 걱정 없는 마음 상태로 거래하고 싶다면 충분히 읽을 만한 가치가 있는 책이다. 이 책을 읽고 나면 투자에 대한 당신의 시각은 완전히 바뀌게 될 것이다!

— 〈액션포렉스Action Forex〉

이 책에는 시장의 비밀을 밝혀낼 열쇠라고 주장하는 애매한 지표나 1,000달러만 투자하면 2,000배를 벌 수 있다는 식의 허무맹랑한 약속은 담겨 있지 않다. 대신 우리 자신과 투자에 관한 마음가짐을 현실적으로 바라볼 수 있게 해준다. 성공의 문을 열어주는 '열쇠'는 복잡한 지표나 정교한 컴퓨터 프로그램이 아닌 투자에 대한 당신의 태도에서 찾을 수 있음을 깨닫게 될 것

이다. 단순하게 들리는 이 말이 진실임을 알게 되기까지 너무 많은 돈을 잃지는 않았으면 좋겠다. 내가 지금까지 읽어본 전문 투자서 중 이것만큼 유용했던 책은 없다고 단언할 수 있다.

– BSXX(아마존 독자)

투자 심리학은 기술적 분석 못지않게 중요하다. 진지한 자세로 투자하길 원하는 누구에게나 이 고전을 강력히 추천하고 싶다. 그렇다고 펀더멘털 분석이나 기술적 분석을 중단하라는 건 아니다. 다만 이 책을 읽고 나면 두 분석을 더 일관성을 갖고 할 수 있게 된다. 그리고 일관성이야말로 투자에서 가장 중요한 요소다.

– 드 스마일리 원(아마존 독자)

주식, 옵션, 선물 거래를 하려는 사람들이라면 충분히 읽어볼 만한 가치가 있는 책이다. 이 책은 특정 투자 시스템이나 방법에 대해 이야기하지 않는다. 그보다 투자의 성공과 실패에 따른 우리의 심리와 반응을 자세히 알려준다. 멘탈이 강해야 좋은 투자자가 될 수 있다. 지금 자신의 잘못된 모습을 솔직히 반성할 의지가 없는 사람이라면 굳이 이 책을 읽는 수고를 들일 필요 없다! 하지만 통찰력이 있는 독자라면 책을 읽고 자신의 행동 패턴이 투자 결과에 어떤 영향을 미치는지 알게 될 것이다. 당신의 돈을 지키고 싶다면 이 책을 읽어라!

– P. 프린스(아마존 독자)

진정 훌륭한 책이다! 이 책은 투자자로서 우리가 느끼는 감정에 대한 심오한 통찰을 담고 있다. 저자는 우리가 시장에 진입하거나 시장을 빠져나갈 때, 보유나 매도 전략을 쓸 때, 수익을 내거나 손실을 볼 때, 그리고 청산을 하고 난 후에 어떤 심리 상태를 유지해야 하는지를 일목요연하게 알려준다. 투자는 힘든 모험이지만 감정을 통제하고, 위험을 잘 이해하고 관리한다면 충분한 가치가 있는 모험이다.

― 사디이(아마존 독자)

이제 막 투자를 시작했거나 꾸준한 성공을 위해 애쓰는 사람들에게 꼭 필요한 최고의 책이다. 책을 읽기 전 나의 투자 결과는 부침이 심했지만 책을 읽고 난 지금은 꾸준한 수익을 낼 수 있게 됐다. 확률적으로 생각하고, 과거의 결과에 집착하지 않는 투자를 하고, 철저한 원칙을 따르고 있기 때문이다. 데이 트레이더에게 마치 성경과도 같은 책이다.

― 재커리 모턴(아마존 독자)

투자의 근본적인 진실을 이해하고 싶거나, 두려움에 떨지 않고 투자하고 싶거나, 무엇보다 투자자와 시장의 시각을 모두 이해하고 싶다면 반드시 이 책을 읽어야 한다.

― 파이살 알 사와디(아마존 독자)

시장을 통제하고, 당신이 항상 옳기를 바라는 마음에서 벗어나라. 항상 옳은 건 시장이다. 시장을 통제하려 들지 말고 당신의 돈을 통제하라. 투자의 핵심은 '돈 관리'다. 무슨 일이 있어도 정해놓은 가격에 거래할 수 있다면 내 돈을 완전히 통제하는 것과 같다. 내 돈에 일어나는 일은 전적으로 내 책임이다. 이런 면에서 마크 더글러스의 이 책은 시장에서 무슨 일이 일어날지 예측하려고 하는 '집착'에서 벗어나는 법을 가르쳐준다. 두고두고 필요할 때마다 꺼내 보며 읽으면 좋은 책이다.

― LM.(아마존 독자)

지난 몇 년 동안 이 책을 15번은 읽었던 것 같다. 개인적으로 투자 시 필요한 사고방식을 알려주는 책 중 단연 최고의 책이라고 생각한다. 투자자로서 당신의 인생을 바꿔줄 책이다.

– D. 레이츠(아마존 독자)

시장에서 저지른 실수로 상당한 정신적 고통을 겪고 있었던 내게 이 책은 투자에 대해 다시 생각해볼 수 있는 좋은 기회를 주었다. 주인의식, 일관성, 인식, 기대, 신념에 대한 그의 가르침은 오늘날까지 투자를 할 때 내 심리를 지탱해주는 버팀목이 되고 있다. 시장이 매일 우리에게 야기하는 혼란과 좌절을 합리적으로 해결하기 위한 도구로서 모든 투자자들에게 이 책을 추천하고 싶다. 투자를 하면서 나의 감정을 주체하지 못할 때, 안정을 되찾는 데 도움이 되는 실로 영양가 만점의 책이다.

– 록키탑트레이더(아마존 독자)

이 책을 읽으면서 진정 '훌륭한' 투자자가 되기 위한 깨달음을 얻었다. 궁극적으로 최고의 투자자가 되기 위해 필요한 '내적 변화'를 경험하고 싶은 사람들이라면 이 책을 읽어라.

– 헤르손 무릴로(아마존 독자)

심리투자 불변의 법칙

월스트리트 심리투자의 대부 마크 더글러스가 알려주는
두려움을 이기고 탐욕에 지지 않는 투자 마인드셋 구축법

# 심리투자
# 불변의 법칙

마크 더글러스 지음
이진원 옮김

# TRADING
# *in the* ZONE

: Master the Market with Confidence, Discipline, and a Winning Attitude

더퀘스트

# 심리투자 불변의 법칙

**초판 1쇄 발행** · 2021년 12월 10일
**초판 5쇄 발행** · 2024년 8월 26일

**지은이** · 마크 더글러스
**옮긴이** · 이진원
**발행인** · 이종원
**발행처** · (주)도서출판 길벗
**브랜드** · 더퀘스트
**주소** · 서울시 마포구 월드컵로 10길 56(서교동)
**대표전화** · 02)332-0931 | **팩스** · 02)322-0586
**출판사 등록일** · 1990년 12월 24일
**홈페이지** · www.gilbut.co.kr | **이메일** · gilbut@gilbut.co.kr

**편집** · 유예진(jasmine@gilbut.co.kr), 송은경, 오수영 | **제작** · 이준호, 손일순, 이진혁
**마케팅팀** · 정경원, 김진영, 김선영, 정지연, 이지원, 이지현, 조아현, 류효정 | **유통혁신팀** · 한준희
**영업관리** · 김명자 | **독자지원** · 윤정아

**디자인** · aleph design | **교정교열** · 최진 | **CTP 출력 및 인쇄** · 금강인쇄 | **제본** · 금강제본

ISBN 979-11-6521-776-1 03320
(길벗 도서번호 090185)

정가 18,000원

---

**독자의 1초까지 아껴주는 길벗출판사**

**(주)도서출판 길벗** | IT교육서, IT단행본, 경제경영, 교양, 성인어학, 자녀교육, 취미실용 www.gilbut.co.kr

**길벗스쿨** | 국어학습, 수학학습, 어린이교양, 주니어 어학학습, 학습단행본 www.gilbutschool.co.kr

주식투자 코치로서 즐겁게 일할 수 있게 해준

모든 투자자들에게 이 책을 바칩니다.

여러분 모두가 자신만의 확신과 원칙과 일관된 마음으로

이 책에서 전하고자 하는 통찰과 지침을 마련하는 데 큰 도움을 주셨습니다.

# 투자자로서의 사고방식을 습득하라

주식시장이 대호황을 누리자 주식투자로 돈 버는 방법을 이야기하는 책들이 쏟아져 나오면서 관련 도서 시장도 상당한 호황을 누리고 있다. 가히 주식투자 비법서들이 홍수처럼 쏟아진다고 해도 과언이 아니다. 이 중에는 좋은 책도 있고 나쁜 책도 있으며 독창적인 책도 있고 예전에 나왔던 비법들을 그냥 짜깁기해놓은 데 불과한 책도 있다. 그렇지만 가끔 어떤 저자가 다른 저자들과 '정말로' 차별화된 뭔가를 갖고 등장하기도 하는데, 마크 더글러스가 바로 그런 사람이다.

이 책은 더글러스가 오랜 시간 동안 축적해온 고민과 연구의 결과물이다. 한 마디로 그의 필생의 역작이다. 이 책은 우리가 투자를 하면서 겪는 많은 문제들을 매우 깊이 있게 다룬다. 처음 투자에 발을 들이는 많은 사람들은 오로지 돈 버는 방법을 찾는 데만 골몰한다. 그러다 시간이 갈수록 전문가들의 충고를 비롯해 투자를 정당화할 다른 방법들이 꾸준한 수익을 안겨주지 못한다는 걸 깨닫고 나면 그제야 생각을 고쳐먹는다. 신뢰할 수 있는 투자 전략을 개발하거나 아니면 돈을 주고서라도 배워야겠다고 느끼는 것이다. 그렇다면 그 전략만 알면 더 쉽게 투자할 수 있다는 말인가? 그렇게 규칙만 따르면 돈이 자연스럽게 굴러 들어오는 것일까?

이 정도 단계까지 오면 초보 투자자들은 주식투자가 전혀 경험해보지 못한 좌절감을 안겨줄 수 있다는 사실을 깨닫는다. 선물 투자자 가운데 95퍼센트가 투자 시작 후 채 1년도 못 돼 알거지가 되어버린다는 통계만 봐도 잘 알 수 있다. 주식 투자자들도 이와 크게 다르지 않다. 그런 이유로 전문가들은 대부분의 주식 투자자가 단순히 '매수 후 보유' 전략을 썼을 때보다도 오히려 낮은 수익을 올린다는 사실을 항상 지적한다.

그렇다면 우리가 주목해야 하는 사람들, 즉 다른 일을 하면서도 투자에서 엄청난 성공을 거둔 많은 사람들은 어떻게 설명할 수 있을까? 그들도 우리가 알지 못할 뿐 투자를 할 때마다 매번 처참하게 실패한다는 이야기인가? 성공한 투자자는 본래 태어나는 것이지 만들어지는 건 아니란 말인가? 마크 더글러스는 이에 '그렇지 않다'라고 일축한다. 그는 성공하는 투자자가 되려면 그들의 '사고방식mindset'을 습득해야 한다고 조언한다. 언뜻 당연한 말 같지만 사실 '투자에서의 사고방식'은 인생의 경험을 바탕으로 만들어지는 일반적인 세계관과는 그 형성 방식이 아주 다른 낯선 개념이다.

우리가 살아온 인생을 되돌아보면 선물 투자자의 95퍼센트가 실패한다는 통계를 납득할 수 있다. 우리는 성장하면서 배운 여러 기술을 활용하며 산다. 그러나 투자는 우리가 학교에서 좋은 성적을 올리고, 사회에서 좋은 경력을 쌓고, 타인과 좋은 관계를 맺기 위해 배운 모든 기술을 무용지물로 만들어버린다. 그 결과 투자자는 사실상 우리가 삶을 살아오면서 목표를 달성하기 위해 습득해왔던 기술을 전부 버리고 새로운 기술을 훈련해야만 한다는 사실을 깨닫는다. 마크 더글러스는 이 책을 통해 우리에게 이 새로운 기술을 어떻게 개발해야 하는지, 새로운 사고방식을 어떻게 습득해야 하는지를 알려준다. 주식 트레이더이자 투자 코치, 투자 심리학 분야의 최고 전문가인 그는 자신이 직접 경험한 것들을 이 책 한 권으로 총망라했다.

독자들이 즐겁게, 그러면서도 깊이 있게 이 책을 읽으면서 투자자로서 올바른 사고방식을 개발할 수 있기를 바란다.


톰 하틀(금융 소프트웨어 플랫폼 CQG의 의장)

| 차례 |

추천사 | 투자자로서의 사고방식을 습득하라      — 13

시작하며 | 미스터 마켓의 변덕을 두려워하지 않는 법      — 20

태도 체크리스트 | 나는 투자를 어떻게 바라보는가      — 25

| 제1장 |

## 펀더멘털 분석, 기술적 분석, 정신적 분석

펀더멘털 분석의 한계      — 34

새로운 주류로 자리 잡은 기술적 분석      — 35

정신적 분석은 어떻게 변화를 이끌어내는가      — 37

최고의 투자자는 두려워하지 않는다      — 44

| 제2장 |

## 투자의 유혹과 위험을 받아들여라

무제한의 자유가 있는 곳, 주식시장      — 55

인간은 모든 통제와 억압을 거부한다      — 59

투자의 유혹에 안전장치를 걸어라      — 65

| 제3장 |

# 자신의 투자에 책임을 져라

모든 것은 '태도'의 문제다 — 78

고통 회피 메커니즘과 투자 — 83

승자와 패자, 그리고 흥한 자와 망한 자 — 99

| 제4장 |

# 승자의 사고방식을 배워라

투자란 대체 무엇인가? — 112

위험을 받아들인다는 것의 진짜 의미 — 116

시장을 위협으로 생각하지 말라 — 121

| 제5장 |

# 기회와 위협을 제대로 인식하라

정신 소프트웨어에서 버그를 없애는 법 — 130

존재하지만 보이지 않는 것 — 135

위험에 대한 두려움은 왜 생겨나는가 — 139

'과거의 실패와 고통'에서 벗어나라 — 143

| 제6장 |
# 시장의 시각에서 바라보라

'불확실성'의 원칙 —— 156
시장의 원래 변덕스러운 존재 —— 162


| 제7장 |
# 확률적으로 사고하라

무작위적 결과가 꾸준한 결과를 가져온다? —— 176
'지금 이 순간'에서 투자하기 —— 182
시장에 대한 어떤 기대도 하지 마라 —— 191
감정적 위험을 제거하기 —— 200


| 제8장 |
# 믿음을 갖고 투자하라

시장의 방향을 예측한다는 착각 —— 209
용어에 대한 정확한 정의 —— 213
시장에 관한 다섯 가지 근본적 진리 —— 216
기회의 흐름 속에서 투자하라 —— 222

| 제9장 |

# 믿음의 본질은 무엇인가

| | |
|---|---|
| 믿음의 기원 | ― 230 |
| 믿음은 우리 삶에 어떤 영향을 미치는가 | ― 234 |
| 믿음과 진실의 관계 | ― 240 |


| 제10장 |

# 믿음과 투자의 관계를 이해하라

| | |
|---|---|
| 두려움은 어떻게 생기고 어떻게 극복되는가 | ― 249 |
| '자기훼방적 믿음'에서 벗어나는 법 | ― 268 |


| 제11장 |

# 최고의 투자자처럼 생각하라

| | |
|---|---|
| 기계적으로 투자하기 | ― 277 |
| 자기 원칙의 역할 | ― 285 |
| 일관성을 유지하기 위한 7대 원칙 | ― 293 |
| 카지노처럼 확률 우위를 갖고 투자하는 법 | ― 298 |

| | |
|---|---|
| 마치며 ┃ 확신과 인내가 있는 투자 | ― 314 |
| 태도 체크리스트 ┃ 나는 투자를 어떻게 바라보는가 | ― 316 |

# 미스터 마켓의 변덕을 두려워하지 않는 법

주식 투자자라면 누구나 지속적인 수익 창출을 목표로 한다. 그러나 실질적으로 그 목표를 달성한 투자자는 극소수에 불과하다. 그렇다면 그 소수에 속하는 투자자들의 성공 비결은 무엇일까? 그것은 바로 멘탈, 즉 심리적인 요인에 있다. 심리야말로 투자의 성공과 실패를 결정짓는 핵심이다. 꾸준한 수익을 내는 그들은 일반 투자자들과 다르게 사고한다.

나는 1978년에 투자의 세계로 들어섰다. 당시 미시간주 디트로이트의 교외 지역에서 상해보험 회사를 경영하고 있던 나는 사업에서 큰 성공을 거뒀고, 주식투자를 해도 마찬가지로 쉽게 성공할 수 있으리라고 생각했다. 그러나 얼마 지나지 않아 그건 나만의 착각이었음을 깨달았다. 1981년이 되자 회사 경영과 투자를 효과적으로 병행하지 못하겠다는 판단이 들었고 결국 회사를 접은 후 메릴린치 은행의 시카고상품거래소 주식 중개인으로 취직했다. 내가 어떻게 됐을까? 시카고로 간 지 불과 9개월 만에 수중에 있던 돈을 거의 다 날려버렸다. 이 같은 손실은 나의 잘못된 투자 방식과 많은 돈을 벌지 않으면 안 됐던 허영심에 물든 내 생활 방식이 빚어낸 합작품이었다.

초보 투자자로서 겪은 경험을 통해 나는 나 자신뿐 아니라 투자에서 심리의 역할에 대해 정말로 많은 것을 배웠다. 그래서 1982년, 첫 번째 책 《원칙 있는 투자자: 승자의 태도를 개발하기The Disciplined Trader: Developing Winning Attitudes》의 집필에 착수했다. 책을 쓰는 건 처음이었기에 내가 아는 지식을 다른 사람들에게 적절한 방식으로 설명한다는 게 얼마나 어려운지 전혀 몰랐다. 그냥 6~9개월 정도의 시간만 있으면 집필을 끝낼 수 있으리라 생각했다. 그러나 첫 책을 완성하기까지 실제로는 무려 7년 반이 걸렸다. 그 책은 1990년이 되어서야 출간될 수 있었다.

투자에서 심리의 중요성에 대해 깨달은 나는 1983년에 메릴린치를 나와 트레이딩 행동원리 연구소Trading Behavior Dynamics라는 컨설팅 회사를 차렸다. 그곳에서 투자 심리에 대한 세미나를 열고 전 세계를 돌아다니며 투자 회사, 선물 회사, 증권사, 은행 등을 대상으로 수많은 프레젠테이션을 진행했다. 초보 투자자는 물론, 장내 거래인floor trader(거래소 내에서 자기 계정으로 거래를 하는 사람 - 옮긴이), 헤저hedger(예기치 않은 가격 변동에 따른 위험을 피하기 위한 목적으로 시장에 참가하는 사람 - 옮긴이), 옵션 전문가, 공인 트레이딩 상담사CTA, Certified Trading Advisor 등 사실상 온갖 유형의 투자자들과 함께 일했다.

그렇게 20년 가까이 주식투자에 숨겨진 '심리적 역학'을 분석해오며 찾아낸 결론은 가장 근본적 차원에서 우리의 '사고방식'에 문제가 있다는 사실이었다. 우리의 사고방식에는 시장에서 나타나는 특성들과 본질적으로 심각한 부조화를 이루는 뭔가가 존재한다. 그러므로 성공하는 투자자가 되고 싶다면 이러한 우리의 본능적인 사고방식을 거스르는 최고의 투자자만의 사고방식을 구축할 필요가 있다.

성공하는 투자자들은 자신 있게 투자를 하는 사람들이다. 그들은 시장의 변덕스러운 움직임을 두려워하지 않고, 또 두려움을 증폭시키는 정보에 신경 쓰기보다 높은 수익을 올리는 데 필요한 정보에만 정신을 집중한다.

이들의 특성을 내가 이 책에서 전달하려는 바와 연결지으면 다음과 같은 말로 요약할 수 있다. 첫째, 성공하는 투자를 위해서는 앞으로 무슨 일이 벌어질지 예측하지 않아도 된다. 둘째, 시장에서는 무슨 일이든 생길 수 있다. 셋째, 시장에서는 모든 순간이 특별하다. 그리고 그 특별함을 믿을 때 '성공할 수 있는 기회' 즉, 우위edge를 당신에게 유리한 쪽으로 가져올 수 있다. 책을 읽기 전인 지금은 이 말들이 언뜻 이상하게 들릴 수 있음을 안다. 그러나 투자의 세계에서는 성공할 수도 있고 실패할 수도 있다. 어떤 결과가 나오건 당신은 다음번 성공 기회인 우위를 기다리는 과정을 반복적으로 거쳐야 한다. 그 과정 속에서 체계적이고, 무작위적이지 않게 효과적이고, 또 효과적이지 않은 투자 방법을 모두 배우게 될 것이다. 또한 이에 못지않게 무한한 변수가 존재하는 주식시장에서 자신감을 갖고 손실을 보지 않는 노하우를 쌓을 수도 있을 것이다.

대부분의 투자자들은 주식투자에서 발생하는 문제가 그들이 가진 투자에 대한 사고방식, 더 구체적으로 말해서 '투자를 하는 동안의 사고방식' 때문에 생긴다고 믿지 않는다. 그러나 심리적 관점에서 투자자가 겪는 문제들은 반드시 생각해봐야 한다. 나는 이 책을 집필하면서 다음과 같은 다섯 가지 중요한 목표를 정해놓았다.

1. 아무리 시장 분석을 잘하는 사람이라도 투자를 하면서 다양한 어려움을 겪으며 늘 꾸준한 성과를 내지는 않는다는 걸 입증하겠다.
2. 투자 결과는 투자자의 태도와 '마음 상태state of mind'에 좌우된다는 점을 보여주겠다.
3. 확률에 따라 생각하는 승자의 사고방식을 갖는 데 필요한 믿음과 태도를 제시하겠다.
4. 일반 투자자들이 가지고 있는 잘못된 생각, 즉 자신이 이미 확률에 근거해 사고하고 있다는 착각과 관련된 많은 갈등과 모순과 역설을 바로잡겠다.
5. 이러한 사고 전략을 심리 체계로 통합하도록 이끌어주겠다.

앞으로 이 책에서 투자자가 꾸준한 성과를 올리기 위해 알아야 할 중요한 심리적인 투자 방법을 제시할 것이다. 나는 여기서 '단기간에 고수익을 올리는 비법' 같은 것은 소개하지 않을 작정이다. 그보다는 지속적인 수익을 내는 투자자가 되기 위한 사고방식을 알려주는 데 더 집중할 것이다. 나는 이미 당신이 당신만의 매매 기법이나 시스템, 즉 당신만의 우위를 갖고 있다고 생각한다. 거기에 당신의 '믿음'이 더해져야 한다. 여기서 말하는 '우위'란 구체적으로 '다른 기회보다 성공할 확률이 높은 기회'를 뜻한다. 그 우위에 대한 당신의 확신이 클수록 투자는 쉬워질 것이다. 내가 이 책을 쓴 까닭은 주식투자란 무엇인지를 이해하는 데 필요한 통찰과 지식을 제공하기 위해서다. 이 책을 다 읽고 났을 때 시장의 흐름을 예측하고 투자한다는 생각이 들 만큼 당신의 투자가 쉽고, 단순하며, 부담 없이 느껴지길 간절히 바란다.

# 나는 투자를 어떻게 바라보는가

본격적인 내용을 시작하기 전에 자신이 얼마나 최고의 투자자처럼 생각하는지 알아보기 위한 다음의 체크리스트를 한번 작성해보자. 설문에 나오는 질문들에 정해진 정답은 없다. 다만 당신의 현재 사고 방식이 투자를 통해 최대의 수익을 내는 데 필요한 사고방식과 얼마나 부합하는지 잘 보여줄 것이다.

1. 투자자로서 돈을 벌려면 시장이 다음에 어떻게 움직일지 알아야 한다.

    그렇다 ｜ 아니다

2. 나는 절대 손해 보지 않는 투자법이 분명히 있다고 생각한다.

    그렇다 ｜ 아니다

3. 투자자로서 돈을 벌려면 시장 분석은 필수다.

    그렇다 ｜ 아니다

4. 투자를 할 때 손해를 피할 수는 없다.

    그렇다 ｜ 아니다

5. 투자하기 전에 항상 위험을 파악해놓는 편이다.

그렇다 | 아니다

6. 시장이 다음에 어떻게 움직일지를 알아내기 위해서는 대가가 따른다고 생각한다.

그렇다 | 아니다

7. 나는 승리를 확신할 수 있을 때만 투자에 뛰어든다.

그렇다 | 아니다

8. 시장과 시장의 움직임에 대한 지식이 쌓일수록 투자하기가 더 쉬워질 것이다.

그렇다 | 아니다

9. 어떤 시장 상황에서 투자를 해야 하는지, 어떤 시장 상황에서 빠져나와야 하는지를 정해놓고 있다.

그렇다 | 아니다

10. 포지션을 뒤집으라는 확실한 신호를 받아도 그렇게 하기가 너무 힘들다.

그렇다 | 아니다

11. 나는 보통 일정 기간 꾸준히 성공을 거두다가도 나중에 상당히 큰 손해를 본다.

그렇다 | 아니다

12. 처음 투자를 시작했을 때 자주 손실을 보고 이따금 성공하는 데 그칠 정도로 내 투자 방법은 무계획적이었다고 말하고 싶다.

그렇다 | 아니다

13. 종종 시장이 내 편이 아니라고 느끼곤 한다.

그렇다 | 아니다

14. 아무리 털어버리려고 해도 과거 입었던 감정의 상처를 털어버리기가 너무 힘들다.

그렇다 | 아니다

15. 나는 시장에서 어느 정도 수익을 내고 나면 빠져나오는 걸 원칙으로 하고 있다.

그렇다 | 아니다

16. 투자자는 기회에 해당하는 시장의 행동 패턴을 찾아낼 수 있어야 한다. 그리고 그 패턴을 그대로 따랐을 때 발생할 수 있는 위험이 어느 정도인지도 판단해야 한다.

그렇다 | 아니다

17. 가끔씩 내가 시장의 피해자라는 느낌을 받는다.

그렇다 | 아니다

18. 나는 보통 일정한 시간대를 정해서 집중적으로 매매한다.

그렇다 | 아니다

19. 성공적인 투자를 위해서는 대부분의 사람들보다 훨씬 더 유연하게 사고해야 한다.

그렇다 | 아니다

20. 시장의 흐름을 분명하게 감지할 수 있을 때가 있지만, 종종 그러한 느낌을 받고도 민첩하게 대응하지 못할 때가 있다.

그렇다 | 아니다

21. 앞으로 높은 수익을 내지 못한다 해도 욕심을 버리거나 투자를 중
단할 생각은 없다.

그렇다 ｜ 아니다

22. 얼마나 높은 수익을 올리건 간에 좀처럼 만족하는 법이 없다. 항상
더 많이 벌 수 있었다고 느낀다.

그렇다 ｜ 아니다

23. 나는 주식투자를 통해서 내가 올릴 수 있는 수익을 긍정적으로 예
상한다.

그렇다 ｜ 아니다

24. 장기간에 걸쳐서 돈을 벌 수 있는 투자자의 능력에서 가장 중요한
건 자신이 꾸준한 수익을 낼 수 있다는 믿음이다.

그렇다 ｜ 아니다

25. 지금 당장 한 가지 투자 기술을 배울 수 있다면 어떤 기술을 배우
고 싶은가?


26. 나는 시장에 대한 걱정에 종종 밤에 잠을 설친다.

그렇다 ｜ 아니다

27. 기회를 놓치는 것이 두려워서 어쩔 수 없이 투자를 해야 한다고 느
낀다.

그렇다 ｜ 아니다

28. 아주 드물더라도 완벽한 타이밍에 매매할 수 있기를 진심으로 바
란다. 정말 완벽한 투자를 한 것 같았을 때는 기분이 너무 좋아져

서 그렇지 못했을 때 들었던 모든 나쁜 감정들이 사라진다.

그렇다 | 아니다

29. 생소한 투자 계획을 세워보고, 계획에도 없던 매수(혹은 매도)를 해 본 적이 있다.

그렇다 | 아니다

30. 대부분의 투자자들이 왜 돈을 벌지 못하는지, 왜 자신이 번 돈을 지키지 못한다고 생각하는지 그 이유를 두세 문장으로 써보라.




이 책을 다 읽을 때까지 지금 써놓은 답들을 따로 보관해놓기를 바란다. 그리고 이 책의 마지막 장(제11장 최고의 투자자처럼 생각하라)을 읽은 후에 이 체크리스트를 다시 작성해보길 권한다(뒤에 같은 설문을 다시 실었다). 단언컨대 처음에 쓴 답과 두 번째 쓴 답은 결코 같지 않을 것이다.

# 제 1 장

# 펀더멘털 분석,
# 기술적 분석,
# 정신적 분석

'펀더멘털 분석'만이 유용하고 올바른 주식투자 방법으로 간주되던 때가 있었다. 내가 주식시장에 첫발을 내딛었던 1978년에만 해도 주가와 거래량의 과거 흐름을 분석하여 미래 주가를 예측하는 기술적 분석을 하는 투자자는 거의 없었다. 오히려 시장 참가자들 다수는 그들을 미친 사람 취급했다. 지금은 도무지 믿기 힘든 얘기지만 사실 얼마 전까지만 해도 월가를 비롯해 주요 펀드와 금융기관들은 기술적 분석을 일종의 '신비로운 속임수' 정도로만 여겼다.

물론 지금은 그때와 상황이 180도 달라졌다. 이제 투자를 좀 한다는 사람치고 어떤 식으로건 기술적 분석을 활용하지 않는 사람을 찾아볼 수 없을 정도다. 일부 소수 외톨이 학자를 제외하고는 '순수' 펀더멘털 분석가라고 할 수 있는 사람은 사실상 없어졌다. 그렇다면 투자에 대한 시각이 왜 이렇게 바뀌게 된 걸까?

# 펀더멘털 분석의 한계

이 질문에 대한 대답을 찾기는 아주 쉽다. 바로 돈 때문이다! 본래 펀더멘털 측면만 엄격히 따져서 투자를 하게 되면 꾸준히 수익을 내기가 어렵다.

펀더멘털 분석이 낯선 사람들을 위해서 왜 그런지 간단하게 이유를 설명해보겠다. 펀더멘털 분석은 어떤 특정한 주식이나 금융 상품의 수급 사이에서 생기는 불균형에 영향을 줄 수 있는 모든 변수를 고려한다. 펀더멘털 분석가는 주로 수학적 모델을 사용해서 금리, 재무제표, 날씨 패턴 등 온갖 변수의 가중치를 따져본 후 미래 특정 시점의 주가를 예측한다.

이런 식의 분석이 가진 가장 큰 문제는 '다른 투자자들'을 변수로 간주하지 않는다는 점이다. 주가는 단순한 숫자가 아니라 미래에 대한 투자자들의 '믿음'과 '기대'로 움직이는데도 말이다. 또한 제아무리 모든 관련 변수를 감안해 논리적이고 합리적인 예측을 한다고 해도 투자자들이 그런 모델을 모르거나 믿지 않는다면 모델이 내놓는 예측은 큰 가치를 지니지 못할 것이다.

실제로 많은 투자자들, 특히 주가를 어느 특정 방향으로 크게 쏠리게 만들 수 있는 능력을 가진 선물 투자자들은 주가에 영향을 미친다고 여겨지는 '펀더멘털상 수급 요인'이라는 개념에 대해 조금도 신경을 쓰지 않는다. 더군다나 딱히 언제라고 할 것 없이 그들은 항상 펀더멘털 모델과 무관한 '감정적 요인'에 따라 투자를 한다. 다시 말해 주가를 변화시키는 투자자들이 늘 합리적으로 움직이는 건 아니라는 얘기다.

물론 궁극적으로는 펀더멘털 분석가가 내놓는 주가 예측이 옳을 때도 있다. 그러나 그때까지의 주가 움직임은 아주 변동성이 심해서 목표가에 도달할 때까지 계속해서 매매를 하는 것이 아예 불가능하거나 매우 힘들 수도 있다.

## 새로운 주류로 자리 잡은 기술적 분석

기술적 분석 방법은 시장이 체계적인 거래소 형태를 갖추기 시작했을 때부터 존재해왔다. 그러나 1970년 후반 내지는 1980년 초반에 이르러서야 비로소 효과적인 투자 방법으로 인정받을 수 있었다. 시장에서 주류로 자리 잡기까지 수십 년이 걸린 것이다.

기술적 분석을 간단히 설명하면 다음과 같다. 어떤 특정한 날이나 주 혹은 달에 유한한 수의 투자자가 시장에서 거래를 한다. 그리고 이들 중 다수는 수익을 내기 위해 똑같은 행동을 되풀이한다. 즉, 그들은 어떤 행동 패턴을 만드는데, 다른 투자자들과 지속적으로 상호작용하면서 그 패턴은 집단적 양상을 띠게 된다. 이러한 행동 패턴은 관찰과 계량화가 가능하며 반복적으로 이루어지기 때문에 통계적

유의미성을 갖는다.

기술적 분석은 바로 이러한 집단적인 행동 패턴을 식별 가능하게 정리해주는 방법이다. 이 패턴은 A라는 일이 생긴 다음에 B라는 일이 벌어질 확률이 아주 높을 때가 언제인지를 명확히 알려줄 수 있다. 한마디로 기술적 분석을 통해 '시장의 생각'을 읽으면서 시장에서 벌어질 일을 예상할 수 있는데, 이러한 예측의 기초가 되는 것이 앞서 특정 순간에 시장에서 생겨난 사람들의 행동 패턴이다.

미래의 주가 움직임을 예상하는 방법으로써 기술적 분석은 분명 순수 펀더멘털적 방법보다 훨씬 우수하다. 그런 이유로 투자자들은 수학적 모델에 따라 결정되는 순전히 논리적이고 합리적 차원에서 시장의 움직임을 예상하기보다는 과거 시장의 움직임에 따라 '현재' 시장의 움직임에 집중한다. 반면에 펀더멘털 분석은 '미래what should be'와 '현재what is' 사이에서 이른바 '현실적 괴리reality gap'를 일으킨다. 이러한 괴리 때문에 펀더멘털 분석은 설사 맞다 하라도 지금 당장은 유용하지 않은 방법으로, 아주 먼 미래의 장기적인 예측을 할 때 외에는 잘 쓰이지 않게 됐다.

이와 달리 기술적 분석은 이러한 '현실적 괴리'를 없애주면서 투자자에게 사실상 무한한 가능성의 문을 열어주었다. 기술적 분석은 언제라도, 즉 매 순간, 매일, 매주, 매년 어떻게 똑같이 반복 가능한 행동 패턴이 등장하는지를 예측해주기 때문이다. 다시 말해 기술적 분석은 시장을 풍요롭고 무한한 기회의 장으로 만들어주었다.

# 정신적 분석은 어떻게 변화를 이끌어내는가

기술적 분석이 그렇게 효과적이라면 그러한 분석을 포기하고 투자 심리를 기초로 하는 '정신적 분석'에 관심을 쏟는 투자자들이 늘어나고 있는 이유는 무엇일까?

이 질문에 대한 답을 찾고 싶다면 당신이 이 책을 구입한 이유가 무엇인지를 자문해보면 될 것 같다. 어쩌면 당신은 주식시장에서 돈을 벌 기회가 무한대일 거라 생각했지만 돈을 잃어 불만이 생겼고 그래서 이 책을 구입했을지도 모른다.

행동 패턴을 찾아내서 시장을 읽는 방법을 배웠다면 시장에서 돈을 벌 기회가 무한대로 많다는 사실을 알게 된다. 그런데 시장에 대한 '지식'과 그러한 지식으로 꾸준한 수익을 내는 '능력' 사이에는 커다란 괴리가 존재한다. 주가 차트를 보면서 "음, 이제 증시가 위로나 아래로 가겠군." 하고 예상했는데 실제로 시장이 그렇게 움직인 적이 몇 번이나 있었는지 생각해보라. 그렇게 돈을 못 벌어 괴로워하는 동안에도 시장의 움직임을 그저 지켜보기만 하지 않았는가?

향후 시장의 움직임을 예측하는 것(그리고 향후 수익에 대해서 예측하는 것)과 실제로 사고파는 현실 사이에는 커다란 괴리가 존재한다. 나는 이를 '심리적 괴리psychological gap'라고 부른다. 이 괴리로 인해 주식투자는 가장 어려운 일이자 정복하기 불가능해 보이는 일 중 하나가 됐다.

그렇다면 중요한 질문을 하나 던져보자. 주식투자를 정복하는 게 과연 가능한 일일까? 그리고 시장을 그저 바라보면서 성공을 꿈꿀 때처럼 속 편하고 쉽게 투자하는 방법이 있을까? 당연히 있다! 이 책이 알려주려고 하는 게 바로 그 방법이다. 이 책은 투자자인 당신뿐만 아니라 투자의 본질을 이해하는 데 필요한 통찰을 제공한다. 따라서 이 책을 읽으면 당신은 시장을 그냥 관망하며 투자에 대해 생각할 때처럼 쉽고, 편안하고, 스트레스 없이 투자할 수 있게 될 것이다.

　나의 말이 과장됐다고 느낄 수 있다. 또한 그게 불가능하다고 생각하는 사람도 있을지 모르겠다. 그러나 그렇지 않다. 내가 알려준 투자 기술을 통해 실현 가능성과 실제 투자 성과 사이의 간극을 메꾼 사람들이 실제로 존재한다. 그런데 예상할 수 있겠지만, 그러한 사람들의 수는 매우 적다. 사실 대부분의 투자자들은 투자를 하면서 극도로 좌절하고 분노한다. 그러면서 왜 자신이 그토록 바라는 꾸준한 성공을 할 수 없는지 궁금해한다.

　실제로 이 두 집단의 투자자들, 즉 꾸준한 승자와 승자가 되지 못한 사람들 사이의 차이점은 지구와 달 사이의 거리만큼이나 그 간격이 멀고, 성격과 특성 또한 매우 다르다. 마찬가지로 누구나 자신이 진정한 투자자라고 주장할지 몰라도 꾸준한 수익을 내는 소수의 투자자와 다수의 일반적인 투자자들을 비교해본다면 그들이 낮과 밤만큼 다르다는 걸 알게 될 것이다.

　달나라 여행이 투자자로서 꾸준한 성공을 상징한다면 우리는 달나라 여행이 가능하다고 말할 수는 있다. 그러나 달나라 여행은 극도로 어렵고, 실제로 성공한 사람은 아주 소수에 불과하다. 지구에서 보면 매일 밤 뜨는 달은 손을 뻗으면 닿을 것처럼 가깝게 느껴진다. 성공적으로 투자를 할 때도 이와 비슷한 느낌을 받는다. 어느 날 갑자기 시장은 모든 투자자들에게 엄청난 돈을 안겨줄 때가 있다. 그렇게 시장이 계속 상승하면 당신의 투자 성공 확률도 아주 높아진다. 그러면 성공이 목전에 와 있는 '것처럼' 느낀다.

나는 두 부류의 투자자들 간의 중요한 차이를 나타내기 위해 '것처럼'이라는 단어를 사용했다. 먼저 일관된 마음 상태를 유지하는 법을 배웠거나 그와 관련해 어떤 경지에 이른 사람들은 사실상 마음만 먹으면 아무 때나 돈을 벌 수 있다. 나의 말이 전혀 믿기지 않는 사람도 분명 있을 것이다. 그러나 사실이다. 일부 한계가 있을 수 있겠지만 이러한 투자자들은 대부분 힘들지 않게 돈을 벌기 때문에 그렇지 못한 투자자들의 마음을 심란하게 만든다.

그러나 이러한 선택받은 투자자가 되지 못한 다수의 투자자들은 성공하지 못한 채 말 그대로 '성공할 수 있을 것 같다'는 느낌만을 갖는다. 꾸준한 성공이 눈앞에서 아른거리다가 갑자기 혹은 천천히 사라져버리는 듯한 느낌을 계속해서 받는 것이다. 그들은 투자와 관련해 '감정적인 고통'만을 느낄 뿐이다. 그들에게도 분명 기세등등했던 순간이 있긴 했지만 그건 잠깐일 뿐이다. 투자를 하는 대부분의 시간 동안 그들은 공포와 분노, 좌절, 두려움, 실망, 배신, 후회의 감정만을 느낀다.

그렇다면 이 두 부류의 투자자들 사이의 차이점은 무엇일까? 지능일까? 꾸준히 이기는 투자자가 그렇지 못한 투자자보다 머리가 더 좋은 걸까? 아니면 그들이 더 열심히 일하거나 더 분석을 잘하거나 더 나은 시스템 덕을 보는 걸까? 그들이 본래 강도 높은 투자 스트레스를 더 쉽게 털어버릴 수 있는 유리한 성격을 가진 걸까?

모두 상당히 그럴듯한 설명 같다. 그러나 사실 주식투자에서 실패하는 대부분의 사람들 또한 우리 사회에서 가장 똑똑하고 가장 많이 성취한 사람들이기도 하다. 의사, 변호사, 기술자, 과학자, CEO, 부자 은퇴자, 기업인이 가장 많은 실패를 맛본다. 아울러 업계 최고의 시장 분석가들 대부분은 상상조차 하기 어려울 정도로 최악의 투자자들이다. 똑똑한 머리로 시장 분석을 잘하면 분명 도움이 될 수 있겠지만 그런 점들이 지속적으로 이기는 투자자와 그렇지 못한 투자자를 구분하는 결정적인 역할을 하지는 않는다.

지능이나 뛰어난 분석이 아니라면 대체 무엇이 그런 역할을 할 수 있단 말일까? 나는 증권 업계에서 최고, 최악의 투자자들과 함께 일하면서 최악의 투자자를 최고의 투자자로 바꿔놓은 적이 있다. 그 경험에 비추어 최고의 투자자가 다른 평범한 투자자들보다 꾸준히 더 높은 수익을 올릴 수 있는 비결이 있다고 단언할 수 있다. 이 모든 비결을 하나로 요약해서 말해야 한다면 바로 "최고의 투자자는 보통 사람들과 다르게 생각한다."는 것이다.

이 말이 당신에게는 대단치 않게 들릴 것이다. 그러나 '다르게 생각한다think differently'는 말의 속뜻을 곱씹어봐야 한다. 인간은 본래 어느 정도씩 서로 생각이 다르다. 그러나 이 사실을 항상 인식하지는 못한다. 오히려 다른 사람들이 나와 같은 생각을 하고, 당연히 같은 해석을 할 거라고 믿곤 한다. 그러다 이런 추정이 틀렸다는 걸 깨닫고 나면 비로소 인식이 바뀐다. 우리는 타인과 외모나 키와 같은 신체적 특징만 다른 것이 아니라 사고방식 또한 매우 다르다. 어쩌면 사고방식이야말로 신체적 특징을 넘어 나와 타인을 구분 짓는 뚜렷한 특징일 것이다.

다시 투자자 이야기로 돌아가보자. 최고의 투자자들이 지닌 사고방식은 계속해서 실패를 맛보는 투자자들의 사고방식과 어떻게 다를까? 시장을 '무한한 기회의 장'이라 부른다고 해도 시장에는 여전히 당신과 정반대의 마음 상태를 보이는 사람들이 존재한다. 모든 투자자들은 어느 정도 투자 경력이 쌓이면 대략 어느 시점에 시장에서 기회가 생기는지 배우게 된다. 그러나 매매 기회를 찾아내는 방법을 배웠다고 해서 누구나 최고의 투자자처럼 사고하는 법을 배웠다고 볼 수는 없다.

다른 사람에게는 없고 꾸준한 승자에게만 있는 결정적 특징은 무엇인가? 승자는 원칙을 지키고, 집중을 유지하며, 무엇보다도 어려운 여건에서도 자신감을 갖는 특별한 태도를 지녔다. 결과적으로 그들은 성공하지 못하는 대다수 투자자들이 흔히 겪는 두려움과 실수에 빠지지 않는다. 대부분의 투자자들이 시장에 대해서는 공부를 하지만 꾸준한 승자가 되는 데 절대적으로 필요한 이 '태도'에 대해서는 공부하지 않는다. 하지만 골프채나 테니스 라켓을 올바르게 휘두르는 기술을 완벽하게 습득할 수 있듯이 꾸준한 수익을 내는 데 필요한 태도 역시 훈련을 통해 배울 수 있다.

그러나 이러한 태도를 배우기 전까지 대부분의 투자자들은 감정적·경제적으로 엄청난 고통에 시달리곤 한다. 그렇다면 이들은 왜 이런 고통을 경험하는 걸까? 이 질문에 간단히 대답해보면 이렇다. 우리 대부분이 적절한 지도를 받으면서 투자자로서 경력을 쌓을 수 있을 만큼 충분히 운이 좋지 않았기 때문이다. 그러나 이보다 훨씬 더 중요한 이유도 있다. 내가 지금껏 투자에서의 심리적 역학을 분석하면서 알게 된 것은 투자의 세계에는 성공 방법을 배우기 극도로 어렵게 만드는 역설적이고 상충된 생각이 만연해 있다는 사실이다. 실제로 투자의 본질을 내게 단 한 단어로 설명해보라고 하면 나는 그것을 '역설'이라고 말하고 싶다. 사전적 정의로 역설이란 일반적인 믿음 내지는 사람들의 상식과 반대되는 것을 가리킨다.

우리가 평소에 아주 잘 통제할 수 있는 시각과 태도, 원칙들이 주식투자를 할 때는 전혀 통제되지 않곤 한다. 기존에 알던 원칙들이 아무 소용이 없게 되는 것이다. 그러다 보니 투자자들은 경제적·감정적 고통을 흔하게 겪는다. 이런 사실을 잘 모르는 많은 투자자들이 투자자가 된다는 게 무슨 뜻이고, 투자자에게 어떤 기술이 필요하고, 또 그러한 기술을 얼마나 훈련해야 하는지를 모른 채 투자자로서의 경력을 쌓아가기 시작한다.

투자는 본래 위험한 행위다. 내가 아는 한 그 어떤 투자도 확실한 결과를 보장하지 않는다. 잘못되어 손해를 볼 가능성이 언제나 존재한다. 그렇다면 당신은 항상 이런 위험을 감수하며 투자를 하는가?

답하기 힘든 질문 같지만 실은 그렇지 않다.

당연히 당신은 위험을 감수하며 투자할 것이다. 본래 어느 정도 위험을 감수해야 위험한 활동을 할 수 있는 법이다. 어떤 투자자든 그렇게 생각하는 게 완벽히 합리적이다. 실제로 사실상 모든 투자자가 그렇게 생각할 뿐 아니라 자신이 위험을 무릅쓴다는 점을 매우 자랑스러워한다.

문제는 이런 생각이 완전히 잘못됐다는 데 있다. 투자 시 위험을 감수한다는 것과 그런 위험을 '받아들이는' 건 전혀 다른 문제다. 다시 말해 모든 투자는 결과가 보장되지 않은 '확률적인 행위'이기에 위험하다. 그런데 대부분의 투자자들은 자신이 정말로 이런 위험을 '감수'하며 투자하고 있다고 믿는 걸까? 그리고 주식투자가 결과를 보장할 수 없는 확률 게임이라는 사실을 정말로 받아들인 걸까? 아울러 나올 수 있는 결과를 100퍼센트 수긍해왔을까?

대답은 단연컨대 '아니다'이다. 대부분의 투자자들은 성공하는 투자자만큼 위험을 감수한다는 게 어떤 뜻인지 모르고 있다. 정확히 말하면 위험에 대해 전혀 감을 잡지 못한다. 반면 최고의 투자자는 위험을 감수할 뿐만 아니라 위험을 받아들이고 수용하는 법을 안다. 단순히 주식투자를 하고 있으니 위험을 감수한다고 생각하는 것과 투자에 내재한 위험을 충분히 받아들이는 것 사이에는 커다란 심리적인 괴리가 존재한다. 투자의 위험을 얼마나 충분히 알고 받아들이냐에 따라 투자의 성과가 좌우된다고 해도 과언이 아니다.

# 최고의 투자자는 두려워하지 않는다

최고의 투자자는 조금의 주저함이나 갈등 없이 투자를 한다. 또 그만큼 조금의 주저함이나 갈등 없이 투자 성과가 나빴다는 것도 인정한다. 그래서 손실을 보더라도 투자를 중단할 수 있고 그러면서도 감정적으로 불편해하지 않는다. 즉, 최고의 투자자는 본래부터 투자의 위험을 알기 때문에 투자 원칙이나 투자에 대한 확신을 잃어버리는 법이 없다. 만약 당신이 투자할 때마다 조금이라도 감정적으로 불편하거나, 특히 두려움을 느낀다면 위험을 받아들이는 법을 배우지 못한 것이다. 이는 아주 중요한 문제다. 위험을 받아들이지 않으려 하면 할수록 위험을 피하려는 경향이 강해지기 때문이다. 그러나 피할 수 없는 위험을 피하려고 하면 할수록 성공적인 투자와는 점점 더 거리가 멀어질 것이다.

어떤 일이건 그 일에 따르는 위험을 제대로 받아들이는 법을 배우기란 쉽지 않다. 특히 피 같은 돈이 걸린 투자에서는 더더욱 힘든 일이다. 죽음, 그리고 많은 사람들 앞에 나서서 연설을 하는 것 말고 우리가 가장 두려움을 느끼는 일이 뭐가 있을까? 분명 손해를 보거나 내가 어떤 잘못을 저지르는 것일 테다. 그러나 투자자라면 매번 투자를 할 때마다 이 피하고 싶은 두 가지 가능성에 직면해야 한다.

이제 당신은 혼자서 이런 말을 하고 있을지 모르겠다. "손해를 보거나 잘못하는 게 너무나 고통스러우니 두 번 다시 그런 경험을 하고 싶지 않은 게 인지상정 아닌가. 따라서 그런 경험을 또다시 하지 않기 위해서라면 무슨 일이든 하려는 게 당연하다." 나 역시 이런 생각에 공감한다. 그러나 이런 당연한 생각 때문에 투자 행위가 극도로 어려워진다.

투자는 기본적으로 우리를 역설적인 상황에 빠지게 만든다. 그렇다면 계속되는 불확실성 앞에서 어떻게 해야 원칙과 집중과 확신을 유지할 수 있을까? 최고의 투자자처럼 생각하는 법을 배웠을 때 비로소 그것이 가능해질 것이다. 최고의 투자자처럼 생각하기 위한 열쇠는 위험을 완벽하게 받아들일 수 있도록 투자의 개념을 재정의하는 것에서부터 시작한다. 위험을 얼마나 충분히 받아들일 수 있느냐가 여러분이 배워야 할 가장 중요한 투자 기술이다.

이러한 위험 수용 기술을 배우면 시장은 더 이상 고통스러운 공간이 되지 않는다. 시장이 생산하는 정보가 감정적인 고통을 유발하지 않는다면 두려움이 사라진다. 그 정보는 그저 여러 가능성을 알려주는 정보에 불과할 것이기 때문이다. 이런 사고방식이 바로 '객관적 사고'다. 즉, 어떤 일이 일어나거나 일어나지 않을까 봐 느끼는 두려움 때문에 왜곡되거나 편향되지 않는 사고다.

투자자라면 누구나 한 번쯤, 아니 매우 자주 시장이 실제로 어떤 신호를 주기 전에 너무 빨리 매매해 손해를 보거나 반대로 시장이 어떤 신호를 준 뒤 너무 늦게 매매해 손해를 본 적이 있을 것이다. 투자를 해봤던 사람치고 손해 볼 일 없다고 자신하다가 더 큰 손해를 보거나, 너무 서둘러 매도를 하거나, 더 오를 것 같아 기다렸지만 전혀 수익을 내지 못하고 손해를 보거나, 손해를 안 보려고 매수 가격에 팔았지만 시장이 전혀 다른 방향으로 움직여서 낭패를 보지 않았던 사람이 어디 있겠는가? 이는 투자자들이 끊임없이 저지르는 많은 잘못 중 몇 가지 사례에 불과하다.

이 같은 잘못은 결코 시장에서 비롯된 것이 아니다. 시장의 움직임에 따라 생산되는 정보는 중립적이다. 이런 움직임과 정보는 우리 각자에게 어떤 행동(특정 포지션을 취하거나 투자를 중단하는 등)을 할 기회를 줄 뿐이다. 이것이 전부다! 시장은 우리가 이러한 정보를 인식하고 해석하는 데 어떤 힘을 발휘하지도 못하고, 나중에 우리가 취하는 결정과 행동을 통제하지도 못한다. 엄밀히 말해서 내가 앞서 언급한 많은 잘못은 '투자에 대한 잘못된 태도와 시각'에서 비롯된다. 그리고 이것은 신뢰와 확신이 아닌 두려움을 조장하는 잘못된 태도다.

"최고의 투자자는 두려워하지 않는다." 이 말만큼 꾸준한 승자와 그렇지 못한 사람들을 간단히 구분해주는 말은 없다. 꾸준한 승자는 시장이 던지는 여러 가지 가능성에 기초해 매매할 수 있는 엄청난 수준의 심리적 유연성을 익혔기 때문에 두려워하지 않는다. 이와 동시에 최고의 투자자는 무분별한 투자를 방지하는 자세도 단련했다. 그들 외의 일반적인 사람들은 모두 투자를 할 때마다 어느 정도 두려움을 느낀다. 눈앞에서 돈을 날려버리게 하는 투자 실수들 중 95퍼센트는 실수를 저지르고, 손해를 보고, 기회를 놓치고, 주저하는 네 가지 태도에서 비롯된다. 이것들을 나는 '네 가지 주요 두려움'이라고 부른다.

여기까지 읽고 나면 누군가는 "투자자들이 항상 시장에 건강한 두려움을 갖고 있어야 하는 게 맞지 않나요?" 하고 반문할지 모르겠다. 물론 완벽하게 논리적이고 합리적인 생각이다. 그렇지만 투자할 때 느끼는 두려움이 실제 투자에서 불리하게 작용한다는 데서 문제가 발생한다. 실수하는 것에 두려움을 느낀다면 그 두려움 때문에 결국 시장 정보를 곡해해 받아들이고, 잘못된 행동을 하게 되는 것이다.

두려움을 느낀다면 다른 어떤 가능성도 의미가 없다. 두려움으로 인해 다른 가능성을 제대로 인식하지 못하고, 설사 인식한다고 해도 그와 관련해 적절한 행동을 취할 수 없다. 두려움이라는 감정은 신체적으로는 몸을 얼어붙게 하고 정신적으로는 오로지 우리가 두려워하는 대상에만 관심을 집중하게 만든다. 그래서 다른 가능성뿐만 아니라 시장에서 나오는 다른 유용한 정보에 대한 생각을 차단해버린다. 더 이상 두려움을 느끼지 않고 이런 상황이 멈춰야 비로소 시장에 대해 배웠던 모든 합리적인 가르침들이 생각날 것이다. 그제야 당신은 '이미 알고 있었는데 그때는 왜 그걸 몰랐을까?' 혹은 '그때는 왜 그렇게 하지 못했던 걸까?'라며 후회할지도 모른다.

우리는 이러한 문제의 원인이 우리의 부적절한 태도 때문이라고 생각하지 못한다. 두려움이 그토록 서서히 퍼지는 이유가 바로 이 때문이다. 투자에 부정적인 영향을 끼치는 많은 사고 패턴들은 사실 우리가 성장하면서 배워왔던 세계관과 사고방식에서 비롯된 것이다. 이러한 사고 패턴들은 머릿속 깊숙한 곳에 뿌리박혀 있어서 우리는 투자를 하며 겪는 어려움이 우리 내부, 즉 마음 상태로부터 나온다는 생각을 좀처럼 하지 못한다. 문제의 원인이 외부, 즉 시장에 있다고 생각하면 마음이 훨씬 더 편하기 때문이다.

고통과 좌절과 불만족은 추상적인 개념이다. 또 대부분의 투자자들은 분명 이런 감정을 느끼고 싶어 하지 않는다. 그러나 믿음과 태도와 인식 사이의 관계에 대한 이해는 테니스에서 서브를 넣는 법이나 골프에서 스윙하는 법을 배우는 것만큼이나 주식투자의 기본이다. 다시 말해 시장이 주는 정보를 자신이 어떻게 인식하고 있는지를 이해하고, 그것을 통제하는 것이야말로 꾸준한 성과를 내는 첫 단계라 할 수 있다.

우리의 믿음과 태도가 시장 정보에 대한 우리의 인식에 어떤 영향을 주는지 모르거나 그 역학을 이해하지 못한다면 오직 '시장의 행동' 때문에 꾸준한 수익을 내지 못하는 것처럼 보일 것이다. 그러면 결과적으로 손해를 예방하면서 꾸준한 수익을 내는 최상의 방법은 '시장에 대해 더 많이 배우는 것'이라는 결론에 이르게 된다.

어떤 투자자든지 한 번쯤 이러한 논리의 함정에 빠진다. 게다가 이 논리는 아주 합리적으로 들린다. 하지만 전혀 그렇지 않다. 시장은 우리의 사고 능력을 벗어날 정도로 지나치게 많고, 또 가끔 서로 상충되는 변수들을 제공해줄 뿐이다. 아울러 시장의 움직임에는 한계가 없다. 즉, 어떤 순간에 무슨 일이든 일어날 수 있다. 사실상 모든 투자자가 시장의 변수로 작용하는 이상, 투자자 한 사람의 움직임만으로도 시장은 언제든 변할 수 있다.

다시 말해 시장의 행동에 대해서 아무리 많이 배우고, 아무리 똑똑한 분석가가 되더라도 시장을 완벽하게 예측하기란 불가능하다. 뭔가 실수를 저지르거나 손해를 보는 게 두렵다면 당신은 이 두려움이 객관적이고 주저 없이 행동할 수 있는 능력에 미칠 부정적인 영향들에서 벗어나지 못한다. 즉, 당신은 계속되는 불확실성 앞에서 확신을 갖지 못하게 된다. 투자의 세계에서 결과의 불확실함은 냉혹한 현실이다. 불확실함을 전적으로 받아들이는 법을 배우지 못한다면 고통스럽다고 생각하는 여러 가능성을 피하려고 의식적으로든 무의식적으로든 애쓸 것이다. 그리고 그 과정에서 무수히 많은 값비싼 실수를 저지를 것이다.

물론 나는 기회를 찾아낼 수 있게 해주는 시장 분석이나 방법론이 모두 쓸모없다고 말하는 것은 아니다. 분명 그런 방법론도 필요하기는 하다. 다만 시장 분석이 우리가 궁극적으로 원하는 '꾸준한 성공'을 가져다주지는 않는다는 얘기다. 그런 분석은 확신이나 투자 원칙의 부재로 생기는 문제들을 결코 해결해주지 못한다. 만약 더 많이, 더 면밀히 분석하면 지속적인 수익을 올릴 수 있을 거라는 믿음에 사로잡혀 있다면 어떻게 될까? 당신은 시장의 거의 모든 변수들을 분석하고 싶은 충동을 느끼고 그 결과 간과했거나 충분히 따져보지 못했던 어떤 일 때문에 실망하고 시장으로부터 배신당하는 일이 되풀이된다. 이제 당신은 시장을 더 이상 신뢰할 수 없다고 느낀다. 그러나 실제로는 자기 자신을 못 믿게 된 것이다.

확신과 두려움은 모두 우리의 믿음과 태도로부터 나오는 서로 모순된 마음 상태다. 감수하려는 위험 이상으로 손실을 볼 수도 있는 상황에서 두려움 없이 투자하려면 자신을 절대적으로 신뢰해야 한다. 그리고 그런 믿음은 기존의 사고방식 즉, 지속적으로 이기는 투자를 할 수 없게 만드는 사고방식을 극복했을 때에야 비로소 가질 수 있다. 단언컨대, 시장의 행동을 분석하는 방법론은 이때 필요한 훈련법이 아니다.

이제 우리는 두 가지 중 하나를 선택해야 한다. 최대한 많은 시장의 변수들을 분석해 위험을 제거하기 위해서 노력하거나(이렇게 노력해봤자 궁극적으로 좌절감만 느끼기 때문에 나는 이것을 '분석의 블랙홀'에 빠지는 행위라고 부른다), 아니면 진정으로 위험을 받아들이고 더 이상 두려워하지 않도록 투자 활동을 재정의하는 법을 배우는 것이다.

진정으로 위험을 받아들이는 마음 상태에 이르면 시장의 정보를 고통스럽게 정의하고 해석할 필요가 없다. 그렇게 되면 당신은 자신을 합리화하거나, 주저하거나, 서두르거나, 시장이 돈을 안겨줄 것으로 기대하거나, 시장이 손실을 메꿔주리라는 기대에서 벗어날 수 있다. 반대로 이러한 합리화, 정당화, 주저, 기대, 조바심이 빚어낸 실수에 취약해질수록 당신은 자신을 믿을 수 없게 된다. 자신이 객관적으로 항상 최선의 이익을 내는 방향으로 행동할 수 있다고 확신하지 못하면 꾸준한 성과를 내기란 사실상 불가능하다. 그러다 보면 투자 활동 자체가 점점 짜증스러운 일이 되어버리고 만다. 그러나 아이러니하게도 여러분이 적절한 태도를 지니고, 성공한 투자자의 사고방식을 습득하고, 끊임없는 불확실성 앞에서 확신을 가질 수 있다면 투자는 당신이 처음 투자를 시작할 때 그랬듯 매우 쉽고 단순해질 것이다.

　그렇다면 해결책은 무엇인가? 바로 투자에 대한 기존의 태도와 믿음을 조정하는 법을 배우는 것이다. 일말의 두려움 없이 그러면서도 무분별하게 뛰어들지 않게 막아주는 원칙을 유지한 상태에서 투자할 수 있도록 말이다.

　앞으로 이것 하나만은 꼭 기억해주길 바란다. 당신이 되고자 하는 최고의 투자자는 당신이 성장해 변모해야 하는 당신의 '미래 모습'이다. 여기서 말하는 '성장'이란 자신을 표현하는 새로운 방법을 배우고 창조하는 과정을 의미한다. 이미 성공한 투자자의 반열에 오른 사람들도 예외는 아니다. 지금부터 당신이 읽게 될 내용들은 아마도 당신이 투자의 본질에 대해서 갖고 있던 많은 믿음들과 직접적으로 배치될 것이다. 그리고 어쩌면 자신의 믿음이 잘못됐음을 인정할 수 없어 불만족스러운 결과를 내면서도 계속해서 현재의 상태(당신의 믿음을 고수하는 것)를 유지하자고 주장할지도 모른다.

　당신 안에서 일어나는 이러한 논쟁은 아주 자연스러운 반응이다. 내가 이 책을 쓴 이유는 그러한 내적 논쟁을 효율적으로 해소시켜주기 위함이다. 바라건대, 다른 가능성, 즉 지금 모르고 있거나 생각해보지 못했던 가능성이 존재하는지 탐구해보고 싶다는 마음으로 이 책을 읽어주었으면 한다. 그렇다면 앞으로의 학습 과정은 분명 더 빠르고 쉬워질 것이다.

# 투자의 유혹과 위험을
# 받아들여라

1994년 1월, 나는 《퓨처스 매거진Futures Magazine》의 주최로 시카고에서 열린 한 투자 설명회에서 강연을 해달라는 부탁을 받았다. 오찬때 우연히 많은 투자서를 출간하고 있는 한 대형 출판사 편집자와 함께 앉게 되었다. 우리는 '투자에 성공한 사람은 왜 극소수에 불과한가'에 대한 주제로 대화를 나누었다. 심지어 다른 분야에서 큰 성공을 거둔 사람 중에서도 주식투자에서 성공을 거둔 사람은 많지 않았다. 대화 도중 그 편집자는 내게 사람들이 잘못된 동기를 가지고 투자를 하고 있기 때문에 그런 현상이 생기는 건 아닌지 물었다.

## 무제한의 자유가 있는 곳, 주식시장

나는 잠시 편집자의 질문에 대해 생각해봤다. 사람들이 생각하는 일반적인 투자 동기(투자에 성공해 큰돈을 벌고 싶어서, 행복해지고 싶어서,

손해를 낸 자신이 불쌍해서 등)가 결과적으로는 성공적인 투자를 방해 한다는 말에 동의한다. 그러나 나는 사람들이 투자에 뛰어드는 진짜 이유가 그보다 훨씬 더 근본적이고 보편적이라고 생각한다. 투자야 말로 사람들에게 무한한 창조적 표현의 자유, 우리 대부분이 평생 거의 느껴보지 못했던 표현의 자유를 선사해주는 활동이기 때문이다.

그 편집자는 잘 이해가 되지 않았던지 나의 이 같은 주장에 부연 설명을 부탁했다. 나는 투자의 세계에서는 우리 스스로가 거의 모든 규칙을 만든다고 설명해주었다. 투자를 통해 나를 표현하는 방법에 제한이나 한계가 거의 없다는 뜻이다. 물론 장내 거래를 하려면 증권 계좌를 개설하는 등 몇 가지 기본적인 규정을 지켜야 한다. 그러나 그것을 제외하면 투자를 하는 방법에는 사실상 제한이 없다.

나는 그에게 몇 년 전 참석했던 세미나에서 들은 사례를 이야기해 주었다.

"어떤 사람이 채권 선물, 채권 옵션, 캐쉬본드cash bond(중기 금융채 권 - 옮긴이) 시장을 통틀어서 80억 개가 넘는 스프레드 조합을 만들 어낼 수 있다는 계산을 뽑아낸 적이 있습니다. 그런데 여기에다가 전 반적인 시장 상황을 읽는 방법을 토대로 타이밍이란 요소까지 추가 하면 투자 방법의 수는 사실상 무한대로 늘어납니다."

편집자는 이런 설명을 듣고 잠시 머뭇거리더니 재차 되물었다.

"그럼 사람들은 왜 그렇게 무제한적인 환경 속에서 투자를 하면서 계속해서 실패하는 걸까요?"

"스스로에게 주어진 자유가 무제한인만큼 사람들은 거기서 매우 큰 심리적 부담을 받게 됩니다. 적절히 대처할 준비가 되었거나 익숙하게 받아들일 수 있는 부담이 아닌 거죠. 그러다 보니 그런 심리적 부담이 극복해야 할 중요한 문제라는 것조차 제대로 인지하지 못합니다. 인지하지 못하면 그것을 극복하기 위한 노력도 할 수 없죠."

우리는 모두 자유를 원하고 자유를 얻기 위해서 애쓰며 자유를 갈구한다. 하지만 그렇게 자유를 원하면서도 엄청난 손해를 입힐 가능성이 무한대로 존재하는 시장에서 효과적으로 투자할 수 있을 만큼의 심리적 자원psychological resource을 갖고 있지는 않다. 투자의 세계에서 성공하려면 학벌, 지능 또는 다른 분야에서 거둔 성공과 상관없이 어느 정도 '심리적 적응'이 필요하다. 여기서 말하는 '적응'은 투자자에게 무엇이건 할 수 있는 자유와 그러한 자유 때문에 생기는 경제적·심리적인 피해 사이에서 최대한 균형을 잡게 해주는 새로운 심리 체계를 구축하는 문제와 관련이 있다.

이러한 새로운 심리 체계를 구축하는 일은 분명 쉽지 않다. 새로운 생각이 기존에 갖고 있던 믿음과 상충될 때라면 특히 더 그렇다. 우리는 모두 어떤 특정한 종류의 사회적 환경에서 태어났다. 가족이건 도시건 국가건 상관없이 사회 속에는 '구조'와 '체계'가 존재한다. 그리고 이러한 사회 구조에는 규칙과 규정을 비롯해 개인의 자유를 제한하는, 즉 규범 역할을 하는 일련의 '믿음'이 존재한다. 아울러 이러한 사회 구조가 가진 규칙들 대부분은 우리가 태어나기 전부터 존재해왔다. 다시 말해 이 세상에 태어났을 때 이미 우리의 자기 표현을 제한하는 대부분의 사회 구조는 뿌리 깊게 자리가 잡혀 있는 상태다.

그러다 보니 구조를 만들려는 사회적 욕구와 자기 표현을 하려는 개인적 욕구는 자주 부딪힌다. 주식투자 기술을 습득하고 싶은 대부분의 사람들도 바로 그러한 근본적인 갈등에 직면한다.

좀 더 본질적인 이야기로 들어가보도록 하자. 태어난 장소, 문화, 사회적 배경을 떠나서 이 지구에서 태어나는 모든 아이에게 있는 한 가지 공통된 특징은 무엇일까? 바로 호기심이다. 아이들은 이것저것 궁금한 것이 많다. 뭐든지 배우고 싶어 안달이다. 호기심의 본질은 무엇일까? 가장 근본적 차원에서 호기심은 '힘force'이다. 더 구체적으로 말하자면 가치 기준을 내부에서 찾는 '내부 지향적inner-directed'인 힘이다. 그래서 아이들에게는 굳이 뭔가를 배우라는 동기를 불어넣어줄 필요가 없다. 그냥 내버려둬도 자연스럽게 주변을 탐구한다. 더군다나 대상마다 이러한 내부 지향적 힘의 정도가 다르다. 즉, 모든 아이에게 호기심이 있다고 해서 모든 아이가 똑같은 것에 호기심을 느끼지는 않는다.

우리 안에는 각자 어떤 특정한 대상과 유형의 경험에 더 민감하게 반응하도록 만드는 무언가가 존재한다. 갓난아기들조차 자기가 무엇을 원하고, 또 원하지 않는지 안다. 그런 갓난아기를 보며 어른들은 깜짝 놀라곤 하는데, 갓난아기에게는 특별한 개성이 아직 존재할 리 없다고 생각하기 때문이다. 그러나 아기들도 성인처럼 주변 환경에 대한 관심과 거부를 통해 스스로의 개성을 드러낼 수 있다. 나는 이러한 내부 지향적 힘을 자연적인 '끌림attraction'의 힘이라고 부른다.

이 세계는 우리에게 많은 학습과 경험들을 선사한다. 그 속에서 우리는 관심 가는 것에 자연적으로 끌리게 되고 어떤 것에는 전혀 끌리지 않게 된다. 즉, 어떤 것을 선택 혹은 선택하지 않게 만드는 '태생적인 내적 메커니즘'이 존재한다는 말이다. 당신의 관심사를 한번 돌아보라. 전혀 관심이 없어서 하고 싶지 않은 일들도 있고 또는 약간의 관심만 가지고 있는 일들도 있지 않은가? 반대로 당신이 열정을 가지고 하는 일, 특별히 관심이 있는 일들도 있을 것이다. 물론 관심 정도가 올라갈수록 그 개수는 적어진다.

그렇다면 열정적인 관심은 어디에서부터 생기는 것일까? 그것은 우리 존재의 가장 깊은 차원, 즉 우리의 진정한 '정체성'으로부터 나온다. 쉽게 말해 '관심'은 우리가 사회적 존재로 성장하면서 얻는 성격과 개성을 떠나서 존재하는 태생적인 것이다.

## 인간은 모든 통제와 억압을 거부한다

그러다 보니 우리 존재의 가장 깊은 차원에서 갈등이 생기게 된다. 우리가 태어난 환경은 이러한 내부 지향적 욕구와 관심에 민감할 수도 있고, 민감하지 않을 수도 있다. 예를 들어 당신은 극도로 경쟁심 강한 운동선수 집안에서 태어났지만 고전 음악이나 예술에 깊은 관심을 느낄지 모른다. 또 운동선수로서 천부적인 자질을 가졌지만 운동에는 전혀 관심이 없을 수도 있다. 이때 어떤 갈등이 생길 가능성이 있을까? 일반적인 가정이라면 아마도 가족 대부분이 형제나 부모가 따랐던 길을 그대로 따르라고 엄청난 압박을 가할 것이다. 그들은 당신의 운동 능력을 최대한 끌어내기 위해 온갖 방법을 동원한다. 그렇게 당신이 운동 외에는 다른 곳에 관심을 갖지 않도록 막는다. 그들로부터 소외되고 싶지 않은 당신은 결국 그들이 원하는 대로 움직인다. 물론 당신이 원하는 방향이 아니기에 기분은 좋지 않다. 당신은 마치 다른 사람이 된 듯한 기분을 느끼게 된다.

이처럼 우리가 어떤 사람이 '되어야 한다'고 배우는 것과 우리 존재의 가장 깊숙한 곳에서 울려 퍼지는 '되고 싶다'는 바람 사이에서 생기는 갈등은 전혀 특별하지 않다. 나는 대부분까지는 아니더라도 우리 중 다수가 자신이 원하는 바를 이룰 수 있도록 지원하거나 지지해주지 않는 가정 환경 속에서 자랐다고 확신한다.

이러한 지지와 지원의 부족은 때론 치명적으로 작용한다. 흔히 일어나는 상황을 예로 들어보겠다. 아기가 태어나서 처음으로 커피 탁자 위에 올려져 있는 화분을 발견했다고 가정해보자. 아기는 그것이 뭔지 궁금하다. 즉, 아기 안에는 새로운 것을 경험해보라고 시키는 어떤 힘이 존재한다. 따라서 아기는 화분에 집중하고, 의도를 갖고서 넓은 거실 바닥을 가로질러 커피 탁자가 있는 곳까지 기어간다. 아기는 탁자가 있는 곳에 도착해서 탁자의 모서리를 손으로 잡고 일어서려고 애쓴다. 한 손으로 커피 탁자를 꽉 잡은 채 균형을 잡고, 태어나서 한 번도 경험하지 못했던 화분을 만지기 위해서 손을 뻗는다. 그런데 바로 그때 방 반대편에서 "그거 건드리지 마!"라는 고함을 듣는다.

놀란 아기는 주저앉아서 울기 시작한다. 분명 이런 일은 주변에서 흔하게 벌어진다. 아기는 화분이 얼마나 위험한지 혹은 화분에 어떤 가치가 있는지 전혀 알지 못한다. 무엇이 안전하고 안전하지 않은지, 무엇이 가치가 있고 가치가 없는지는 더 나이를 먹어야 알 수 있을 것이다. 단순해 보이는 이 사례에는 우리가 원칙을 창조하고 나중에 효과적으로 투자에 집중하는 데 필요한 우리의 능력에 직접적인 영향을 줄 수 있는 매우 중요한 심리적인 역학이 작동하고 있다.

만약 우리가 원하는 대로 스스로를 표현할 수 없게 된다면 무슨 일이 생길까? 제일 먼저 당황하게 될 것이다. 이는 균형을 잃는다는 의미와 같다. 불균형하게 됐다는 건 정확히 무슨 뜻일까? 무언가의 균형이 깨졌다는 것은 애초에 균형을 유지했던 무언가가 있었다는 얘기다. 이를 다른 말로 표현하면 우리의 내적·정신적 환경과 우리가 살아가면서 경험하는 외적 환경 사이에 상대적인 '조화correspondence'가 존재한다고 할 수 있다.

한마디로 욕구와 바람은 정신 속에서 만들어지지만 그것들이 채워지는 장소는 외부 환경이라는 뜻이다. 이 두 환경이 서로 '조화'를 이루면 우리는 내적인 균형 상태에서 만족감이나 행복감을 느낀다. 반대로 그렇지 못하면 불만이나 분노나 좌절감을 느끼거나 소위 '감정적인 고통'을 겪는다.

그렇다면 왜 우리는 원하는 것을 얻지 못하거나 어떤 특정한 방식으로 스스로를 표현할 수 있는 자유를 박탈당했을 때 감정적인 고통을 느끼게 되는 걸까? 나는 그 이유가 욕구와 바람이 '정신적인 진공 상태mental vacuum'를 초래하기 때문이라고 본다. 우리가 사는 우주는 진공 상태를 참지 못하는 경향이 있어 그런 상태를 채우기 위해 노력한다. 네덜란드의 철학자 스피노자는 이미 수 세기 전에 "자연은 진공을 혐오한다."라는 유명한 말을 남기기도 했다. "자연은 모든 발명의 어머니다."라는 말에 담긴 의미를 생각해보자. 이는 곧 우리의 욕구가 우주(자연)가 채워줘야 할 정신적인 진공을 창조한다는 것을 인정하는 말이다. 욕구가 생기면 그 욕구를 충족시키는 행동과 표현이 이어질 수밖에 없다.

즉, 우리는 어떤 욕구나 바람을 가지면 외부 환경 속에서 겪은 경험을 통해서 그런 진공 상태를 채우려고 한다. 그리고 그 욕구나 바람을 충족시키지 못하면 (혹은 그 기회를 박탈당하면) 말 그대로 온전하지 않거나 뭔가가 부족하다는 느낌을 받는다. 즉, 불균형이나 감정적 고통의 상태에 빠진다. 마음속으로 진공 상태가 만들어지는 걸 싫어하는 것이다.

장난감을 갖고 놀고 있는 아기에게서 장난감을 빼앗으면 어떻게 될까? 장난감을 빼앗은 이유가 아무리 타당하더라도 어떤 아기든 감정적으로 고통스러운 반응을 보이는 게 일반적이다. 우리가 열여덟 살 성인이 될 때까지 태어나서 살아온 날들을 합치면 약 6,570일이 된다. 그동안 아이들이 하루에 얼마나 자주 다음과 같은 말들을 듣게 될지 생각해보자.

- "안 돼! 그렇게 하지 마라."
- "그렇게 하지 마. 이렇게 해."
- "지금은 안 돼. 나중에 생각해보마."
- "어떻게 하면 되는지 알려줄게."
- "네가 그 일을 할 수 있다고 생각하게 된 거니?"
- "무조건 이렇게 해야 해. 넌 선택의 여지가 없다."

우리가 개인적인 표현을 거부당할 때 듣게 되는 말들이다. 사실 이 정도면 매우 상냥한 수준에 속한다. 하루에 한두 번 이런 말을 듣는 다고 하면 성인이 될 때까지 총 수천 번은 거부당하게 되는 셈이다. 나는 이런 경험을 학습 충동이 거부당한 경험과 같다고 말하고 싶다. 학습 충동은 우리 안의 깊숙한 부분, 즉 자연스러운 선택 과정에서 기원한 내적 요구로부터 생기는 충동이다.

그런데 이 모든 충동이 거부당한 뒤 채워지지 않는다면 어떻게 될 까? 충동이 그냥 사라져버릴까? 어떤 식으로건 타협이 된다면 그럴 수도 있을 것이다. 어떤 행동을 통해 우리의 정신이 균형을 되찾는다 면 말이다. 가장 자연스럽게 활용하는 기술(특히 아이의 경우)은 그냥 울어버리는 것이다. 울음은 이처럼 거부당한 뒤 채워지지 않은 충동 을 해소하는 데 필요한 자연스러운 메커니즘이다.

그런데 문제는 일어난 사건들을 자연스럽게 흘러가도록 내버려두 거나(특히 어렸을 때) 억압된 충동을 해소할 기회를 얻지 못하는 경우 가 대부분이라는 점이다. 어른들은 아이들, 특히 남자아이가 우는 걸 싫어해서 여러 이유를 만들어 아이가 울지 못하게 막는다. 이렇게 하고 싶은 일을 하지 못하게 막고, 또 때론 하기 싫은 일을 제대로 된 설명도 해주지 않고 억지로 하도록 시킨다. 설령 그 이유를 설명해 준다 해도 불균형을 해소할 수 있을 만큼 충분히 효과적으로 설명해 준다는 보장도 없다. 그러다가 충동이 해소되지 못한다면 어떻게 될까?

그렇게 쌓인 충동들은 결국 중독적이고 강박적인 행동 패턴으로 표출된다. 보통 우리는 어렸을 때 빼앗겼다고 믿는 것에 대해 성인이 되어 쉽게 중독성을 보인다. 예를 들어 많은 사람들이 '관심'에 중독된다. 종종 타인의 관심을 받기 위해서 무슨 일이든 하려고 드는 사람을 볼 수 있다. 그들이 그런 행동을 하는 가장 흔한 이유는 어렸을 때 충분한 관심을 받지 못했거나 그런 관심을 받지 못했다고 믿기 때문이다. 둘 중 어떤 경우건 관심 결핍은 해소되지 못한 감정적 에너지를 만들어 중독을 충족시키는 방향으로 행동할 수밖에 없게 만든다.

이처럼 해소되지 못한 거부된 충동(우리 모두 이런 충동을 갖고 있다)을 면밀히 이해해야 하는 이유는 단 하나다. 이러한 충동들이 집중력을 갖고 원칙적이며 일관된 태도를 유지하면서 투자를 할 수 없게 만들기 때문이다.

# 투자의 유혹에 안전장치를 걸어라

효과적으로 투자하기 위해서는 행동을 통제해줄 규칙과 경계가 필요하다. 투자를 하면서 엄청난 피해를 볼 수 있다는 건 자명한 사실이다. 그리고 그 피해는 우리의 상상을 뛰어넘는 수준일 수도 있다 (손실에 한계가 없는 투자도 많다). 그러한 피해를 보지 않으려면 특별한 정신적 원칙과 항상 최고의 이익을 낼 수 있도록 행동을 통제하는 원칙을 가져야 한다. 그리고 그 원칙을 마음속에 담아둬야 한다. 왜냐하면 시장은 우리에게 그런 원칙을 알려주지 않기 때문이다.

시장은 매매 기회가 언제 존재하는지 어떤 패턴을 통해 힌트를 주기는 하지만 그걸로 끝이다. 그 외에 투자자인 당신의 행동을 이끌어줄 정형화된 원칙이란 것이 전혀 없다. 심지어 시장에는 시작과 중간, 끝도 존재하지 않는다.

이는 심오한 의미를 갖는 아주 중요한 사실이다. 시장은 부단한 움직임을 보이는 어떤 '흐름'과 같다. 시장은 결코 멈추거나 기다리지 않는다. 시장이 문을 닫을 때조차 가격은 움직인다. 어떤 날의 시초가가 그 전날의 종가와 같아야 한다는 규칙은 없다. 그런데 우리는 이처럼 '경계가 없는boundary-less' 환경 속에서 효과적으로 움직이는 데 필요한 준비를 하지 못했다.

심지어 도박에도 '내장된 구조'가 있다. 그래서 어찌 보면 도박이 투자보다 훨씬 덜 위험하다. 예를 들어 블랙잭을 한다고 하면 당신은 가장 먼저 얼마나 많은 돈을 걸어 위험을 감수할지 결정해야 한다. 이 결정을 내리지 않고서는 게임을 시작할 수 없기 때문이다. 그러나 투자에선 이렇게 미리 위험 정도를 가늠해보게 만드는 장치가 없다. 사실상 무슨 일이든 일어날 수 있는 환경 속에 서 있는 것이다. 지속적으로 성공을 거두는 투자자만이 투자 시 생기는 위험을 미리 규정한다. 투자에 실패하는 사람들은 당장은 잘한 것 같아 보여도 사실은 손해를 볼 수 있다는 현실을 받아들이지 못한다. 그래서 그들은 수많은 정당화와 합리화를 통해 자신은 결코 실패할 수 없다고 믿는 왜곡된 논리에 빠진다. 그 결과 투자의 위험에 대해서 사전에 알려고도 하지 않는다.

모든 도박에는 도박의 결과를 결정하는 정해진 시작과 중간과 끝이 있다. 그래서 일단 도박을 시작하면 끝날 때까지 중단할 수 없다. 돈을 잃든 따든 결판이 날 때까지 해야 한다. 그렇지만 주식투자는 다르다. 투자의 세계에서 가격은 계속해서 움직인다. 당신이 결정을 내리기 전까지 원하는 한 계속 거래할 수 있으며 끝내고 싶을 때까지 끝나지 않는다. 그러다 보니 당신이 어떤 계획을 세웠든 여러 가지 심리적인 요인이 끼어들어 정신을 산만하게 만들고, 생각을 바꾸게 하고, 두려워하거나 아니면 과도한 자신감을 갖게 만든다. 한마디로 당신을 변덕스러운 사람으로 만든다.

도박에는 공식적인 끝이 있기에 도박 참가자는 '능동적 패배자'가 된다. 연달아 게임에 졌더라도 그것이 새로운 게임에 영향을 미치지는 않는다. 게임이 끝나면 새로운 게임을 시작하면 되므로, 게임을 더 하고 싶으면 지갑에서 돈을 꺼내거나 테이블 중앙에 칩을 올려놓는 식으로 가진 자산을 적극적으로 더 걸면 된다. 반대로 투자의 세계에서는 공식적인 끝이 없다. 시장은 결코 언제 게임이 끝났다고 말해주지 않는다. 따라서 자신에게 유리한 상황에서 투자를 중단시킬 수 있는 적절한 정신 구조를 갖추지 못한다면 당신은 '수동적인 패배자'가 될 수밖에 없다. 이게 무슨 말인가 하면, 도박과 달리 투자에서는 손실이 났을 때 내가 아무 짓을 안 해도 계속해서 돈을 잃을 수 있다는 뜻이다. 그러면 시장은 당신이 가진 모든 것과 그 이상을 빼앗아갈 것이다.

투자가 가진 많은 모순 중 하나는 선물과 저주를 동시에 선사한다는 것이다. 선물은 아마도 태어나서 처음으로 느끼는 내가 하는 모든 일을 내가 완벽하게 통제한다는 기쁨이다. 반대로 저주는 행동을 제한하거나 체계적으로 행동할 수 있게 해줄 어떤 외부 규칙이나 경계가 전혀 존재하지 않는다는 것이다. 이처럼 투자 환경은 무한적인 특징을 가지기 때문에 지속적인 성공을 거두고 싶다면 어느 정도의 절제와 자기 통제는 필수다. 그리고 이러한 자기 통제는 자유의지에 따른 의식적인 행동으로 우리 마음속에서 생겨나야 한다. 하지만 이때 다음과 같은 많은 문제가 발생한다.

## 첫 번째 문제: 규칙에 대한 거부

내가 만나본 사람들 대부분은 처음부터 투자 규칙을 정립하는 길 거부하곤 했다. 이유는 각자 아주 다양하고 복잡했다. 인간은 본래 규칙의 필요성에 대해선 어느 정도 동의하지만 제시된 규칙에 따라 일하는 것을 그리 좋아하지 않는다. 이러한 마음에는 논리적 근거가 있다.

우리의 정신 구조는 대부분 사회적인 양육의 결과와 타인이 내린 선택의 결과로 생긴 것이다. 쉽게 말해 주입된 것이지 자연스럽게 생겨난 것이 아니다. 전자와 후자는 아주 중요한 차이를 갖는다. 그렇게 정신 구조를 갖게 되는 과정에서 우리 안의 많은 자연스러운 충동은 거부되고 좌절된다. 이렇게 거부된 충동 중 대부분은 결코 해소되지 못하고 마음속에서 좌절이나 분노, 실망, 죄의식, 심지어 증오로 남는다. 그 결과 축적된 부정적인 감정들은 자유를 제한하는 모든 규칙을 거부하도록 만든다.

우리가 처음 투자라는 행위에 관심을 갖게 되는 이유가 바로 여기에 있다. 시장에서는 무한한 표현의 자유를 느낄 수 있을 것 같기 때문이다. 그런 이유로 우리는 행동을 적절히 통제할 수 있는 규칙과 경계가 생기는 데 대해 자연스럽게 거부감을 갖는다. 완벽한 자유를 누리는 유토피아를 찾아냈는데 누군가가 어깨를 툭툭 치면서 "이보세요, 규칙을 만들고 그것을 지키는 게 이곳 원칙입니다."라고 충고한다면 기분이 어떻겠는가? 우리가 한평생 규칙에서 벗어나려고 애써왔다는 점에서 스스로 이런 규칙을 만들기란 쉽지 않다. 체계적이고 일관된 자금 운용 지침 역할을 하는 투자 규칙을 만들고 지키는 데는 상당한 고통과 고생이 뒤따른다.

그렇다고 해서 성공한 투자자가 되기 위해서 과거에 느꼈던 모든 좌절과 실망을 떨쳐버려야 한다는 말은 아니다. 내 말의 핵심을 오해하지 않길 바란다. 그리고 성공한 투자자가 되면 분명 고통을 느낄 필요조차 없어진다. 다만 내가 여기서 이야기하려는 것은 투자자로서 당신의 성공에 걸림돌이 되는 거부된 충동의 부정적 영향을 극복하고 새로운 심리 구조를 구축하는 데 무척 많은 노력과 집중을 투입해야 한다는 점이다.

### 두 번째 문제: 책임을 지지 못함

투자의 결과는 오롯이 개인의 선택에 따라서 달라지며 그러한 결과는 즉각 나타날 수 있다. 다만 우리가 투자를 시작하기로 마음먹을 때까지 아무 일도 일어나지 않는다는 점, 또 멈추기로 할 때까지 절대 끝나지 않는다는 점을 염두에 두어야 한다. 이 모든 시작과 끝은 입수한 정보에 대한 해석과 그 해석에 따른 행동의 결과다. 그러나 우리가 시장에서 선택의 자유를 원한다고 해서 결과에 대해서까지 책임을 질 준비가 되어 있고, 그럴 의사가 있다는 뜻은 아니다. 결국 정보에 대한 해석과 그에 따른 행동의 결과에 대해서 책임을 질 준비가 되어 있지 않은 투자자는 딜레마에 빠진다.

하지만 꾸준한 성과를 내고 싶다면 어떤 결과가 나오건 그 결과에 대해서 100퍼센트 책임을 지겠다고 전제하고 투자를 시작해야 하는 게 이쪽 세계의 냉정한 현실이다. 책임을 피하는 단 하나의 방법은 사실상 '무작위random' 투자 스타일을 취하는 것이다. 무작위 투자란 허술한 계획 내지는 전혀 계획을 세우지 않는 투자 전략을 말한다. 시장에 무엇이 효과적이고 효과적이지 않은지를 찾아내지 못하게 만드는 무수히 많은 변수들이 있다는 사실을 고려해 비체계적으로 하는 투자 방법이다.

잘 정의된 계획이 없이 무한한 변수들 속에서 투자를 할 때는 원하는 대로 결과가 나오는 투자 방법을 선호하기가 쉽다(뭔가 통하는 방법을 찾았다고 느껴지기 때문이다). 동시에 원하는 결과가 나오지 않았을 때 책임을 회피하기도 매우 쉽다(몰라서 사전에 고려할 수 없었던 변수가 존재했다고 믿기 때문이다).

시장의 행동이 진정 무작위적이라면 꾸준한 성과를 낸다는 게 불가능하지는 않더라도 매우 어려울지 모른다. 그런 성과를 내는 것이 불가능하다면 우리는 사실 책임을 질 필요가 없다. 그런데 이 논리가 가진 문제는 시장이 결코 무작위로 움직이지 않는다는 데 있다. 시장에서는 똑같은 행동 패턴이 반복적으로 일어난다. 각각의 개별적인 행동 패턴은 무작위적일 수 있어도 일련의 패턴들의 결과는 통계적으로 신뢰 가능할 정도로 일관된다. 그래서 역설적이지만, 원칙적이고 체계적이면서 일관된 접근법을 통해서 쉽게 해결이 가능한 역설인 것이다.

나는 오랫동안 시장을 분석하고 다음 날 투자 계획을 세우는 많은 투자자들과 함께 일해왔다. 그런 그들도 막상 투자할 때가 되면 계획했던 대로 하지 않고 뭔가 다른 방법을 썼다. 즉, 친구들로부터 아이디어를 얻거나 주식 중개인들로부터 조언을 들으면서 투자를 했다. 내가 그들이 원래 계획했던 방법대로 하면 더 큰 돈을 벌 수 있었다고 알려줄 필요는 없을지 모른다. 다만 이 사례야말로 우리가 왜, 어떻게 해서 비체계적이며 무작위적인 투자의 유혹에 쉽게 빠져드는지를 잘 보여준다. 우리는 책임을 지고 싶지 않기에 그런 유혹에 쉽게 빠진다. 만족스럽지 못한 결과를 얻었을 때 친구나 중개인이 알려준 정보가 엉터리여서 그랬다며 실패의 책임을 다른 데로 돌리기가 너무 쉽기 때문이다.

책임을 지는 투자보다 무작위 투자를 선호하는 또 다른 이유가 있다. 투자의 세계에서는 어떤 전략의 투자를 하든 크게 '한 방'을 벌 가능성이 늘 있기 때문이다. 즉, 당신이 위대한 분석가든 삼류 분석가든, 책임을 지건 지지 않건 상관없이 크게 버는 베팅을 할 수 있다. 꾸준한 승자가 되는 데 필요한 나만의 원칙을 찾아내기 위해서는 많은 노력이 필요하다. 그러나 원칙 없는 무작위적인 투자를 선호하면 그러한 수고를 피하기 아주 쉽다.

### 세 번째 문제: 무작위적 보상에 대한 중독

무작위적 보상이 원숭이에게 미치는 심리적 영향을 주제로 많은 연구가 진행된 바 있다. 예를 들어 원숭이에게 어떤 일을 하라고 가르친 뒤 그 일을 할 때마다 원숭이에게 계속 보상해준다고 치자. 그러면 원숭이는 자신의 노력과 비례해 구체적인 보상이 따른다는 걸 재빨리 배운다. 그러다가 보상을 멈추면 원숭이는 아주 짧은 시간 안에 그 일을 하는 걸 중단해버린다. 보상이 없다는 걸 깨달은 이상 괜한 에너지를 낭비하려고 하지 않는 것이다.

그러나 당신이 일관되지 않고 순전히 무작위로 원숭이에게 보상을 제공하면 보상받지 못했을 때 원숭이의 반응은 사뭇 달라진다. 당신이 보상을 멈췄더라도 원숭이는 일했을 때 보상을 받을지 받지 못할지 알 수가 없다. 보상을 받는다고 해도 예상치 못한 상태에서 받게 된다. 결과적으로 원숭이의 관점에서는 일을 중단할 이유가 없다. 결국 원숭이는 보상을 받지 못하더라도 계속 일하게 된다. 어떤 원숭이는 무한대로 계속 일할 것이다.

사람도 이 같은 무작위적 보상에 쉽게 중독되곤 한다. 그 이유는 우리가 예상치 못한 보상에 깜짝 놀라면서 즐거워할 때 뇌에서 분비되는 행복감을 일으키는 화학 성분과 관련이 있다. 보상이 무작위로 이루어지면 우리는 보상을 언제 받을지 알 수 없다. 따라서 그러한 놀라운 느낌을 경험하고 싶은 나머지, 갖고 있는 모든 에너지와 자원을 동원하게 된다. 많은 사람들에게 무작위적 보상은 매우 강한 중독성을 띤다. 반면에 특정한 결과를 기대했는데 그런 결과가 나오지 않았다면 우리는 실망하고 기분이 나빠진다. 그 일을 다시 했는데도 역시나 똑같이 실망스러운 결과를 얻는다면 그 일을 중단할 가능성이 크다. 감정적으로 고통을 느끼게 되기 때문이다.

어떤 중독이건 그로 인해 우리가 '선택 불가choicelessness'의 상태에 빠지게 된다는 데 문제가 있다. 그 중독 대상을 얻는 데 집중하고 애쓰느라 다른 욕구(자신을 신뢰하고, 많은 자산을 위험하게 만들고 싶지 않은 욕구 등)를 성취하기 위해서 존재하는 다른 가능성은 무시되거나 잊히고 마는 것이다. 한마디로 중독감의 해소 외에는 아무 일도 하려고 하지 않는다. 이처럼 무작위적 보상에 대한 중독은 투자자에게 특히 심각한 문제다. 지속적인 투자 성과를 낼 수 있는 심리 체계를 만들지 못하게 막기 때문이다.

### 네 번째 문제: 외부 통제 vs. 내부 통제

우리는 성장하면서 사회 환경 속에서 잘 살아갈 수 있도록 프로그램됐다. 다시 말해 사회적 상호작용을 위해 필요한 욕구와 바람과 소원을 성취하는 데 필요한 몇 가지 사고 전략을 터득했다. 또한 자력으로는 100퍼센트 채울 수 없는 욕구들을 채우기 위해서 타인에게 의존하는 법도 배웠다. 그리고 그 과정에서 다른 사람들을 우리가 원하는 대로 행동하게 만드는 많은 사회적 통제와 조작 기술을 습득했다.

아주 많은 사람들이 참여하고 있어 시장이 마치 사회적 상호작용의 결과물처럼 보일 수 있지만 반드시 그렇지만은 않다. 오늘날 현대 사회 속에서 서로에게 의지해서 기본적 욕구를 채우는 방법을 배웠다고 해도 시장은(시장이 현대사회의 중심에 존재한다고 해도) 누구에게나 오로지 자기 자신만을 위해서 존재하는 장소다. 마치 심리적인 황무지나 다름없다.

시장이 우리를 위해서 어떤 일을 해줄 거라고 기대해서는 안 된다. 또 시장이 하는 어떤 일도 조작이나 통제하기가 극도로 어렵다. 우리는 그동안 배워왔던 주변 환경을 통제하고 조작하는 기술을 통해 욕구와 바람과 소원을 효과적으로 달성해왔다. 그러다 투자자가 되면 갑자기 우리가 알던 기술과 방법이 전혀 통하지 않는 완전히 다른 세상 속에 들어갔다는 걸 깨닫는다. 말마따나 오도 가도 못하는 난감한 상황에 빠지게 되는 것이다.

그토록 많은 성공을 일군 사람들이 유독 주식투자에서 처참한 실패를 하게 되는 이유가 바로 여기에 있다. 그들이 그동안 주로 사회 환경을 조작하고 통제하고, 원하는 것을 이루는 데 뛰어난 능력을 가졌기 때문이다. 우리 모두는 어느 정도 외부 환경을 우리의 정신적 (내적) 환경에 순응하게 만드는 기술을 배우거나 개발했다. 그러나 이러한 기술들 가운데 그 어떤 것도 시장에서는 전혀 통하지 않는다는 게 문제다. 시장은 당신이 정말로 큰손 투자자가 아닌 이상 당신의 조작과 통제에 반응하지 않는다.

그러나 우리의 행동과 시장이 주는 정보에 대한 스스로의 시각과 해석은 통제할 수 있다. 우리 뜻대로 세상이 움직이도록 주변 환경을 통제할 수는 없지만 자신을 통제하는 법을 배울 수 있는 것이다. 그러면 가장 객관적인 시각에서 정보를 인식할 수 있으며 항상 자신에게 가장 유리한 방향으로 행동하도록 정신 구조를 구축할 수 있다.

# 자신의 투자에
# 책임을 져라

살면서 누구나 '책임을 진다'는 말을 들어본 적이 있을 것이다. 더구나 책임을 져야 할 입장에 놓인 적이 있다면 자신이 그 말의 정확한 뜻을 당연히 안다고 생각할지도 모른다. 그러나 진정으로 '책임을 진다'는 것은 말처럼 그렇게 단순하지 않으며 투자할 때 실제로 그렇게 책임을 지기는 더더욱 어렵다.

투자의 세계에서 책임을 지는 것과 적절한 성공 원칙을 배우는 것은 서로 긴밀하게 연결되어 있다. 당신은 투자자로서 자신의 성공에 책임을 지고, 지지 않는 법을 이해하고 있어야 한다. 그래야만 비로소 시장에서 꾸준한 수익을 내는 소수의 투자자 집단에 들어갈 수 있다.

제1장의 말미에서 나는 여러분에게 자신의 미래 모습을 상상해보라고 조언했다. 꾸준한 성공을 거두는 투자자가 되려면 조각가가 모델과 똑같은 조각을 만들 듯 새로운 자신의 모습을 창조해야 한다.

# 모든 것은 '태도'의 문제다

이러한 새로운 유형의 모습을 창조하기 위해서 사용해야 할 도구는 단 하나다. 바로 성공에 대한 열정을 갖고 배우려는 의지다. 이런 의지가 주요 도구라면 재료는 무엇일까? 조각가는 진흙이나 대리석, 금속처럼 많은 재료 중에서 골라서 작업을 할 수 있다. 하지만 당신이 꾸준히 성공하는 투자자로서 자신을 새롭게 만들고 싶다면 믿음과 태도만 있으면 된다. 따라서 이 활동에 필요한 재료는 당신의 '정신 세계'일 것이다. 이 세계 속에서 학습 욕구를 갖고 궁극적 목표를 달성하는 데 필요한 믿음과 태도를 재구성하고 습득할 수 있다.

당신이 궁극적으로 이루고자 하는 목표는 단연코 '지속적인 수익'일 것이다. 지금 제대로 펼치지 못하고 있는 투자 잠재력을 100퍼센트로 발휘하고 더 많은 기회를 잡으려면 꾸준히 성공하는 최고의 투자자처럼 사고하는 방법을 배워야 한다.

최고의 투자자는 아주 특별한 방식으로 사고한다. 그들은 두려움 없이 매매에 뛰어들면서도 동시에 무분별해지지 않는다. 특히 두려움으로 인한 실수를 저지르지 않는다. 이러한 정신 구조는 수많은 요소로 이루어져 있지만 여기서 기억해야 할 것은 단 하나다. 성공하는 투자자는 두려움과 무분별함의 영향에서 벗어난 채 투자한다는 사실이다. 그 결과 그들은 꾸준한 성과를 낸다.

이러한 정신 구조를 갖게 되면 두려움이 없이 투자를 할 수 있다.

더 이상 두려움으로 인한 합리화, 무의식적 정보 왜곡, 주저함, 서두름, 막연한 기대로 저지르는 수많은 실수에 노출되지 않는 것이다.

그러나 두려움의 제거는 절반의 성공에 불과하다. 나머지 절반의 성공을 거두기 위해서는 '자제력'을 키워야 한다. 최고의 투자자들은 연이어 투자에 성공할 때 생기는 행복감이나 자만 때문에 생기는 부정적인 영향을 막기 위해서 원칙을 세우고, 자신을 통제할 줄 알아야 한다는 걸 경험으로 배웠다. 반대로 스스로를 감시하고 통제하는 법을 배우지 못한 투자자에게 승리는 극도로 위험한 것이 된다.

투자자의 '사고방식'을 개발하기 위해 엄청난 노력을 기울여야 한다는 사실을 기억한다면 그토록 많은 투자자가 왜 성공을 거두지 못하는지 쉽게 답이 나온다. 그들은 '투자자처럼 생각하는 법'을 배우기보다는 '시장'에 대해 배우면 더 큰 돈을 벌 수 있다고 생각한다. 사실 누구나 그런 유혹에 빠진다. 손실을 보고, 꾸준한 수익을 내지 못하는 이유가 단지 시장을 몰라서라고 결론 내버리는 게 더 쉽기 때문이다. 그게 심리적으로 더 편하기도 하고 말이다.

그러나 이는 잘못된 생각이다. 꾸준한 성과를 낼 수 있느냐의 여부는 시장이 아닌 당신의 마음에 달려 있다. 투자 기술이나 시장에 대한 지식이 부족해서 손실을 보는 게 아니다. 잘못하고 손실을 낼까 봐 두려워하는 태도와 마음, 그로 인한 무분별함이 진짜 원인이다.

당신이라면 다음에 나오는 두 명의 투자자 중 어떤 사람에게 돈을 맡기고 싶은가? 첫 번째 투자자는 단순하고 심지어는 평범한 투자 전략을 쓰지만 시장 정보를 왜곡하거나 주저하거나 합리화하거나 기대하거나 서두르지 않는 사고방식을 갖고 있다. 두 번째 투자자는 분석력이 뛰어나지만 첫 번째 투자자와 달리 모든 심리적인 문제들을 일으키는 두려움에 사로잡힌 채 투자를 한다. 이 두 명의 투자자 중에서 누구를 골라야 하는지는 분명하다. 첫 번째 투자자가 두 번째 투자자보다 훨씬 더 높은 수익을 올릴 것이다.

투자의 세계에서 좋은 결과를 내기 위해서는 좋은 분석이나 기술보다 '좋은 태도'가 필요하다. 물론 분석 능력과 기술이 있고 태도도 좋으면 이상적이겠지만 반드시 이 모든 걸 전부 갖출 필요는 없다. 올바른 태도, 즉 올바른 사고방식만 갖고 있으면 투자와 관련된 다른 모든 일이 비교적 쉬워지고, 심지어 단순해지고, 분명 훨씬 더 재밌어지기 때문이다. 나의 이 말을 수긍할 수 없는 사람들도 당연히 있을 테다. 오랫동안 시장에 대한 모든 걸 분석하기 위해 노력한 사람이라면 더 그럴 것이다.

많은 투자자들이 투자에 내재한 위험을 아주 비현실적 개념으로 여기면서 투자를 시작한다. 이때 첫 번째 투자에서 성공을 거두게 되면 두려움이 거의 혹은 전혀 없는 상태로 두 번째 투자에 돌입한다. 만약 이 두 번째 투자에서도 성공하면 실패에 대한 두려움을 훨씬 더 내려놓고 또다시 투자에 뛰어든다. 평소 같으면 감당할 수 없을 정도의 실패 가능성을 아예 생각조차 하지 않게 되는 것이다. 이런 식의 투자에서 연달아 좋은 성과를 내면 두려울 게 하나도 없어지고, 주식투자야말로 돈을 벌 수 있는 가장 쉬운 방법이라고 확신한다.

두려움이 사라지면 걱정도 사라진다. 이때의 마음 상태는 많은 위대한 운동선수들이나 뮤지션들이 '몰입' 혹은 '무아지경in the zone'이라고 부르는 상태와 유사하다. 어딘가에 깊게 빠져들어 자신을 잊어버리는 경지에 도달해본 적 있는 사람이라면 그것이 '전혀 두려움이 없이 본능적으로 행동하고 반응하는 마음 상태'임을 알고 있을 것이다. 이때 우리는 대안의 경중을 따지거나 결과를 미리 걱정하거나 자신을 비난하지 않는다. 그저 그 순간 열심히 뭔가를 할 뿐이다. 그런데도 무슨 일을 하건 처음에 원했던 결과가 나온다.

이 정도 수준까지 경기력이 향상되는 운동선수는 별로 없다. 대부분이 실수할지도 모른다는 두려움을 극복하지 못하기 때문이다. 그러나 결과를 망칠지 모른다는 두려움이 전혀 없는 수준에 도달한 운동선수들은 일반적으로(그리고 아주 당연하게도) '몰입 상태'에 빠진다. 그런데 의지만 있다고 심리적 몰입 상태에 이를 수 있을까? 그렇지 않다. 그것은 본래 창조적인 상태 속에 있는 자신을 발견할 때 느끼는 마음 상태라서 합리적이고 의식적으로 자신의 행동에 대해서 생각하기 시작하는 순간부터는 몰입 상태로 들어설 수 없다.

하지만 억지로, 혹은 의지만 갖고 몰입 상태에 들어갈 수는 없더라도 긍정적인 승자의 태도를 개발함으로써 몰입과 가장 유사한 마음 상태를 경험할 수는 있다. 지금 내가 말한 긍정적인 승자의 태도란 '노력하면 긍정적인 결과를 얻으리라고 기대하는 태도'다. 이런 태도를 가지면 어떤 결과가 나와도 그것이 현재의 수준뿐 아니라 더 발전하기 위해서 내가 배워야 할 것이 무엇인지를 보여주는 신호임을 인정하게 된다.

위대한 운동선수는 실수를 쉽게 극복하고 계속해서 발전할 수 있는 승자의 태도를 갖고 있다. 그렇지 못한 선수는 부정적인 자기비판과 후회와 자기 연민 속에서 허우적대며 무너진다. 긍정적인 승자의 태도를 개발하는 사람은 소수에 불과하다. 그렇지만 일단 투자에서 몇 번의 성공을 거두고 나면 승자의 태도를 개발하지 않았어도 그러한 태도의 부산물인 '걱정 없는 마음 상태'를 자동적으로 가질 수 있다.

확신을 갖고서 두려움과 걱정에서 벗어난다면 연속적으로 이기는 투자를 하기가 그리 어렵지 않다. 자신이 뭘 해야 할지 자명해 보이는 일종의 자연스러운 리듬 같은 '흐름'의 상태로 쉽게 빠져들 수 있어서다. 이때는 시장이 마치 적절한 매매 시점을 알려줘서 정밀한 분석을 할 필요가 거의 없는 것처럼 느껴진다. 그리고 물론 두려움을 느끼지 않으므로 내적 갈등이나 논란이 없는 상태에서 매매를 할 수 있다.

내 말의 핵심은 무엇을 하건 승리 여부는 주로 '태도'가 좌우한다는 것이다. 그렇다는 걸 머리로는 알지만 진정으로 이해하지 못하는 사람이 태반이다. 운동이나 다른 경쟁 활동에 참가하는 사람들은 전략적 차원에서 신체적 기술이나 정신적 기술을 개발해야 한다. 상대방과 당신의 기술 수준이 다르다면 일반적으로(늘 그런 건 아니지만) 둘 중 더 뛰어난 기술을 가진 사람이 이길 것이다. 그렇지만 약자가 강한 적을 물리칠 때도 있다. 그때 무엇이 그의 승리에 결정적인 역할을 하는 걸까? 두 명의 상대가 같은 기술을 갖고 있을 때 싸움의 균형을 한쪽으로 기울게 만드는 요인은 무엇일까? 이 두 질문에 대한 대답은 모두 같다. 바로 '태도'다.

투자가 그토록 흥미로우면서도 동시에 배우기 어려운 이유는 사실상 투자에 많은 기술이 필요하지 않기 때문이다. 진정한 승자의 태도만 갖고 있으면 된다. 몇 차례 이상 이기는 투자를 경험하게 되면 마치 승자가 된 듯한 기분을 느낄 수 있고 그러한 느낌은 연속적인 승리를 이어가는 원동력이 된다. 이런 이유로 업계 최고 분석가들이라는 사람들조차 계속해서 실패를 맛볼 때 오히려 초보 투자자가 성공하는 일이 생기는 것이다. 분석가들은 기술을 갖고 있지만 '승자의 태도'는 갖고 있지 않다. 그들은 두려움에 사로잡혀서 거래를 한다. 반면 어떤 초보 투자자는 두려움이 없기 때문에 승자의 태도가 주는 느낌을 경험한다. 그렇다고 해서 초보 투자자가 무조건 승자의 태도를 가졌다는 뜻은 아니다. 다만 그가 투자 활동을 하면서 아직 두려움을 느낄 만한 어떤 고통도 겪어보지 못했다는 것을 의미할 뿐이다.

## 고통 회피 메커니즘과 투자

시간이 흐르면서 초보 투자자는 아무리 긍정적인 느낌을 갖고 투자에 임하더라도 손실과 잘못을 경험할 수밖에 없다. 손실과 잘못은 투자 세계에선 피할 수 없는 현실이기 때문이다. 아주 긍정적인 태도와 최고의 분석 기술을 가진 투자자라도 결과적으로 손실을 피할 수는 없다. 시장이 워낙 변덕이 심하다 보니 어떤 투자자건 매번 이기기 위해서는 고려해야 할 변수가 너무나 많다.

그렇다면 초보 투자자가 결국에 손실을 봤을 때 무슨 일이 벌어질까? 지금까지 걱정이 없었던 그의 마음 상태는 어떤 변화를 경험하게 될까? 이 질문들에 대한 대답은 그가 투자 활동에 얼마나 많은 기대를 걸었고, 자신이 겪은 경험을 어떻게 해석하느냐에 달려 있다. 그리고 경험 해석 방법은 그의 믿음과 태도가 결정한다.

손실이란 투자 행위의 자연스러운 결과이므로 그가 손실을 피할 도리가 없다고 믿으면서 투자를 했다면 어땠을까? 다시 말해 그가 손실을 식당 주인이 음식 재료를 구입하기 위해서 지불해야 할 비용처럼 여겼다면 말이다. 게다가 그가 위험을 완전히 받아들였다고 가정해보자. 즉, 경제적·감정적으로 시장의 행동에 대해서 이해하기 힘들다고 판단했던 것까지 모두 고려하고 받아들이기로 했다고 말이다. 이러한 믿음과 기대를 가진 초보 투자자라면 그의 태도가 나빠질 가능성이 아주 낮으며, 또 손실을 본 후에도 바로 다음 투자에 참여할 것이다. 투자자의 믿음과 태도의 조합을 보여주는 아주 이상적인 사례다.

좀 더 현실적으로 초보 투자자가 위험을 전혀 받아들이지 못했다고 가정해보자. 그가 자신의 기대와 다르게 움직이는 시장의 행동을 받아들이지 못했다면 어떻게 될까? 시장이 원하는 대로 움직여주지 않는다면 감정적인 고통을 느끼게 될 것이다. 기대란 어떤 특정 환경 속에서 미래 어느 순간의 모습이나 소리나 느낌이나 냄새나 맛이 어떨지를 머릿속에 그려보는 것이다. 이때 그러한 기대에 얼마나 많은 에너지를 쏟느냐에 따라 기대가 성취되지 않았을 때 느끼는 고통의 정도가 다를 것이다.

초보 투자자는 방금 말한 두 가지 상반된 시각 중에서 어떤 시각을 가질 확률이 높을까? 최고의 투자자는 첫 번째 시나리오에 나온 시각을 가진다. 그리고 제1장에서도 지적했듯이 최고의 투자자가 엄청난 투자 귀재의 가문에서 성장했거나 뛰어난 멘토들의 도움을 받지 않았다면(그래서 처음 투자를 시작했을 때부터 위험과 손실에 대한 적절한 태도를 갖지 않았다면), 그들 모두 한 차례 이상 실패한 뒤라야 꾸준한 성공을 거두기 위해서 어떤 식으로 사고해야 하는지를 깨닫는다.

그들이 성공할 수 있었던 이유는 시장에 대해서 뛰어난 통찰과 혜안을 갖고 있기 때문이 아니라 태도가 근본적으로 바뀌었기 때문이다. 투자자 중에는 태도가 투자의 성패를 결정하는 데 얼마나 중요한 역할을 하는지 제대로 이해하는 사람이 거의 없다. 따라서 그들 사이에는 앞서 말한 것 같은 잘못된 생각이 만연되어 있다.

초보 투자자들은 손실을 본 다음 대부분 감정적 고통에 빠지고 만다. 그리고 그로 인해 투자 방법이 완전히 돌변한다. 그는 이제 예전의 걱정이 없던 마음 상태를 완전히 잊어버리고, 무엇보다도 '시장 때문에' 손해를 보게 됐다고 느낀다. 이제 그는 자신이 현재 느끼는 고통이 시장 때문에 생긴 것이며, 시장이 그에게 손실을 입혔고, 승자의 느낌을 강탈해버렸다고 생각하기에 이른다.

초보 투자자는 이처럼 손실을 본 탓을 시장이나 그가 이해하지 못한 무엇 때문으로 돌린다. 어린 시절 정말로 좋아하는 장난감을 갖고 놀고 있는데 당신보다 힘이 더 센(혹은 어른처럼 더 많은 권한을 가진) 누군가가 와서 놀이를 방해하고 하기 싫은 일을 시켰던 적이 있었을 것이다. 우리 모두 뭔가를 잃어버리고, 뭔가를 빼앗기고, 내 거라고 믿었던 것들을 갖지 못한 경험이 있다. 또한 열정적으로 관심을 갖고 있던 생각을 실행에 옮기지 못하게 된 적도 있다.

그렇지만 그때는 우리에게 일어난 일에 대해서 책임을 질 필요가 없었다. '어쩔 수 없이' 그렇게 된 것이기 때문이다. 우리가 즐겁고 행복한 상태에서 벗어나 감정적인 고통을 느끼고 싶어서 그렇게 느끼게 된 게 아니었다. 그런 결과는 우리의 의지와는 아무런 상관없이 더군다나 아주 갑자기 일어난다. 그래서 우리가 우리에게 일어나는 일에 대해서 책임을 져야 한다는 말을 미리 들었을 때도 그 말의 의미를 제대로 이해하지 못했을 수 있다.

우리는 분명 제3자로 인해, 외부로부터 강요된 무엇으로 인해 즐겁게 하고 있던 일을 못하게 돼서 고통을 느꼈다. 그 외부의 힘이 고통의 원인으로 비난받아 마땅하다. 우리는 또한 좋은 느낌이 우리의 실수가 아닌 다른 무엇 때문에 나쁜 느낌으로 한순간에 뒤바뀔 수 있다는 것도 배웠다. 이러한 많은 일이 일어나리라고 전혀 기대하거나 예상하지 못했기 때문에 사전에 충분한 대비를 하지 못했다. 또 이런 원하지 않은 상황을 야기한 주위 사람들에 대해서 배신감도 느꼈다. 그들의 행동 때문에 감정적 고통을 맛보게 됐다면 당연히 우리는 그들에게 배신감을 느낄 것이다.

덧붙여 말하자면 과거에 경험한 고통스러운 느낌 중 다수는 좋은 부모와 교사와 친구들이 원인이다. 그들은 당시 그들 생각에 우리에게 가장 이로우리라 여겨지는 일을 했을 뿐이지만 정작 당신은 그들의 행동에서 고통을 느꼈다. 이와 관련된 가장 좋은 사례로, 위험한 장난감을 갖고 노는 아이를 들 수 있다. 아이에게서 장난감을 빼앗으면 아이는 자신이 느끼는 감정적인 고통을 외부로 드러내기 위해서 울기 시작할 것이다. 그리고 우리가 성숙하지 못한 그 어린아이를 달래면서 왜 문제의 장난감을 갖고 놀아서는 안 되는지 아무리 합리적으로 설명해줘도 아이는 그 말을 들으려고 하지 않을 가능성이 매우 크다.

내가 여기서 말하고자 핵심은 우리가 느끼는 고통이 우리에 대한 다른 사람들의 애정 어린 행동의 결과인지 아니면 외부에서 고의적으로 가해진 행동의 결과인지는 우리 스스로 결정해야 한다는 것이다. 안타깝게도 대부분들의 투자자들이 어린 시절의 이 경험과 자신의 투자 행태를 연관 지어 생각할 줄을 모른다. 다시 말해서 투자 실패의 근본 원인을 찾지 못하고 투자의 결과에 대해서 직접 책임을 지기보다는 시장 탓으로 돌릴 우려가 크다.

오직 최고의 투자자만이 어떤 투자 결과에 대해서도 완벽한 책임을 질 수 있는 경지에 도달한다. 그 밖의 다른 사람들은 자신이 어느 정도는 책임을 지고 있다고 생각하지만 실제로는 시장이 대신 책임을 저주기를 바란다. 일반적인 투자자는 시장이 그의 기대와 희망과 꿈을 대신 성취해주기를 바란다.

사회에서는 이런 일이 가능할지 몰라도 시장에서는 분명 불가능하다. 사회에서 우리는 다른 사람들이 합리적이고 책임 있게 행동할 거라고 기대할 수 있다. 그들이 그렇게 행동하지 않을 때, 그리고 그로 인해 우리가 고통을 받을 때 사회는 그 불균형을 해소하기 위해 일종의 치료제를 제공한다. 반면에 시장은 우리에게 무언가를 주거나 우리에게 이득이 될 어떤 일도 해줄 책임이 없다. 현실적으로 모든 시장 참여자들은 오직 자신만의 이익을 위해 투자를 한다. 어느 한 투자자가 수익을 낼 수 있는 유일한 방법은 다른 투자자가 피해를 보는 것이다. 그것이 선물투자에서 입은 손실이건 주식투자에서 잃는 기회건 상관없다.

당신은 돈을 벌 수 있다는 기대로 시장에 뛰어든다. 이 세상의 모든 투자자가 똑같은 이유로 투자를 시작한다. 이걸 다른 식으로 표현하면 시장으로부터 돈을 빼내는 게 투자의 목적이라고 말할 수 있겠다. 그런데 그 반대도 마찬가지다. 시장의 유일한 목적도 당신으로부터 돈을 빼내는 것이다.

시장이 다른 누군가로부터 돈을 빼내기 위해서 상호작용하는 사람들로 이루어진 곳이라면 시장은 개별 투자자에게 어떤 책임을 질까? 시장은 원활한 투자가 가능하도록 만들어진 규칙들을 따르는 일 외에 다른 어떤 책임도 지지 않는다. 요점은 당신이 시장을 비난하거나 시장으로부터 배신을 당했다는 느낌을 받게 됐다면 그것은 제로섬 게임zero-sum game(게임 이론에서 참가자가 선택하는 행동이 무엇이든 그들의 이득과 손실의 총합이 제로가 되는 게임 – 옮긴이)의 의미를 충분히 생각해보지 않았기 때문이라는 것이다. 어떤 식으로건 시장을 비난한다는 건 당신이 뭘 원하고 투자를 위해 얼마나 노력했는지 상관없이 시장은 당신에게 빚진 게 아무것도 없다는 사실을 받아들이지 못한다는 의미다.

시장에서는 일반적으로 통용되는 사회적 가치가 아무 소용이 없다. 이 사실을 이해하지 못하고 자라면서 익혔던 사회 규범과 시장의 작동 방식 사이의 차이를 절충하지 못한다면, 시장이 당신에게 계속 뭔가를 해줄 거라고 믿으면서 당신의 희망과 꿈과 바람을 시장에 전가하는 잘못된 행동을 계속하게 될 것이다. 그러다 결국 시장이 아무것도 해주지 않으면 당신은 분노하고 좌절하고 감정적인 혼란과 배신감을 느낄 것이다.

책임을 진다는 건 시장이 아니라 당신이 투자자로서 성공이나 실패에 전적으로 책임을 진다는 사실을 인정하고 받아들인다는 의미다. 당연히 시장의 목표는 당신이 가진 돈을 빼앗는 것이다. 그러나 또 한편으로 시장은 돈을 벌 기회도 끊임없이 제공해준다. 시장에서의 가격 변동은 그 순간에 모든 시장 참여자가 집단으로 움직이고 있다는 뜻이다. 이 정보들에서 우리는 기회를 읽고 투자를 시작하거나 중단할 수 있다. 즉, 투자 포지션을 취하거나, 털어버리거나 할 수 있다. 또 수익을 내거나 최소한 손실을 줄임으로써 더 부자가 될 수 있는 기회를 잡는다.

이제 한 가지 질문을 던져보겠다. 당신은 투자를 하면서 다른 투자자의 기대와 희망과 꿈과 바람을 성취해줘야겠다는 책임감을 느끼는가? 물론 아닐 것이다. 이런 질문 자체가 말도 안 된다고 생각할지 모른다. 하지만 혹시 지금 시장을 비난하고 있고, 시장으로부터 배신 받았다고 느낀다면 시장이 당신을 책임져주길 바라는 것과 다를 바 없다. 당신은 원하는 것을 얻는 데 도움이 되는 쪽으로 모든 시장 참가자들이 집단 행동을 하길 바란다. 그러나 당신은 시장으로부터 원하는 것을 자력으로 얻어내는 방법을 배워야 한다. 그리고 그 과정에서 완전하고 절대적인 책임을 지는 것이 무슨 의미인지를 스스로 깨달아야 한다.

책임을 진다는 것은 모든 결과가 당신의 결정에서 비롯됐다는 것을 믿는다는 의미다. 다시 말해 모든 투자 결과는 시장 정보에 대한 당신의 해석, 당신이 내리는 결정, 그리고 그에 따라 취하는 모든 행동의 결과이다. 한편 책임을 완전히 지지 않는다는 건 성공을 가로막는 두 가지 중요한 심리적 장애물을 세워놓는 것과 같다. 그렇게 되면 첫째, 당신은 시장과 적대적인 관계에 놓이고 둘째, 투자 실패 문제를 시장을 분석해서 고칠 수 있다고 잘못 믿게 된다.

먼저 첫 번째 장애물부터 생각해보자. 수익이나 손실에 대한 책임을 어쨌든 시장에 전가한다면 시장을 적대적으로 받아들이게 된다. 시장이 예전처럼 돈을 벌게 해주겠지 기대했는데 다시 돈을 잃게 되면 우리는 뭔가를 빼앗기거나 우리가 원하는 일을 하지 못하게 했을 때 느끼는 분노, 분개, 무기력처럼 어린애들이 자주 느끼는 것과 같은 감정을 느끼게 된다.

거부당하는 느낌을 받고 싶어하는 사람은 아무도 없다. 원하는 것을 얻어야 행복해진다고 믿는다면 특히 더 그렇다. 이러한 경험을 할 때마다 뭔가가 혹은 제3의 누군가가 우리 자신을 표현하지 못하게 막았다는 느낌을 받는다. 한마디로 어떤 외부의 힘이 우리의 바람과 기대와 반대로 작용하고 있다는 생각이 든다.

결과적으로 주거나 빼앗는 외부의 힘이 곧 시장의 힘이라고 여기는 게 자연스러워 보인다. 그러나 시장은 어디까지나 중립적인 관점에서 정보를 제공한다는 사실을 명심하자. 즉, 시장은 우리가 무엇을 원하고 기대하는지 모른다. 우리가 가격에 중대한 영향을 미칠 수 있는 대규모 포지션을 취하지 않는 한 시장은 당신에게 전혀 관심이 없다. 그러나 매 순간 시장에서 나오는 개별적 매수와 매도 호가는 당신에게 뭔가를 할 수 있는 기회를 제공한다. 당신은 수익을 내거나 손실을 내거나, 승리자가 되거나 실패자가 될 수도 있다. 이것은 당신이나 당신의 포지션을 알고 그것을 이용해 당신에게 피해를 주려는 사람이나 마찬가지다. 따라서 더 빠르고 더 집중해 투자를 하거나 이 분야가 가진 모든 한계를 감안해서 그에 맞춰 투자해야 한다.

시장의 관점에서 매 순간은 중립적이다. 관찰자인 당신에겐 매 순간의 가격 변화가 의미가 있을 수 있다. 그러나 그러한 의미는 시장이 아니라 당신의 마음속에 존재할 뿐이다. 시장의 정보를 해석해 제공해줄 사람들이 항상 존재하긴 하지만 시장이 그 자체로 의미를 덧붙이거나 정보를 해석하지는 않는다. 아울러 시장은 당신이 기회나 손실을 어떻게 정의하는지 모른다. 당신이 시장을 어떻게 생각하는지, 그러니까 끊임없는 기회의 흐름으로 간주하는지 아니면 당신의 돈을 삼켜버릴 탐욕스러운 괴물로 간주하는지 전혀 알지 못한다.

자기비판과 후회 없이 투자를 하고 시장이 제공하는 무한한 기회의 흐름을 받아들인다면 당신은 최고의 이익을 내기 위해 행동하고 과거의 경험으로부터 교훈을 얻는 최고의 '사고 틀frame of mind'에 들어가게 된 것이다. 반대로 시장 정보를 어떤 식으로든 고통으로 간주한다면 의식적으로든 무의식적으로든 스스로 그러한 정보를 인식하지 못하게 막아버림으로써 고통을 피하려고 노력할 것이 뻔하다. 그러한 정보를 차단하는 과정에서 당신은 부자가 될 기회로부터 점점 멀어지게 된다.

아울러 시장이 당신을 위해서 뭔가를 해주리라 기대하거나 시장이 당신에게 뭔가를 빚지고 있다고 믿는다면 시장을 적대적으로 바라보게 된다. 이때 싸우고 싶은 충동을 들겠지만 정확히 무엇을, 누구를 상대로 싸운단 말인가? 시장은 분명 당신과 싸우고 있지 않다. 그렇다. 시장은 당신의 돈을 원하지만, 당신에게 최대한 많은 기회를 제공해주기도 한다. 당신이 시장에 대해 적대감을 갖고 싸우려 드는 것은 사실 시장이 주는 기회를 100퍼센트 모두 활용해야 한다는 사실을 당신이 제대로 받아들이지 못해 생기는 부정적인 결과와 싸우고 있는 것뿐이다.

시장이 주는 무한한 기회를 최대한 잘 이용하려면 '흐름'에 편승해야 한다. 시장에는 어떤 흐름이 있고, 그 흐름은 종종 변덕스럽다. 특히 단기간 내에서 심한 변덕을 부린다. 그러나 흐름은 반복적으로 이루어지는 패턴을 보여준다. 따라서 시장의 흐름을 느끼고 싶다면 두려움, 분노, 후회, 배신, 절망, 실망으로부터 비교적 자유로워야 한다. 절대적인 책임을 떠맡으면 이러한 부정적인 감정을 느낄 이유가 없어진다.

다음으로 두 번째 심리적인 장애물인 시장 분석을 통해서 투자에서 발생하는 문제들을 해결할 수 있으리라는 잘못된 믿음에 대해 살펴보자. 이 말을 부연 설명하려면 첫 번째 손실을 경험할 때까지 걱정이 없던 마음 상태를 갖고 트레이딩했던 초보 투자자의 이야기로 돌아가야 한다.

누구나 쉽게 힘들이지 않게 승리를 거두다가 돌연 감정적인 고통을 느끼면 상당한 충격을 받는다. 그렇다고 그 충격이 투자를 그만둘 정도는 아니다. 아울러 이 초보 투자자는 자기 잘못으로 실패했다고 생각하지 않았다. 그는 시장이 자신을 실패자로 만들었다고 생각했고, 그래서 포기하지 않았다.

마침내 그는 더 똑똑하게 투자할 수 있는 기회를 얻는다. 약간의 노력을 더 들여 시장에 대해서 배울 수 있는 모든 것을 배우기로 한다. 아무런 지식도 없는 상태에서도 승리를 거둔 경험이 있으므로 만일 뭔가를 알면 더 확실한 승리를 거둘 수 있겠다고 생각하는 건 당연하다. 그러나 이런 생각에는 심각한 문제가 있다. 투자자들 대부분이 아주 큰 피해를 보고 한참 지나서야 비로소 이러한 깨달음을 얻기 때문이다. 물론 시장에 대해 배우면 좋고, 그렇게 배운다고 해서 무슨 문제가 생기지는 않는다. 다만 시장에 대해 공부하려고 하는 근원적 이유가 궁극적으로 잘못된 행동의 원인이라는 게 문제다.

직전에 설명했던 것처럼 기쁨에서 고통으로 갑작스럽게 기분이 바뀌면 누구나 상당한 심리적인 충격을 받는다. 이러한 종류의 경험을 건강하게 소화해낼 방법을 배운 사람은 실로 극소수에 불과하다. 이럴 때 투자에 지식이 좀 있는 사람들은 보통 '복수'하겠다는 반응을 보인다. 그들은 유일한 복수의 방법은 시장을 정복하는 것이고, 시장을 정복하는 유일한 방법은 시장에 대해 지식을 얻는 것이라고 생각한다.

초보 투자자가 시장에 대해서 학습하는 근본적인 이유도 시장을 이기고, 자신의 능력을 입증하고, 시장이 다시는 자신을 해치지 못하게 막기 위해서다. 그는 꾸준히 승리하는 방법을 알기 위해서 시장에 대해서 배우려는 게 아니다. 그보다는 고통을 피하거나 뭔가를 입증하기 위해서 시장에 대해서 배우려 한다. 그가 시장에 대해서 무언가를 알게 되면 이후론 고통을 느끼지 않을 거라거나, 복수심이 해소될 거라거나, 뭔가를 입증할 수 있을 거라는 식의 전제를 하는 순간 자신도 모르게 패배자가 되고 만다.

사실상 그는 타협 불가능한 딜레마에 빠진 것이다. 정복자가 되기 위해서 시장에 대해 배우고 있다고 생각하면 그는 그 사실 자체로 고무된다. 그래서 추세선, 차트 패턴, 지지선과 저항선, 캔들스틱, 시장 프로필, 포인트와 선 등에 대해 배우면서 계속해서 지식을 추구하게 될 것이다. 엘리엇 파동Elliott wave(주가 변화는 대자연의 법칙과 조화를 이루고 있으면서 일정한 규칙을 가지고 반복된다는 이론 - 옮긴이), 피보나치 되돌림Fibonacci retracement(주가의 고점과 저점을 연결하여 발생하는 각각의 의미 있는 지점에서 반등 목표치를 예상하는 기법 – 옮긴이), 오실레이터oscillators(최근의 가격에서 과거 일정 시점의 가격을 빼서 산출된 결과 값을 현재 시점에서 그래프로 나타내어 분석하는 방법 – 옮긴이), 상대강도 relative strength(현재 추세의 강도를 백분율로 나타내 언제 추세가 전환될지를 예측하는 데 쓰이는 지표 – 옮긴이), 추계학stochastics(가격 상승 시에 종가가 사용자가 정한 기간의 상단 끝에 가까워지는 경향이 있고, 반대로 가격 하락 시에는 가격 범위 하단 끝에 가까워지는 경향이 있다는 통계학 용어 – 옮긴이) 외에도 그가 배울 수 있는 기술은 정말로 많다.

그런데 이상하게도 시장에 대해 점점 더 많은 지식을 쌓는데도 초보 투자자는 계속해서 문제를 겪는다. 그러면서 소극적으로 변하고 자신의 결정에 대해 계속 재고하기에 이른다. 또 명확한 매매 신호들이 출현하더라도 머뭇거린다. 그는 자신이 겪은 일을 이해할 수 없어서 크게 좌절한다. 심지어 미칠 것 같은 기분마저 느낀다. 그는 투자자로서 해야 할 일을 했다. 다시 말해 열심히 공부했다. 그런데 결과적으로 더 많이 배울수록 자신이 유리하게 이용할 수 있는 게 오히려 더 줄어들었다는 사실을 깨닫는다. 그는 열심히 공부했을 뿐인데 자신이 대체 뭘 잘못했는지 이해하지 못한다. 이 모든 문제는 그가 '잘못된 이유'로 배우려고 했기 때문에 생긴 것이다.

초보 투자자가 무언가를 증명해 보이려고 애쓰면 애쓸수록 효과적인 투자와는 거리가 멀어진다. 이겨야 하고, 옳아야 하고, 잘못을 인정할 수 없다고 생각하면 시장이 제공하는 여러 범주의 정보를 고통스러운 것으로 규정하고 인식하게 된다. 시장이 생성하는 어떤 정보

건 당신을 행복하게 해줄 수 없는 고통스러운 정보로 간주해버린다는 뜻이다.

이때 우리에게 내재된 신체적·감정적 고통을 피하려는 경향이 딜레마를 만든다. 시장에 대해 열심히 지식을 쌓았더라도 이런 '고통 회피 메커니즘'이 투자에 미치는 부정적인 영향을 상쇄하지는 못한다. 우리는 모두 고통을 회피하려는 성향을 지니고 있다. 실수로 뜨거운 버너 위에 손을 대면 반사적으로 움직여 손을 뗀다. 인간의 본능적인 반응이다. 그렇지만 감정적인 고통과 그것이 초래하는 부정적인 결과를 피하는 문제에 있어 투자자를 비롯해 그런 회피 원리를 이해하는 사람은 극소수에 불과하다. 따라서 이러한 부정적인 결과들을 의식적으로 통제하는 법을 배우고 이해할 때만이 원하는 목표를 성취할 수 있다.

인간은 본래 고통에서 스스로를 보호하기 위해 수많은 방법들을 동원한다. 예를 들어 의식적으로 실패한 투자를 합리화하거나 정당화한다. 또 그런 투자를 계속할 수 있는 명분을 만든다. 우리는 보통 동료들에게 전화를 걸거나 주식 중개인을 만나 상담하거나 전혀 사용해본 적이 없는 지표들을 바라본다. 고통스러운 경험이 주는 가치를 부정하기 위해서 고통스럽지 않은 정보를 수집하려고 하기 때문이다. 또 잠재의식적 차원에서 특정 정보를 수정하거나 왜곡하거나 배제한다. 다시 말해 의식적 차원에서는 고통 회피 메커니즘이 시장이 주는 정보를 배제하거나 수정하고 있다는 걸 깨닫지 못한다.

증시가 전고점을 깨거나 저점을 높이거나 전저점을 깨는 등 당신이 취한 포지션과 반대로 움직여 계속해서 손해를 보는 상황인데도 곧 만회할 거라고 믿으며 실패를 인정하지 않고 있다고 생각해보자. 평균 4~5차례 베팅해서 한 차례 정도만 원하는 결과를 얻고 있을 뿐인데도, 한 번 벌 때마다 이제 상황이 바뀌어서 앞으로 시장이 당신이 원하는 대로 움직일 거라고 확신하며 이전의 나쁜 결과를 개의치 않는다. 그러나 시장은 계속해서 당신의 생각과 반대로 움직일지 모른다. 그러다가 어느 시점에 손실 규모가 너무 늘어나 부정하기 어려운 지경에 이르면 그제야 마침내 투자를 중단하게 될지 모른다.

투자자들은 보통 이럴 때 실패 경험을 반성하면서 "내가 왜 손실을 인정하고 반대로 매매하지 않았을까?"라는 반응을 보인다. 시장에서 한 발짝 떨어져 있을 때는 반대로 투자의 기회를 쉽게 알아차릴 수 있다. 그러나 시장에 깊숙이 발을 담그는 순간 그러한 기회가 눈에 보이지 않는다. 기회를 알려주는 정보를 고통스럽다고 간주하면서 의도적으로 차단해버리기 때문이다.

앞에서 예를 들었던 가상의 초보 투자자도 처음 투자를 시작했을 때는 투자 자체를 즐겼다. 그는 걱정이 없는 마음 상태에 빠져 있었다. 그는 편견에 사로잡히지도 않았고 그 누구에게도 자신을 증명할 필요가 없었다. 승리를 거두는 한 '다음엔 어떻게 될지 볼까?' 하는 관점에서 투자를 했을 뿐이다. 그리고 돈을 버는 횟수가 늘어나면서 자신이 돈을 잃을 수 있다는 생각을 점점 더 하지 않게 됐다. 그러다가 마침내 돈을 잃자 사실상 전혀 예상해본 적이 없는 마음 상태에 빠진 것이다. 그는 자신이 고통을 느끼는 이유가 시장의 방향에 대한 자신의 잘못된 예상이라고 생각하지 않고, 시장 때문이라며 시장을 비난했다. 또 시장에 대해 많이 배우면 배울수록 손실의 재발을 막을 수 있다고 생각했다. 걱정이 없는 마음 상태를 유지했던 그는 갑자기 돌변해 손실을 피함으로써 고통을 피할 수 있다는 생각을 하게 됐다.

하지만 손실을 피함으로써 고통을 막을 수는 없다는 게 문제다. 시장은 여러 가지 행동 패턴을 생산하는데, 그 패턴들이 반복되기는 하지만 항상 그렇지만은 않다. 따라서 손실을 보거나 잘못되는 걸 피할 방법은 없다. 아마도 이 초보 투자자는 앞으로도 이러한 투자 세계의 현실을 간파하지 못할 것이다. 두 가지 강력한 힘에 휘둘리게 됐기 때문이다. 첫째, 그는 승자의 느낌을 다시 느껴보길 갈망했다. 둘째, 자신이 습득하고 있는 시장에 대한 모든 지식에 극단적인 열정을 갖게 됐다. 그러나 그가 놓치고 있는 한 가지 사실은 '고통을 막거나 피하자'는 사고를 하게 된 순간, 이미 긍정적인 태도에서 벗어나 부정적인 태도를 갖게 됐다는 점이다.

그는 더 이상 단지 이기는 데 집중하지 않는다. 대신 시장이 다시는 자신에게 상처를 주지 못하도록 고통을 피하는 방법에만 집중한다. 이것은 경기의 흐름을 읽지 못하고 실수하지 않으려는 데만 집중하는 테니스 선수의 모습과 비슷하다. 초보 투자자는 잘못을 저지르지 않으려고 애쓰면 애쓸수록 오히려 더 많은 잘못을 저지른다. 고통을 피하려고 하면 할수록 고통 때문에 더 많이 괴로워한다. 다시 말해 더 많이 이기고 더 적게 지려고 할수록 투자자는 자신이 원하는 것을 얻지 못하고 있다는 걸 알려주는 어떤 정보도 받아들이지 못한다. 그렇게 차단하는 정보가 늘어날수록 최고의 수익을 올릴 기회를 인식하지 못하게 된다.

초보 투자자가 고통을 피하려고 시장에 대해 공부하는 것이 늘어날수록 문제는 더욱 복잡해진다. 많이 배울수록 시장에 대한 기대도 덩달아 늘어나기 때문이다. 또 그로 인해서 시장이 자기 뜻대로 움직여주지 않을 때 많은 고통을 느낀다. 그는 자기도 모르게 더 많이 배울수록 더 마음이 피폐해지는 악순환을 초래해버린다. 그런데 또 그렇게 마음이 더 피폐해질수록 더 많이 배워야겠다고 느낀다. 그리고 이러한 악순환은 그가 넌더리가 나서 투자 자체를 포기하거나 아니면 투자 실패의 근본 원인이 시장에 대한 지식 부족이 아니라 자신의 시각 때문이라는 걸 인정할 때까지 계속해서 이어진다.

## 승자와 패자, 그리고 흥한 자와 망한 자

투자자들 대부분이 투자를 포기하거나 반대로 진정한 성공 비결을 찾아내는 데까지는 다소 시간이 걸린다. 그동안 어떤 투자자는 '호황과 불황 주기'를 모두 경험할 만큼 오랫동안 투자를 하기도 한다.

앞에 나왔던 초보 투자자의 사례를 보고 당신은 모든 투자자가 본래 부정적인 태도를 갖고 있어서 계속해서 투자에 실패할 수밖에 없다고 추론할지도 모르겠다. 하지만 반드시 그런 것만은 아니다. 물론 계속해서 돈을 잃거나, 더 이상의 감정적인 고통을 참지 못해 결국 투자 자체를 포기하는 사람들도 있기는 하지만 말이다. 그러나 반대로 시장에서 끈질기게 교훈을 얻으면서 많은 어려움을 극복한 끝에 결국 돈을 버는 법을 터득한 투자자 수도 만만치 않게 많다. 그러나 지금 여기에서 강조하고 싶은 내용은, 후자의 사람들은 제한적인 토대 위에서만 돈 버는 법을 배웠을 뿐이라는 사실이다. 그들은 아직 '희열감euphoria'의 부작용에서 벗어나거나 내가 나를 망치는 소위 '자기훼방self-sabotage'에서 벗어나는 법까지 배우지는 못했다.

희열감과 자기훼방은 투자 결과에 부정적인 영향을 줄 수 있는 강력한 두 가지 힘이다. 이 두 힘이 더욱 심각한 이유는 당장의 행복감 때문에 이 희열이 나중에 부작용을 낳을 수 있다는 생각을 전혀 하지 않기 때문이다. 희열감의 문제는 그것이 뭔가 잘못될 가능성을 조금도 하지 못하게 만들 정도로 우리에게 극도의 자신감을 심어준다는 데 있다. 반면 자기훼방 때문에 생기는 잘못들은 투자자들이 돈이나 승리를 지키기 위해서 겪는 모든 갈등과 관련이 있다. 사람은 이기고 있을 때 가장 실수에 취약해진다. 과도하게 투자에 뛰어들거나, 심하게 편중된 포지션을 취하거나, 기존에 세워뒀던 규칙을 깨거나, 신중하게 행동할 필요가 없다고 여기기도 한다. 마치 자신이 시장이 된 것처럼 생각하는 지경에 이르기도 한다. 그러나 그로 인해 피해를 입는 쪽은 바로 우리 자신이다. 그럴 때 입는 손실과 감정적 고통은 실로 어마어마하다. 당신은 '호황'을 경험한 다음에 반드시 '불황'을 경험하게 될 것이다.

성과를 바탕으로 투자자들을 구분하면 크게 세 그룹으로 나눌 수 있다. 규모 면에서 가장 작은 그룹, 아마도 지금 활동 중인 투자자들 가운데 10퍼센트도 되지 않을 투자자들은 꾸준한 승자 그룹에 속한다. 그들은 좀처럼 잃지 않고 시장에서 꾸준히 고수익을 올린다. 그들이 겪는 실패는 어떤 투자 전략이나 시스템을 동원하더라도 겪게 될 수밖에 없는 비교적 정상적인 손실이다. 그들은 돈을 버는 법을 배웠으며, 호황과 불황 주기를 초래하는 심리적인 힘으로부터 더 이상 영향을 받지 않는다.

현재 활동하는 투자자들의 30~40퍼센트 정도가 속해 있는 또 다른 집단은 꾸준한 패자들로 이루어져 있다. 그들의 수익률 곡선은 지속적인 승자들의 수익률 곡선과 모양은 같지만 방향은 정반대다. 다만 그들도 가끔 승자가 되기는 한다. 투자 경력이 얼마나 오래됐느냐와 상관없이 그들은 여전히 투자에 대해 배우지 못한 게 많다. 그들은 투자에 대해서 환상을 갖고 있거나 승자가 되는 게 사실상 불가능할 정도로 투자에 중독돼 있다.

세 번째 그룹은 가장 규모가 큰 그룹이다. 활동하는 투자자들 가운데 40~50퍼센트가 이 그룹에 속한다. 그들은 호황과 불황 주기를 반복적으로 겪는다. 그들은 돈을 버는 법을 배웠을지 몰라도 꾸준히 돈을 벌기 위해서는 정복해야 하는 투자 기술들이 많다는 사실을 배우지는 못했다. 결과적으로 그들의 수익률 곡선은 롤러코스터처럼 기복이 심하다. 양호하게 천천히 오르다가 갑자기 떨어지다가 다시 천천히 오르다가 다시 급락하는 모양이다. 그리고 이러한 롤러코스터

주기가 반복된다.

나는 단 하루도 손해를 보지 않고 수개월 동안 계속해서 놀랄 만한 승리를 거둔 경험이 있는 많은 노련한 투자자들과 함께 일해봤다. 그들에게는 연속해서 15~20차례 수익을 내는 투자를 한다는 게 특별하지 않다. 그러나 호황과 불황 주기를 타는 투자자들에게는 이러한 연속적인 승리는 항상 같은 결과로 끝난다. 희열과 자기훼방으로 인한 엄청난 손해다. 누구나 과도한 자신감이나 도취감에 사로잡히면 새로운 세계에 들어선 것처럼 느낀다. 그러나 투자자가 희열감에 사로잡히는 그 순간 그는 심각한 잘못의 수렁에 빠지게 된 것이나 다름없다.

자만이나 희열에 빠지면 어떤 위험도 인식하지 못한다. 희열감은 어떤 것도 절대 잘못될 리 없다고 믿게 해주기 때문이다. 잘못될 게 없다면 행동을 지배할 규칙이나 경계도 필요 없다. 따라서 일반적인 수준보다 더 큰 포지션을 취하는 게 마치 당연한 일처럼 느껴진다. 그러나 평소보다 더 큰 포지션을 취하자마자 곧바로 위험에 빠진다. 포지션이 클수록 가격이 약간만 변동해도 그로 인한 타격이 더 커지기 때문이다. 포지션과 다른 시장의 움직임이 평소보다 훨씬 더 큰 충격을 줄 수 있는 상황에서 시장이 무조건 당신 예상대로 움직일 거라고 확신하고 있다면 당신은 시장의 아주 작은 움직임에도 머리가 얼어붙고 몸이 마비되는 엄청난 충격을 받을 수 있다.

그러다가 마침내 시장에서 발을 빼면 그때는 충격과 당혹감과 배신감을 맛보게 된다. 또 그런 일이 내게 일어났다는 게 믿기지도 않게 된다. 그러나 엄밀히 말하면 당신의 감정이 당신을 배신한 것이다. 내가 방금 설명한 투자의 기본적 역학을 모르거나 이해하지 못한다면 시장을 비난하는 수밖에는 별다른 방법이 없다. 시장이 당신에게 그런 몹쓸 짓을 했다고 믿는다면 당신은 스스로를 지키기 위해서 시장에 대해 더 많이 배우려고 할 것이다. 그렇게 해서 더 많이 배울수록 이제는 승리할 수 있다는 자신감을 더 많이 갖게 될 것이다. 그리고 자신감이 커질수록 어느 시점에선가 희열감에 빠져 그동안 겪었던 일을 반복하게 될 것이다. 자기훼방 때문에 입은 손실은 또 어떤가? 자기훼방 역시 심각한 피해를 줄 수 있는 데다 성격이 훨씬 더 미묘하다. 매수 시점에 매도하거나, 반대로 매도 시점에 매수하는 등의 실수를 하거나, 가장 위험한 타이밍에 집중력 잃어 실패를 맛보곤 한다.

한 대형 증권사에서 일하는 선물 중개인은 고객들에게 농담조로 이렇게 말하곤 했다. "모든 상품 투자자들은 말기 암 환자 인생을 살고 있다. 나는 그들이 행복하게 살다 죽게 해주자는 신조에 따라 산다." 농담조이긴 했지만 진정 의미심장한 말이 아닐 수 없다. 당신이 버는 돈보다 잃는 돈이 더 많다면 당신은 생존할 수가 없다. 이보다 모호한 성공의 여러 가지 미스터리 중 하나는 설령 승리하더라도 당신은 여전히 말기 암 환자의 삶을 살 확률이 높다는 사실이다. 다시 말해 승리하고 나서 확신과 절제 사이에서 건강한 균형을 잡는 법을 배우지 못했거나 자기훼방을 극복하는 법을 배우지 못했다면 조만간 패배할 수밖에 없다.

당신이 '호황과 불황 주기'를 겪는 투자자라면 다음과 같은 질문에 대해서 생각해보길 바란다. 실수나 무분별함 때문에 실패한 모든 투자에 다시 한 번 도전해볼 기회를 얻는다면 이제 얼마나 많은 돈을 벌 수 있을까? 재도전한 결과를 기준으로 봤을 때 주식의 수익률 곡선은 어떤 모양을 띨까? 나는 여러분 중 다수가 꾸준한 승자의 범주에 들어가게 될 거라고 확신한다. 이제는 손실을 봤을 때 어떻게 대응할지 생각해보라. 손실에 대해서 전적으로 책임을 질까? 시각이나 태도나 행동을 어떻게 바꾸면 될지 알아보려고 노력할까? 아니면 시장을 쳐다보면서 손실이 되풀이되는 걸 막기 위해 시장에 대해 더 공부를 하려 할까? 분명히 말하지만 시장은 당신의 무분별함과 아무런 상관이 없다. 또 시장은 내적 갈등의 결과로 저지르는 잘못과도 아무런 관련이 없다.

시장은 단순히 당신의 마음속에 있는 것을 반영하는 거울 구실만을 할 뿐이다. 당신이 자신감을 갖게 됐다면 시장이 그렇게 느끼게 해줘서가 아니다. 당신의 믿음과 태도가 당신이 경험을 더 쌓고, 결과에 대해서 책임을 지고, 통찰력을 얻을 수 있게 만들어줬기 때문이다. 반대로 당신이 화가 나고 두렵다면 시장이 당신의 성공과 실패를 좌우한다고 믿게 됐기 때문이다.

궁극적으로 책임을 회피함으로써 생기는 최악의 결과는 고통과 불만의 주기 속에서 헤어나오지 못하는 것이다. 이 문제에 대해 잠시만 생각해보자. 당신이 결과에 대해 책임을 지지 못한다면 앞으로 배울 점이 아무것도 없으며 현재 상태 그대로 유지할 수 있다고 생각하기에 이른다. 한마디로 전혀 성장하지 못한다. 그 결과 여러 가지 사건들을 늘 똑같은 방식으로 인식하면서 그러한 사건들에 똑같이 반응하고, 똑같이 불만족스러운 결과를 얻게 되고 만다.

시장에 대해서 더 많은 지식을 얻어야 이런 투자에서 겪는 문제들을 해결할 수 있으리라 생각할지도 모르겠다. 뭔가를 배운다는 것 자체가 미덕이긴 하지만 이 경우에는, 그러니까 자신의 태도와 시각에 대해서 책임을 지지 않는다면 이것은 의도가 나쁜 공부가 된다. 가치 있는 뭔가를 부적절한 의도를 가지고 배우는 게 무슨 과연 의미가 있을까? 스스로 깨닫지도 못한 채 위험에 대한 책임을 회피하기 위한 수단으로 이러한 지식을 활용하게 될 것이다. 그리고 그 과정 중에 고통과 불만족의 주기 속에 갇혀 피하고 싶은 일들을 자초하고 만다.

그러나 시장을 비난함으로써 얻을 수 있는 한 가지 확실한 혜택도 존재하긴 한다. 가혹한 자기비판으로부터 잠시나마 자신을 보호할 수 있게 된다는 점이다. 나는 지금 '잠시나마'라고 말했는데, 책임 전가는 경험으로부터 교훈을 얻는 데 필요한 모든 것과 단절된다는 의미이기 때문이다. 우리가 정의한 승자의 태도를 기억하라. 승자의 태도는 어떤 결과를 얻든지 그것이 자신의 발전에 도움을 준다는 사실을 받아들이면서 자신이 한 노력에 긍정적인 기대감을 갖는 태도다.

자신을 비판할 때 느끼는 고통을 피하려고 다른 데로 비난을 돌린다면 그건 마치 상처 부위에 감염된 일회용 밴드를 붙이는 격이다. 당장은 문제가 해결된 듯 보여도 얼마 뒤에 그 문제가 처음보다 더 상태가 나빠져 번질 수 있다. 더 만족스러운 경험을 하게 될 어떤 것도 배우지 못했기에 생기는 당연한 결과다.

투자를 주저하는 게 손해를 감수하는 것보다 더 고통스럽게 느껴지는 이유는 무엇일까? 우리가 손해를 봤을 때 시장에 책임을 돌리고 책임을 받아들이지 않을 방법은 많다. 그러나 투자를 주저하게 되면 시장을 비난할 수가 없다. 시장은 아무것도 하지 않고 그저 우리가 원하는 것을 정확하게 주었을 뿐이지만 어떤 이유에서건 우리가 그 기회를 적절하게 살리지 못했다. 다시 말해 이때는 고통을 합리화해서 없애버릴 방법이 없다.

당신은 시장이 하는 일과 하지 않는 일에 대해서 책임을 지지는 않지만 자신의 투자 결과로 생기는 다른 모든 것들에 대해서는 책임을 져야 한다. 지금까지 배운 것뿐만 아니라 곧 배우게 될 모든 것에 대해서도 말이다. 성공적인 투자자가 되기 위한 가장 효과적인 길은 승자의 태도를 개발하는 것이다. 그것은 곧 창조적인 시각을 갖게 됨을 말한다. 승자의 태도는 당신에게 무엇을 배워야 하는지 알려주며 아무도 경험하지 못했던 중요한 뭔가를 찾아내는 데 가장 좋은 사고방식을 제공해준다.

승자의 태도를 개발한다는 건 성공의 열쇠를 얻는 것과 같다. 많은 투자자들이 실제로는 그렇지 않은데도 마치 자기가 이미 그런 태도를 익혔다고 착각하는 데서 문제를 겪는다. 그러나 승자의 태도를 개발할 책임은 바로 당신에게 있다. 시장이 당신을 위해서 그러한 태도를 개발해주지는 않는다. 또 아무리 시장을 분석하더라도 승자의 태도를 얻을 수는 없다는 사실을 힘주어 강조하고 싶다. 시장을 보다 많이 이해하면 몇 차례 이기는 투자를 하는 데 필요한 우위를 얻을 수 있을지 모른다. 그러나 승자의 태도를 갖고 있지 않다면 그러한 우위가 꾸준한 승리로 이어지지는 못한다.

분명 혹자는 시장을 충분히 이해하지 못해서 손해를 보는 투자자도 분명 있을 것이라고 주장할 수 있다. 합리적인 주장 같지만 내 경험상 실패하는 태도를 가진 투자자는 시장에 대한 지식의 양과 상관없이 지는 투자를 한다. 뭘 하건 그들은 늘 실패한다. 반대로 시장에 대해서는 무지하더라도 이기는 태도를 가진 투자자는 돈을 번다. 그들이 시장에 대해서 많이 알고 있다면 더 자주 이기는 투자를 할 수 있을 것이다.

두려움을 버리고 자신감을 갖고 싶고, 들쭉날쭉한 성과보다는 꾸준히 높은 성과를 내고 싶다면 무엇보다 자신의 투자에 책임을 지고, 시장이 당신을 위해서 뭔가를 해줄 거라는 기대를 버려야 한다. 이 순간부터 전적으로 그렇게 하기로 결심했다면 시장은 더 이상 당신의 적이 아니다. 시장과의 싸움을 중단한다면(이 말은 사실상 자기 자신과의 싸움을 중단한다는 의미다) 앞으로 뭘 배워야 하는지, 그리고 그것을 얼마나 빨리 배울 수 있는지를 경험하고 놀랄 것이다. 책임을 진다는 건 승자의 태도를 쌓는 초석이다.

제
4
장

승자의 사고방식을
배워라

제3장까지 읽었다면 투자자의 역량을 갖고 투자하는 것과 성공하는 투자를 위한 적절한 사고방식을 학습하는 것은 별개라는 사실을 깨달았기를 바란다. 이미 여러 차례 강조했듯이, 최고의 투자자와 평범한 투자자를 구분해주는 차이는 투자 대상과 시점이 아니라 그 두 가지에 대한 사고방식이다.

전문가처럼 투자하고 꾸준한 승자가 되는 게 목표라면 그 목표를 성취하는 방법은 시장이 아니라 당신의 마음속에 있다는 전제에서부터 출발해야 한다. 그런 승자는 투자에 맞는 몇 가지 핵심적이고 기본적인 사고 전략을 발휘하는 마음 상태를 유지한다.

여러 차례 투자에서 승리하면 누구나 투자가 쉽다고 느끼게 된다. 당신도 그런 경험이 있을 것이다. 단순한 매매 결정을 했을 뿐인데 계좌로 계속해서 돈이 흘러들어왔던 때를 생각해보라. 그렇게 힘들지 않게 돈을 벌면서 느꼈던 극도의 긍정적인 감정들을 모두 떠올려보라. 그 상황에서는 투자자로서 돈을 벌기 쉽다는 결론을 내리지 않는 게 더 이상하다.

그런데 그게 사실이라면, 즉 투자가 그렇게 쉬운 일이라면 왜 투자의 고수가 되는 일이 그토록 어려운 걸까? 왜 그토록 많은 투자자가 투자에 실패해 어찌할 바를 모르는 걸까? 투자가 얼마나 쉬운지 직접 경험해봐서 알고 있다면 투자자들은 왜 시장에 대해서 배운 걸 계속해서 자신에게 유리하게 써먹지 못하는 걸까? 이렇게 우리가 투자에 대해서 믿고 있는 것과 실제 투자 결과 사이의 불일치를 어떻게 설명할 수 있을까?

## 투자란 대체 무엇인가?

이 질문에 대한 대답은 여러분이 투자에 대해서 어떻게 생각하느냐에 달려 있다. 아이러니하게도 종종 경험해봤겠지만 투자는 재미있고 전혀 힘들지 않을 수도 있다. 그리고 이러한 느낌을 꾸준히 경험할 수 있을지 여부는 당신의 시각이나 믿음이나 태도나 사고방식에 달려 있다. 지금 내가 쓴 네 단어 중에서 가장 편하게 느껴지는 단어를 하나 골라보라. 그런데 네 단어는 사실 모두 똑같은 의미라는 걸 아는가? 다시 말해 행복과 즐거움과 만족감이 모두 '마음 상태'이듯 승리와 지속성도 모두 마음 상태다.

마음 상태는 믿음과 태도의 부산물이다. 적절한 믿음과 태도가 없어도 꾸준한 성과를 내려고 노력할 수는 있다. 그러나 그러한 노력의 결과는 전혀 즐겁지 않은데 행복해지려고 노력하는 것과 크게 다르지 않다. 지금 전혀 즐겁지 않은데 즐거움을 느끼자고 생각을 고쳐먹기는 아주 힘들다. 물론 상황에 따라 주변 환경이 즐거움을 느끼도록 급변할 수는 있다. 그러나 그러한 마음 상태의 변화는 내적인 태도 변화 때문이 아니라 외부 여건의 변화 때문이다. 당신이 행복을 느끼기 위해서 외부 여건과 환경에 의존해야 한다면 꾸준히 행복감을 느낄 가능성은 매우 낮다.

그러나 즐거움을 느낄 줄 아는 '태도'를 개발함으로써, 더 구체적으로 말하자면 즐거움을 느끼지 못하게 막는 믿음과 태도를 약화시키려고 노력함으로써 우리는 더 행복해질 수 있다. 투자자로서 꾸준한 성공을 거두는 것도 이와 마찬가지다. 꾸준한 성공을 거두기 위해서는 외부 시장에만 의존해서는 안 된다. 진정으로 행복한 사람들은 행복해지기 위해서 아무것도 할 필요가 없다. 그들은 무슨 일을 하건 그냥 한다. 마찬가지로 지속적으로 성공하는 투자자는 꾸준히 성공하려고 애쓰지 않는다. 그냥 그들의 성격이 꾸준한 것이기 때문이다. 이 말이 추상적으로 들릴지도 모르겠으나 이 차이를 이해하는 건 매우 중요하다. 노력으로만 꾸준한 투자 성과를 낼 수는 없다. 인위적으로 노력하는 그 행위 자체가 기회의 흐름에서 벗어나게 만들어서 패배의 가능성을 높이는 식으로 작용하기 때문이다.

당신이 했던 최고의 투자는 쉽고 힘이 들지 않았다. 쉽게 투자하려고 억지로 노력할 필요가 없었다. 안간힘을 쓸 필요도 없었다. 그저 봐야 할 것만을 정확히 보고 본 대로 행동했을 뿐이다. 기회의 흐름이 나타난 순간 거래에 뛰어들었다. 기회의 흐름 속에 있을 때는 시장에 대한 모든 정보를 구할 수 있기에 정보를 구하려고 억지로 노력할 필요가 없다. 어떤 것도 의식하지 못하거나 감춰질 게 없다. 안간힘을 쓰거나 거부할 게 없기에 투자는 힘들어 보이지 않는다.

반대로 억지로 노력을 한다는 건 어느 정도의 저항이나 거부를 극복해야 한다는 의미다. 또한 시장으로부터 원하는 것을 얻으려고 억지로 애쓴다는 뜻도 된다. 그게 당연한 것처럼 여겨질지 모르지만 그런 생각에는 많은 문제가 있다. 최고의 투자자는 '기회의 흐름' 속에 머문다. 시장으로부터 아무것도 억지로 얻어내려고 애쓰지 않는다. 그들은 어떤 순간에 시장이 어떤 정보를 주든 그것을 자신에게 유리한 쪽으로 이용할 수 있게 준비만을 해놓는다. 이 두 가지 시각 사이에는 큰 차이가 있다.

나는 제3장에서 우리의 마음이 어떻게 신체적·감정적인 고통을 회피하려는 성향을 보이는지를 간단하게 설명한 적이 있다. 시장으로부터 원하거나 기대하는 것을 얻겠다고 마음먹고 투자를 하면 시장이 그런 기대감을 충족시켜주지 않았을 때 어떤 일이 벌어질까? 이때 당신이 원하는 것과 얻지 못하는 것 사이의 차이를 메우기 위해서 정신적 방어 메커니즘이 개입한다. 결과적으로 감정적인 고통을 느끼지 못하게 막는 게 이 개입의 목적이다. 우리의 마음은 우리에게 위협을 주는 정보를 자동으로 차단하거나 그러한 정보를 모호하게 만들도록 설계되어 있다. 원하는 것을 얻지 못했을 때 느낄 수 있는 감정적 불편함으로부터 스스로를 보호하기 위해서다. 결국 당신은 고통이 없는 마음의 상태를 유지하기 위해 기대했던 것과 일치하는 정보만을 취사선택할 것이다.

그러나 이처럼 노력하는 과정에서 기회의 흐름에서 비껴나 '할 수 있었는데', '해야 했는데', '하면 됐을 텐데', '그렇게만 된다면' 등과 같은 말을 하게 되는 후회의 세계로 들어가게 된다. 그 당시에는 깨닫지 못했고 보이지 않았던 모든 것이 기회가 사라지고 난 뒤에는 고통스러울 정도로 확실하게 느껴진다.

꾸준한 승자가 되려면 이처럼 당신의 행복을 위해 정보를 막거나, 모호하게 만들거나, 취사선택하게 만드는 의식적·무의식적인 정신 과정에 더 이상 노출되지 않고 투자하는 법을 배워야 한다.

고통이 가하는 위협은 두려움을 낳고, 우리가 저지르는 실수의 95퍼센트는 두려움에서 나온다. 단언컨대, 실수가 계속될수록 기회의 흐름은 멀어진다. 또한 기대하는 대로 이루어지지 않을 거라는 두려움을 느끼는 한 여러 가지 실수들을 저지를 것이다. 아울러 투자자로서 하려고 하는 모든 일이 투쟁이 될 것이다. 또 시장이 맞서 싸워야 하는 적처럼 느껴질 것이다. 그러나 현실적으로 그런 일들은 모두 당신의 마음속에서 일어나고 있을 뿐이다. 시장은 자신이 제공해주는 정보가 뭔지 인식하지 못한다. 그것을 인식하는 건 당신 자신이다. 누군가가 억지로 애쓰고 있다면 그건 내적 저항과 갈등과 두려움에 맞서서 싸우고 있는 당신 자신이다.

이제 당신은 "내가 더 이상 두려움을 느끼지 않아서 정보를 차단하거나, 모호하게 만들거나, 취사선택하게 만드는 정신 과정에 시달리지 않으면서 투자에 대해서 생각해볼 수 있는 방법은 무엇이 있을까?"라고 자문해보게 됐을지도 모르겠다. 이 질문에 대한 대답은 "위험을 받아들이는 법을 배우라."는 것이다.

## 위험을 받아들인다는 것의 진짜 의미

'위험을 받아들인다'는 개념보다 성공 투자에 중요하면서도 더 빈번한 오해를 낳는 건 없다. 제1장에서 언급했듯이 대부분의 투자자들이 투자라는 본래부터 위험한 행위를 하기에 자신들이 위험을 받아들이고 있다고 생각하는데 그것은 착각이다. 나는 그러한 생각만큼 심각한 오해는 없다고 재차 강조하고 싶다.

위험을 받아들인다는 건 감정적인 불편함이나 두려움을 느끼지 않고 '투자 결과'를 받아들인다는 뜻이다. 부연 설명하자면 실수하거나, 손해를 보거나, 기회를 놓치거나, 투자를 보류했을 때 정신의 방어기제가 작동해 당신을 기회의 흐름 밖으로 내몰지 못하도록 투자와 시장과 자신의 관계에 대해서 생각하는 방법을 배워야 한다는 뜻이다. 결과가 두렵다면 투자에 필연적인 위험을 받아들여봤자 아무런 소용이 없다. 두려움은 당신이 가장 두려워하는 바로 그 경험, 즉 피하려고 애쓰는 경험을 하게끔 당신의 생각과 행동에 영향을 줄 것이기 때문이다.

나는 이 책에서 기회의 흐름이 도래한 순간에 집중할 수 있게 해줄 일련의 믿음들로 구성된 구체적인 사고 전략을 제시하려고 한다. 이러한 사고 전략을 따르면 시장으로부터 무언가를 얻거나 무언가를 피하려고 노력하지 않아도 된다. 그저 시장이 자연스럽게 흘러가게 놔두면서 기회라고 판단되는 모든 상황을 유리하게 이용할 수 있게 될 것이다.

이러한 준비를 끝내면 시장의 움직임에 어떤 한계나 기대를 억지로 정해놓지 않아도 된다. 시장을 움직이는 대로 그냥 내버려둬도 완벽하게 만족할 수 있기 때문이다. 시장은 당신이 기회로 규정하고 인식하는 조건들을 알아서 창조해줄 것이다. 이때 당신의 마음 상태는 시장의 움직임에 의지하거나 영향을 받지 않는다.

시장의 움직임에 영향을 받지 않는 마음 상태를 창조하는 법을 배울 수 있다면 억지로 애쓰는 일 따위는 생기지 않을 것이다. 그런 내적인 노력을 들이지 않게 되면 모든 게 쉬워진다. 그때 기술적 분석이건 뭐건 간에 투자자로서 당신이 가진 잠재력을 100퍼센트 발휘할 수 있게 모든 능력을 발휘하면 된다.

그런데 그러기가 정말 쉽지 않다는 게 문제다! 위험을 인식함과 동시에 감정적으로 불편함과 두려움을 느끼는데 어떻게 두려움을 느끼지 않고서 투자의 위험을 받아들일 수 있을까? 다시 말해 잘못되고, 돈을 잃고, 기회를 날리고, 매매를 유보하게 되리라 확신하면서도 어떻게 계속해서 두려움과 고통 없이 투자를 계속할 수 있는 걸까? 누구나 알고 있겠지만 우리가 느끼는 공포와 불편함은 100퍼센트 정당하고 합리적 감정이다. 시장과의 상호작용을 고민하는 순간에 그러한 감정이 곧바로 현실이 되기 때문이다.

그러나 모든 투자자가 이러한 감정을 느끼더라도 모두가 그 '의미'를 똑같이 받아들이지는 않는다. 즉, 돈을 잃고 기회를 놓치고 매매를 유보하는 등의 일이 벌어질 가능성에 대해서 똑같은 믿음과 태도를 공유하지 않기 때문에 투자자 각자가 느끼는 감정적인 민감도는 다르다. 모두 똑같은 걸 두려워하지는 않는다.

최근 나는 한 투자자와 함께 일한 적이 있는데 그는 뱀을 죽기보다 싫어했다. 그는 단 한 번도 뱀에 대해 좋은 기억을 가진 적이 없었기에 항상 뱀을 두려워했다. 어느 날 그는 저녁 식사 초대를 받아서 세 살 난 딸과 함께 친구의 집에 가게 됐다. 그런데 하필이면 그 친구의 아이가 뱀을 애완동물로 키우고 있었다. 친구의 아이는 애완동물을 구경시켜준답시고 뱀을 가지고 나왔고, 그 투자자는 혼비백산해서 밖으로 멀리 도망쳤다. 그러나 그의 세 살 먹은 어린 딸은 뱀에 흠뻑 빠져서 뱀을 그냥 내버려두려고 하지 않았다.

그는 이 이야기를 내게 들려주면서 딸의 반응에 가장 충격을 받았다고 말했다. 딸도 자기처럼 당연히 뱀을 두려워할 것이라 생각했기 때문이다. 나는 그에게 그의 공포심이 너무나 강했고, 딸에 대한 애정 역시 너무 강하다 보니 딸도 당연히 자기처럼 뱀을 두려워하리라 생각했던 것뿐이라고 설명해주었다. 그리고 딸이 뱀에 물리는 등의 나쁜 경험을 하지 않는 한 아빠의 경험을 함께 공유할 방법은 없다는 사실 또한 지적해주었다. 특별히 나쁜 경험을 하지 않는다면 그의 생각과 달리 딸은 살아 있는 뱀에게 순수하고 꾸밈없는 관심을 보일 것이다.

이와 마찬가지로 대부분의 투자자들은 최고의 투자자도 자기들처럼 잘못하고, 손해를 보고, 기회를 놓치고, 매매를 유보하길 두려워하지만 엄청난 용기와 강심장과 자기 통제를 통해서 두려움을 어느 정도 중화시킨다고 생각한다. 언뜻 일리 있어 보이지만 실제로는 아니다. 분명히 말하지만 최고의 투자자에게서도 이러한 특성들 중 어떤 것이 나타날 수는 있다. 그러나 이러한 특성들이 그들이 올리는 뛰어난 성과에 지대한 영향을 미친다는 생각은 맞지 않다. 용기나 강심장이나 자기 통제가 필요하다는 건 한 가지 힘이 다른 힘의 영향들을 상쇄하기 위해서 동원되면서 내적 갈등이 일어난다는 뜻이다. 이러한 노력이나 분투나 두려움은 당신을 기회의 흐름에서 벗어나게 만들어 투자 성과에 타격을 줄 뿐이다.

최고의 투자자와 일반 투자자를 구분짓는 진정한 차이가 바로 여기에 있다. 최고의 투자자처럼 위험을 '받아들이면' 시장이 하는 어떤 일도 위협적으로 인식하지 않게 된다. 위협적인 게 없다면 두려워할 것도 없어진다. 두려워하지 않는다면 억지로 용기를 낼 필요도 없다. 스트레스를 받지 않는다면 왜 강심장이 필요하겠는가? 그리고 적절한 감시 체제를 준비해놓고 있어서 무분별하게 변할 가능성에 대해서 두려워하지 않는다면 왜 자기 통제가 필요하겠는가? 지금한 말의 의미를 되새겨보면서 한 가지만 명심해주기를 바란다. 투자자들 중에서 책임과 위험에 대해서 올바른 믿음과 태도를 가진 사람은 극소수라는 점이다. 그 외의 모두는 내가 초보 투자자의 사례에서 설명했던 것과 같은 주기를 거친다. 다시 말해 걱정을 모르고 투자를 시작했다가 두려움을 느끼고, 두려움 때문에 계속해서 잠재력이 약화된다.

이 주기를 깨고 궁극적으로 탈출하는 데 성공한 투자자는 결과적으로 책임과 위험 회피를 멈추고 이것들을 포용하는 법을 배운 사람이다. 이 주기를 성공적으로 깨는 사람들은 대부분 대규모 손해를 보고 극심한 고통을 경험한 바 있다. 그 고통으로 투자에 대한 환상이 사라지는 긍정적인 효과를 얻은 다음에야 비로소 사고를 전환한 것이다.

발전할 때 변화의 '방법'이 중요하지는 않다. 변화는 대개 갑자기 일어나기 때문이다. 달리 표현하면 사람들은 그들의 새로운 사고가 시장과 교류하는 방법에 미치는 긍정적인 영향을 경험하고 나서야 자신의 정신세계 속에서 일어나고 있는 변화가 무엇인지 완전히 이해한다. 최고의 투자자 가운데 자신의 성공 비결을 제대로 설명할 수 있는 사람이 극소수에 불과한 이유도 바로 이 때문이다. 그들은 다만 '손실을 줄여라'와 '흐름을 타라' 같은 격언들을 말해줄 수 있을 뿐이다. 중요한 사실은 투자자로서 직접 경험한 부분이 다르더라도 당신 역시 최고의 투자자처럼 사고하고 투자하는 게 분명 가능하다는 점이다.

# 시장을 위협으로 생각하지 말라

이제 당신이 위험을 받아들이고, 최고의 투자자처럼 사고하기 위해서 '심리적 환경'을 조정하는 방법을 집중적으로 다뤄볼 것이다. 그전에 먼저 성공 투자의 핵심이 되는 사고 전략에 대해 알아보자. 이러한 새로운 사고 전략을 통해서 당신은 시장과 '새로운 관계'를 구축하는 방법을 배우게 될 것이다. 이 관계는 잘못된 투자를 했거나 실패했다는 일반적 의미와 당신을 분리시켜주며 시장에 대한 어떤 것도 위협적이라고 여기지 못하게 만들어준다. 고통의 위협이 사라지면 공포도 사라질 것이다. 또 공포 때문에 저지르기 쉬운 실수도 같이 사라질 것이다. 이 사고 전략을 통해 당신은 무엇을 얻을 수 있는지 자유롭게 보고, 또 그렇게 본 대로 자유롭게 행동하는 마음 상태를 갖게 될 것이다.

이러한 걱정과 공포가 없는 마음 상태를 얻으려면 약간의 수고가 필요하다. 그러나 생각만큼 그렇게 어렵지는 않다. 이 책을 완독하고 나면 자신이 겪었던 문제의 해결책이 실로 얼마나 간단했는지를 알고 놀라게 될지도 모른다.

많은 부분에서 마음 상태나 관점은 소프트웨어 코드와 비슷하다. 여기 하나를 제외하고 모두 완벽하게 쓰인 수천 개의 코드 라인이 있다고 해보자. 그리고 그 결함이 있는 하나의 라인조차 딱 한 군데에만 문제가 있을 수 있다. 그런데 소프트웨어의 목적과 결함의 상대적 위치에 따라서 그 작은 결함이 소프트웨어의 성능 전체를 파괴하기도 한다. 이때의 해결책은 간단하다. 그 잘못된 결함을 없애는 것이다. 그러면 모든 게 순조롭게 끝난다. 그러나 결함을 찾아내거나 혹은 심지어 처음에 결함 유무를 판단하는 데까지 상당한 전문지식이 요구될 수 있다.

이를 이상적인 투자자의 마음 상태와 연결지어 생각해보자. 대다수의 사람이 이상적인 마음 상태와 어느 정도 '심리적인 거리'를 두고 있다. 사실상 모두가 결함이 있는 소프트웨어 코드나 마찬가지다. 나는 심리적인 거리를 표현하기 위해서 '클릭'이나 '정도'와 같은 단어들을 사용할 예정이다(그러나 이 단어들은 구체적인 거리를 의미하지는 않는다). 예를 들어 당신이 이상적인 마음 상태로부터 한 클릭 정도 떨어져 있다고 해보자. 이는 투자의 본질에 대해서 갖고 있는 한두 개의 잘못됐거나 틀린 전제를 뜻한다. 이 책에서 나온 여러 교훈 중에 몇 가지만이라도 재고해보면 기존에 갖고 있던 투자에 대한 시각이 바뀔 수 있을 것이다. 소프트웨어 코드에 비유하자면 심리 체계로부터 잘못된 선(결함)을 찾아내서 그것을 제대로 작동하는 뭔가로 대체하는 식이다.

사람들은 보통 이러한 내적인 정신 변화를 깨달음을 얻거나 '아하!' 하고 갑자기 머리에 불이 들어오는 순간에 비유한다. 누구나 그런 경험을 해본 적이 있을 것이다. 또 그런 경험들에는 몇 가지 공통적 특성들이 존재한다. 첫째, 보통 예전과 다른 느낌을 받는다. 세상이 갑자기 변한 듯 달라 보이기도 한다. 그럴 때면 "바로 앞에 해결

책이 있었는데 왜 그걸 보지 못했지?"라고 하거나 "이렇게나 간단한데 내가 왜 찾아내지 못한 거지?"라고 자문하곤 한다. 이처럼 '아하!' 식 경험을 했을 때 나타나는 또 다른 흥미로운 현상은 이런 '새로운 정체성'을 마치 원래의 나였던 것처럼, 마치 예전부터 늘 그렇게 생각했다고 여기게 된다는 점이다.

간단히 말해서 당신은 꾸준히 성공하는 투자자가 되기 위해 알아야 할 지식들을 이미 많이 알고 있을 수 있다. 그러나 뭔가를 아는 것과 그것을 믿는 것은 다르다. 새로운 뭔가에 대해서 배우고 그것에 공감한다고 해도 행동으로 옮길 수 있을 정도로 그것을 믿는다고 말할 수는 없다.

뱀을 두려워하는 앞서의 투자자를 예로 들어보자. 그는 분명히 모든 뱀이 전부 위험하지는 않으며 독을 가진 위험한 뱀과 그렇지 않은 뱀을 구분하는 법도 있다는 걸 안다. 만약 그가 이 구분법을 배우면 이제부터 갑자기 '위험하지 않은 뱀'을 두려워하지 않게 될까? 그가 위험한 뱀을 구분하는 법을 알게 됐으므로 이제 공포나 두려움 없이 뱀들과 상호작용할 수 있을까? 아니다. 그럴 수 없다. 어떤 뱀은 위험하지 않다는 그의 깨달음과 뱀에 대해 그가 가져왔던 두려움은 그의 마음속에서 상호 적대적인 관계로 남는다. 물론 그가 뱀은 위험하지 않으며 해치지도 않는다는 걸 알고 있다고 인정할 수도 있다. 그러나 동시에 그는 뱀을 직접 만지고 싶어도 여전히 만지기 매우 힘들어할 확률이 높다.

그렇다면 그는 평생 동안 뱀을 두려워할 운명이란 말인가? 이건 순전히 의지의 문제다. 그는 분명 자신의 공포를 중화시키기 위해 많은 노력을 기울여야 할 것이다. 또 그런 노력을 하기 위해서는 충분한 동기를 부여받아야 한다. 그러나 대다수의 사람들은 그런 비합리적인 공포를 극복하는 데 필요한 감정적 노력을 기울이길 원치 않기 때문에 그냥 모순된 상태로 살아가는 쪽을 택한다.

이번 사례에서도 모순은 명백하다. 두 가지 이상의 믿음이 서로 충돌하면 개인의 의지가 아무리 강하다고 해도 쉽게 꺾일 수 있다. 이러한 모순들 가운데 어떤 것도 정말로 명확하지 않다는 게 문제다. 적어도 처음에 봤을 때는 그렇다.

나는 자신이 위험을 즐기는 투자자라고 떠들고 다니면서도 시장에서 위험을 피하려고 온갖 짓을 하는 투자자들을 많이 만나봤다. 모순된 믿음과 본래의 기능을 하지 못하는 인식은 정신적 소프트웨어 코드에 결함이 생겼다는 뜻이다. 이 결함은 집중적으로 당신의 목표 성취 능력을 파괴한다. 처음에는 재미있고 도전적이며 신비로운 일처럼 느껴지던 투자를 엄청난 분노가 이는 일로 바꿔버린다.

1960년대 후반 대학생 시절, 내가 좋아했던 영화 중 하나는 배우 폴 뉴먼이 출연한 〈폭력 탈옥〉이었다. 영화 속 주인공 루크는 술이 취한 상태에서 물건을 부수는 바람에 감옥에 갇힌다. 그는 감옥에서 어머니의 사망 소식을 듣고 탈옥을 시도하지만 번번히 실패한다. 그가 두 번째 탈옥 시도에서 실패하자 교도관들은 그가 다시는 탈출하지 못하도록 엄청난 양의 노역을 시키고 심한 고문을 하기까지 한다. 그러면서 루크에게 마음 상태를 묻는 질문을 계속해서 던진다. 엄청난 고문을 견디지 못한 그는 마침내 교도관들에게 자신이 정신을 차렸다고 대답한다. 교도관들은 재차 탈옥을 시도하면 이번에는 정말로 죽여버리겠다고 루크를 협박한다. 그럼에도 루크는 다시 탈옥을 시도했고, 결국 교도관들의 총에 죽음을 맞는다.

　루크처럼 많은 투자자들은 부지불식간에 시장을 이김으로써 시장을 좌지우지하려고 하다가 결국 재정적·감정적인 죽음을 맞는다. 여기 시장으로부터 원하는 것을 더 쉽고도 훨씬 더 만족스럽게 얻는 방법이 있다. 그러나 그 방법을 알려면 무엇보다 정신을 제대로 차리겠다는 굳은 '의지'가 있어야 한다.

제
5
장

# 기회와 위협을
# 제대로 인식하라

이 책이 전달하려고 하는 것 중 하나는 시장 정보로부터 고통을 느끼지 않는 방법이다. 계속해서 강조하건대, 시장은 행복한 정보나 고통스러운 정보를 생산하지 않는다. 시장의 시각에서 그것은 모두 '단순한 정보'에 불과하다. 시장이 어떤 특정한 순간에 당신이 느끼는 감정의 원인 역할을 하는 것 같지만 그건 사실과 다르다. 정보를 어떻게 인식하고 느낄지 결정하는 건 순전히 당신의 '정신 구조'다. 또한 자연스럽게 정보의 흐름을 받아들이고 시장이 제공하는 모든 정보를 유리하게 이용할 수 있는 가장 좋은 마음 상태를 가질지 가지지 못할지를 결정하는 것 역시 그러한 '정신 구조'다.

최고의 투자자들은 시장에 대한 어떤 정보도 고통스럽다고 여기지 않는다. 따라서 그들에게는 어떤 위협도 존재하지 않는다. 위협이 없다면 방어할 게 전혀 없다. 결과적으로 의식적이건 무의식적이건 방어 메커니즘을 가동할 이유가 없다. 그저 끊임없는 기회의 흐름을 인식하고 그 흐름 안으로 들어간다.

최고의 투자자처럼 생각하고 투자하는 능력을 갖는 게 목표라면 왜곡되지 않은 객관적인 시각에서 시장을 바라볼 수 있어야 한다. 거부감과 주저함 없이 행동할 수 있어야 하지만, 자만심이나 희열에서 비롯된 부작용을 상쇄할 수 있을 정도로 적절한 자제력도 갖고 있어야 한다. 궁극적으로 당신의 목표는 특별한 마음 상태, 즉 최고의 투자자의 마음 상태를 갖는 것이다. 그 마음 상태에게 이르러야만 투자자로서 성취하는 다른 모든 일들도 제자리를 잡을 수 있을 것이다.

이러한 목표를 성취하기 위해서는 시장 정보와 맺는 관계를 재정의하는 방법을 알아야 한다. 그 방법을 알면 어떤 시장 정보도 위협적으로 생각되지 않을 것이다. 나는 방금 '재정의한다'고 표현했다. 이는 지금 갖고 있는 시각을 바꿔서 감정적인 고통의 함정에 빠지지 않고, 활용 가능한 모든 기회에 집중하는 정신 구조에 따라서 행동하게 됨을 의미한다.

## 정신 소프트웨어에서 버그를 없애는 법

다시 말해 우리는 정신 소프트웨어 코드에서 버그를 없애고 올바른 정신을 찾아야 한다. 이 작업을 효과적으로 하기 위해서는 정신적 에너지의 특징뿐만 아니라 그러한 에너지를 좋은 방향으로(즉, 부정적이고 감정적으로 시장 정보에 반응하지 않도록) 바꾸는 방법도 알고 있어야 한다.

투자는 기회를 포착하는 데서부터 시작한다. 기회를 인식하지 못하면 투자를 할 이유가 없다. 이 '인식' 과정을 해부하는 작업이 가장 먼저 이루어져야 한다. 인식의 기본 역학은 무엇인가? 우리가 정보를 인식하는 방법이나 어떤 정보를 '사용할 수 있다'고 결정하는 요인들은 무엇인가? 인식이 어떤 특정 순간에 우리가 경험하는 것과 어떻게 연관되어 있을까?

인식의 역학을 이해하고 이러한 질문들에 답하는 가장 쉬운 방법은 이 지구와 주위에 존재하는 모든 것들(정말로 모든 것이어야 한다)을 여러 '힘들의 집합'으로 생각해보는 것이다. 이 힘들은 세상의 모든 것들을 각자 의미 있게 만들어주는 성격 및 특성과 관련된 정보를 생산한다.

우리의 외부에 존재하는 모든 것들은 각자 존재의 본질에 대한 정보를 창조한다. 내가 지금 말한 '모든 것'이란 식물과 생명체, 날씨와 지진과 화산 폭발 등 지구상에서 일어나는 모든 현상, 모든 능동적·수동적인 물리 현상, 빛과 음파와 전자파와 발광發光 같은 모든 신체 외의 현상을 말한다. 그리고 이 현상들이 만들어내는 정보들은 우리의 다섯 가지 신체 감각을 자극하는 어떠한 '힘'으로 작용한다.

더 깊이 들어가기 전에 내가 '(정보를) 창조한다'라고 했을 때 이 동사를 매우 광의적 의미로 사용했다는 걸 명심하길 바란다. 다시 말하면 '창조한다'는 건 무생물을 포함해서 모든 것이 '활동적인 표현의 상태'에 있다는 뜻이다. 내가 왜 이렇게 넓은 개념으로 '창조한다'라는 말을 썼을까? 바위를 예로 들어보자. 바위는 자신을 '바위'로 표현하는 고유한 원자와 분자들로 이루어진 무생물이다. 방금 '표현하다'라는 능동형 동사를 사용한 이유는 바위를 구성하는 원자와 분자들이 부단히 '움직이기' 때문이다. 따라서 설령 바위가 겉으로 보기엔 멈춰 있어도 바위는 우리의 감각에 일종의 '힘'으로 작용해서 존재의 본질적인 특성을 경험하고 구분할 수 있게 해준다. 예를 들어 바위에는 질감이 있다. 이 질감은 손으로 바위의 표면을 쓰다듬을 때 우리의 촉감에 어떤 '힘'으로 작용한다. 바위는 모양과 색깔을 갖고 있는데 이것은 우리의 시각에 어떤 '힘'으로 작용한다. 바위는 다른 대상이 차지할 수 없는 공간을 차지하고 있어 우리는 빈 공간이나 다른 사물 대신에 바위를 본다. 바위는 또한 냄새로 후각에 어떤 '힘'으로 작용하고 또는 미각에 작용하여(지금까지 바위에 혀를 대본 적은 없지만) 어떤 맛을 낸다.

환경 속에서 자신의 본질과 특성을 드러내는 어떤 것을 만나면 이러한 에너지의 교환이 일어난다. 외부로부터 들어오는 에너지는 우리의 신경 시스템에 의해 전기 자극으로 바뀐 다음, 다시 내부 정신 속에 저장된다. 이 말을 부연 설명하면, 우리가 감각을 통해서 보거나 듣거나 맛보거나 냄새를 맡거나 느끼는 건 뭐든지 에너지의 전기 자극으로 바뀐 다음에 정신 속에서 저장된다는 얘기다.

나는 이러한 사실을 대부분의 사람들이 당연하게 받아들이리라 생각한다. 그러나 여기에는 그렇게 당연하지 않은 몇 가지 심오한 의미도 들어 있다. 무엇보다도 우리와 외부 환경 속에서 존재하는 모든 것 사이에는 인과관계가 존재한다. 결과적으로 외부의 힘을 만나면 우리의 마음속에는 '에너지 구조energy structure'가 만들어진다. 우리가 살면서 얻게 되는 특별한 기억과 믿음들 역시 이러한 구조적 에너지의 형태로 정신 환경 속에 존재한다. 다만 구조적 에너지는 추상적인 개념이다. 어쩌면 당신은 "에너지가 어떻게 모양이나 형태를 띤다는 말인가?"라는 질문을 할지 모르겠다. 그런데 이 질문에 대답하기에 앞서 더 근본적인 질문이 해결되어야 한다. 먼저 기억과 믿음이 에너지 형태로 존재한다는 걸 어떻게 알 수 있을까?

과학자들이 이것을 과학적으로 입증했는지 여부는 나도 알지 못한다. 다만 이러한 정신적 구성요소들이 어떤 다른 형태로 존재할 수 있는지 자문해보라. 우리는 다음과 같은 사실을 확실히 알고 있다. 즉, 원자와 분자로 구성된 모든 것은 공간을 차지하고 있기에 '관찰'이 가능하다는 사실이다. 기억과 믿음이 어떤 물리적인 형태로 존재한다면 우리는 그들을 관찰할 수 있어야 한다. 그러나 내가 알고 있는 한, 지금까지 그러한 관찰이 이루어졌던 적은 없다. 살아 있는 사람이나 죽은 사람의 뇌를 해부하고, 그것을 개별적 원자의 차원에서 검사하며, 각각의 영역이 무슨 기능을 하는지 세분화된 뇌 지도를 그린 적은 있다. 그러나 아직 아무도 기억이나 믿음을 '자연스러운 형태in the natural form'로 관찰한 적 없다. 방금 '자연스러운 형태'라는 말을 썼는데, 과학자가 특정 기억을 내포하고 있는 개별 뇌세포를 관찰할 수 있어도 그러한 기억 자체를 경험할 수는 없다는 걸 표현하기 위해서 이러한 단어를 선택했다. 과학자는 기억이 있는 사람이 살아 있는 상태로 그 기억을 어떤 식으로건 표현할 때 기억을 경험할 수 있을 뿐이다.

기억과 믿음이 물리적인 형태로 존재하지 않는다면 그들은 에너지 형태 이외로는 달리 존재할 방법이 없다. 그렇다면 이 에너지는 특정한 모양을 띨 수 있을까? 에너지가 가진 외부의 힘을 드러내도록 구조화하는 게 가능할까? 단언컨대 그렇다! 몇 가지 예를 들어보겠다.

생각은 일종의 에너지다. 우리는 언어를 통해 생각하기 때문에 생각은 특정한 언어를 지배하는 규칙에 의해 구성된다. 자기 생각을 큰 소리로 표현하면 음파가 생긴다. 음파는 에너지의 한 형태다. 목청과 혀의 상호작용으로 창조되는 음파는 말하는 메시지 내용에 의해 구성된다. 극초단파는 에너지다. 많은 전화 통화들이 극초단파를 통해 전달된다. 다시 말해 극초단파 에너지는 그것이 전달하고 있는 메시지를 반영할 수 있게 구성되어야 한다. 레이저 불빛은 에너지다. 그리고 레이저 불빛 쇼나 레이저 공연을 감상한 적이 있다면 당신이 목격한 것은 예술가의 창조적인 바람을 반영하는 어떤 모양을 띠는 순수한 에너지다.

이 모든 것들이 에너지가 어떻게 모양과 형식과 구조를 띨 수 있는지를 보여주는 좋은 사례들이다. 물론 이 외에도 다른 많은 사례가 더 있다. 그러나 지금 하고 있는 말의 요점을 가장 잘 설명해주는 사례가 한 가지 더 있다. 근본적인 차원에서 꿈이란 무엇일까? 나는 지금 꿈의 의미나 꿈을 꾸는 목적을 묻는 게 아니라 꿈 그 자체가 무엇인지를 묻고 있다. 즉, 꿈의 본질은 무엇인가? 우리가 꾸는 꿈이 두뇌 속에서 어떤 '모양'을 가진다고 전제하면 꿈은 원자와 분자로 이루어질 수가 없다. 우리 두뇌에는 꿈속에서 존재하고 일어나는 모든 일이 들어갈 만큼 충분한 공간이 없기 때문이다. 그러나 꿈에 등장하는 현실은 우리가 깨어 있는 상태에서 오감을 통해 경험하는 삶과 같은 크기와 넓이를 갖는다. 이는 꿈이 구조를 띤 에너지 형태일 때만 가능하다. 에너지는 어떤 크기로든 존재할 수 있지만 그러면서도 실제로는 어떤 공간도 차지하지 않기 때문이다.

여기서 유추 가능한 중요한 사실이 있다. 외부의 힘, 외부 환경과의 접촉을 통해서 우리가 얻은 기억과 믿음들이 우리의 정신 환경 속에서 에너지로 존재하고, 그 에너지가 어떤 공간도 차지하지 않는다면 결과적으로 우리는 '무한한 학습 능력'을 갖고 있다고 말할 수 있다.

## 존재하지만 보이지 않는 것

그러나 저장 능력과 학습 능력이 동의어가 아니라는 점을 알아야 한다. 학습하고 뭔가를 배우는 능력은 배운 것을 저장하는 능력과 상관이 없다. 만일 그렇다면 우리는 왜 모든 것을 알지 못하는 걸까? 무엇이 대상의 본질이나 특징을 인식하지 못하게 막는 것일까?

이러한 질문들은 기억과 믿음 같은 정신의 구성요소들이 왜 에너지 형태로 존재하는가 하는 근본적 이유와 연결된다. 모든 에너지는 그것의 형태를 나타내는 힘으로서의 잠재력을 갖는다. 기억과 믿음도 마찬가지다. 그들은 형식과 내용을 표현하면서 우리의 감각기관에 어떠한 힘을 미친다. 그 과정에서 어떤 특정 순간에는 우리가 인식하는 정보를 상당히 제한하는 역할을 하기도 한다. 또한 외부 환경에서 얻을 수 있는 정보에 내재한 많은 가능성을 사실상 눈에 보이지 않게 만든다.

나는 여기서 어떤 특정한 순간에 환경이 자신의 본질과 특성에 대해서 엄청난 양의 정보를 생산하고 있다는 점을 이야기하고 있다. 이 정보 중 일부는 감각의 생리적인 범위를 벗어난다. 예를 들어, 우리 눈은 모든 빛의 파장을 볼 수는 없다. 우리 귀는 주변 환경에서 나오는 모든 소리의 진동을 들을 수는 없다. 따라서 분명히 말하자면 외부 환경에는 우리 감각이 가진 생리적인 능력의 범위를 벗어난 정보가 존재한다.

환경이 창조하고 있는 나머지 정보는 어떨까? 우리는 감각을 통해 세상에 존재하는 모든 것의 특성들을 듣거나 맛보거나 냄새 맡거나 느끼고 있을까? 결코 아니다. 우리의 내부 에너지는 감각적인 메커니즘을 통해서 외부 환경이 주는 정보 중 상당량을 '범주화'해서 제한하고 차단할 것이다.

이제 잠시 시간을 내서 생각해보자. 방금 내가 한 말 중 일부에는 의심의 여지가 없다. 예를 들어 아직 배운 적이 없어서 인식하지 못하지만 외부 환경이 자신을 표현하는 많은 방법들이 존재한다. 쉬운 예로 주가 차트를 처음 봤을 때를 기억해보라. 당신은 거기서 무엇을 보았는가? 정확히 말해서 당신은 무엇을 '인식'했는가? 그전에 주가 차트를 본 적이 없다면 다른 모든 사람들처럼 분명 아무 의미도 없는 선들만 보였을 것이다. 그러다 투자의 경험이 쌓이고 나면 주가 차트에서 투자에 참여한 모든 투자자의 집단적 행동을 보여주는 특징과 행동 패턴들이 보일 것이다.

주가 차트를 처음 보게 되면 모든 것이 '획일적인undifferentiated' 정보처럼 보인다. 획일적인 정보는 일반적으로 혼란스런 상태를 초래한다. 그리고 당신이 차트를 처음 접했을 때도 아마 똑같이 느꼈을 것이다. 그러나 당신은 추세와 추세선, 조정, 지지와 저항, 소급 혹은 거래량 사이의 관계, 미청산계약open interest과 가격 변동 사이의 중대한 관계와 같은 정보를 점차 구분하는 법을 배우게 됐다. 또한 시장의 움직임에 대한 이러한 정보들이 목표나 바람을 이룰 기회를 의미한다는 사실도 배웠다. 이제 각각의 정보들은 의미를 갖게 됐고, 그중 어떤 것은 다른 것들에 비해서 상대적으로 중요성이나 비중이 더컸다.

이제 내가 당신이 예전에 처음 봤던 주가 차트를 갖고 왔다고 상상해보라. 지금 보고 있는 차트와 예전에 봤던 차트 사이에 차이가 있는가? 분명 그렇다. 획일적인 선 다발 대신 그동안 차트에 대해서 배웠던 모든 게 보일 것이다. 다시 말해 지금까지 배운 정보를 구별하는 지식을 통해 모든 기회가 눈에 보이게 될 것이다.

그러나 당신이 보고 있는 차트에서 알 수 있는 모든 내용은 예전에도 존재했었다. 아울러 그런 내용을 인식하는 것도 가능했다. 그렇다면 지금과 그때는 무엇이 달라진 것일까? 현재 당신 내부에서 구조화된 에너지(즉, 당신이 얻은 지식)는 눈에 어떤 힘으로 작용하면서 배운 것을 다양하게 '구분'할 수 있게 만들어준다. 처음 차트를 봤을 때는 그러한 에너지(즉, 지식)가 없었기 때문에 지금 보고 있는 모든 기회가 차트에 있었어도 눈에 보이지 않았다. 아울러 차트에 나타난 변수들 사이의 모든 관계를 토대로 정보를 구분하는 법을 배우지 않았다면 지금까지 배우지 못한 부분도 여전히 눈에 보이지 않을 것이다.

우리 대부분은 우리가 노출된 정보에 내재하는 기회들에 둘러싸여 있다는 걸 모른다. 배우지 못했으므로 그 기회들은 눈에 보이지 않는다. 완전히 새롭거나 독특한 상황 속에 처해 있거나 진정으로 개방적인 태도로 행동하지 않는다면, 우리는 배우지 못한 무언가를 절대 인식하지 못할 것이다. 무언가를 배우기 위해서는 어떤 식으로든 그것을 '경험'할 수 있어야 한다. 즉, 인간은 누구나 배움을 방해하는 폐쇄된 고리를 갖고 있다. 폐쇄된 인식의 고리는 우리 모두 안에 존재한다.

'사람들은 자기가 보고 싶은 것만 본다'는 말을 들어봤을 것이다. 나는 이 말을 약간 다르게 바꿔봤다. 즉, "사람들은 보는 법에 대해 배운 것만 본다. 그 밖의 다른 모든 것들은 보지 못한다. 우리의 인식을 가로막는 에너지를 떨쳐버리는 법을 배울 때까지 그렇다."

# 위험에 대한 두려움은 왜 생겨나는가

정신적 에너지가 외부 환경에 대한 우리의 인식과 경험에 어떻게 영향을 미칠 수 있는지(때론 인과관계를 뒤바꿔놓을 정도로) 한 사례를 통해 살펴보기로 하자. 한 어린 소년이 개를 처음 만났다. 아이는 난생처음으로 개를 봤기 때문에 아이의 정신은 개와 관련해서는 깨끗한 상태다. 아이는 개에 대해서 아무런 기억이 없다. 당연히 개의 본질적인 특성 또한 알지 못한다. 따라서 아이가 처음으로 개를 만나기전까지는 아이의 시각에서 봤을 때 개는 존재하지 않는다. 물론 환경의 시각에서 봤을 때 개는 존재한다. 또 개는 아이의 감각에 어떤 경험을 창조할 수 있는 힘을 갖고 있다. 다시 말해 자신의 본성과 특성을 드러내는 개는 아이의 정신 환경에 영향을 미칠 수 있는 원인 역할을 할 수 있다.

개는 인간을 향해 다양한 방식으로 자신을 표현한다. 어떤 개는 인간에게 친근하고 사랑스럽게 군다. 또 어떤 개는 인간을 보호해주고 함께 재밌게 놀기도 한다. 반대로 어떤 개는 적대적이고 사납고 위험할 수 있다. 이러한 모든 특성은 관찰과 경험과 학습이 가능하다. 그러나 오늘 처음 개를 본 아이의 정신 환경 속에는 개라는 대상을 설명해줄 수 있는 그 어떤 정보도 존재하지 않는다. 우리에게 낯설고, 모르고, 구분할 수 없는 환경 정보는 우리 안에 그것을 좀 더 많이 알고 싶다는 호기심을 일으키거나 반대로 혼란을 초래하기도 한다. 우리가 정보를 이해하지 못하거나, 의미 있는 체계적인 틀이나 맥락 속에 집어넣지 못하면 그 정보는 쉽게 공포로 돌변해버릴 수 있다.

위의 사례에서 아이는 개에게 호기심을 느낀다. 아이는 더 많은 감각적인 경험을 하기 위해서 개에게 달려간다. 아이는 자신이 전혀 알고 있지 않은 상황으로 들어간다. 즉, 충동적으로 낯선 상황에 뛰어든다. 그러나 이번 사례에서 아이의 주변 환경이 가진 힘은 아이에게 우호적으로 작용하지 않았다. 개는 아이가 가까이 다가오자 아이를 보고 크게 짖었다. 개가 너무 심하게 짖어 개를 아이로부터 떼어놓아야 했다.

나는 다음 두 가지 이유로 이 사례를 골랐다. 첫째, 대부분의 사람들은 이런 일을 직접 겪어봤다. 그게 아니라면 이런 경험을 한 사람을 알고 있을 수 있다. 둘째, 에너지의 관점에서 이러한 경험의 기본 역학을 분석해보면 우리는 우리의 머리가 (1) 어떻게 사고하고, (2) 어떻게 정보를 처리하고, (3) 그 처리 과정이 경험에 어떻게 영향을 미치고 (4) 새로운 가능성을 인식하는 능력에 어떻게 영향을 주는지를 배울 수 있다.

앞서 우리가 예로 든 아이는 이제 물리적·환경적으로 외상을 입게 됐다. 그래서 아이는 개라는 대상에 대해서 어떤 '기억'을 갖게 되고 그것을 '구분'할 수 있게 된다. 아이는 이미지와 소리 등 모든 감각을 통해서 이번 사건을 기억할 것이다.

그러나 아이의 기억 속에 저장된 이러한 종류의 감각 데이터보다 감각 데이터가 반영하는 에너지가 더 중요하다. 우리는 기본적으로 두 종류의 정신적 에너지를 갖고 있다. 하나는 사랑, 확신, 행복, 즐거움, 만족, 흥분, 열정처럼 긍정적으로 충전된 에너지다. 다른 하나는 두려움, 공포, 실망, 배신, 후회, 분노, 혼란, 번민, 스트레스, 좌절처럼 부정적인 에너지다. 전자는 우리가 즐거움을 느끼는 에너지고, 후자는 모두 감정적인 고통이라고 불리는 에너지다.

아이는 개와의 첫 번째 만남이 상당히 고통스러웠다. 따라서 우리는 어떤 감각이 영향을 받았는지와 상관없이 이번 경험에 대한 아이의 기억은 고통스럽고 불쾌하고 부정적인 에너지가 되리라고 추측할 수 있다. 이제 아이가 다른 개를 만났을 때 이러한 부정적인 정신 에너지가 아이의 인식과 행동에 어떤 영향을 미칠까? 이 질문에 대한 대답은 너무나 명백해서 질문하는 것조차 무의미해 보인다. 분명 아이는 '또 다른' 개와 마주치는 순간 공포를 느낄 것이다.

나는 아이가 어떤 식으로건 경험하게 될 다음 개를 설명하기 위해서 '또 다른'이라는 단어를 사용했다. 내가 지적하고 싶은 건 '어떤' 개가 됐든 아이에게 공포심을 유발할 수 있다는 사실이다. 지금 실제로 아이를 공격했던 그 개를 말하고 있는 것이 아니다. 아이가 만나게 될 다음 개가 세상에서 가장 다정하고 애교와 사랑밖에 표현하지 못하는 개일지라도 아이에게는 처음 만났던 개와 큰 차이가 없을 것이다. 아이는 여전히 그 개에 대해서 두려움을 느낄 것이다. 더군다나 두 번째 개가 아이와 같이 놀고 싶어서 아이에게 다가온다면 아이의 두려움은 곧바로 엄청난 공포로 바뀔 것이다.

내가 보기엔 조금도 위험하거나 무섭지 않은 대상에 누군가가 공포를 느끼는 광경을 한두 번 정도는 본 적이 있을 것이다. 직접 말로 표현하지는 않았어도 우리는 그 사람이 비합리적으로 행동한다고 생각했을 수 있다. 상대에게 두려워할 필요가 없는 이유를 설명하려고 해봤자 그런 설명이 아무런 소용이 없다는 걸 깨달았을 수도 있다.

앞서 예로 들었던 아이도 비합리적이라고 여기기 쉽다. 우리 시각에선 아이가 두려움을 느끼는 것과는 전혀 다른 가능성이 존재하는 게 분명하기 때문이다. 그러나 아이가 느낀 두려움이 당신이 최근 투자에서 실패한 뒤 다음번 투자에 나섰을 때 느꼈던 두려움이나 주저함보다 더 합리적이지 못하다고 말할 수 있을까? 똑같은 논리로, 최고의 투자자라면 '지금 이 순간'에 존재하는 기회는 방금 전 혹은 과거의 투자와 전혀 상관이 없는 '또 다른' 기회이니 당신이 느끼는 두려움은 비합리적이라고 말할 것이다. 투자의 성공 확률은 그때그때 다르며, 통계적으로 봐도 다른 모든 투자와 아무 관련이 없다. 그렇지 않다고 믿는다면 당신이 왜 두려워하는지 알 수 있다. 그러나 나는 그런 두려움이 전혀 근거가 없는 것이라고 감히 단언할 수 있다.

이처럼 위험에 대한 어떤 사람의 인식은 다른 사람의 시각에서 쉽게 비합리적 사고로 간주될 수 있다. 위험은 상대적이지만 일단 내가 그것을 인식하는 순간 절대적이고 의문의 여지가 없어 보인다. 아이는 분명 처음 개를 만났을 때 흥분과 호기심을 잔뜩 느꼈다. 그런데 어떤 사고와 정보 처리 방식 때문에 몇 달이나 몇 년 뒤에 다시 개를 만났을 때도 무작정 두려워하게 되는 걸까? 두려움이 우리에게 위험한 상황이 생겼다는 걸 경고해주는 자연스러운 메커니즘이라고 한다면 아이의 머리는 어떻게 해서 자동적으로 다음에 만난 개가 두려워할 대상이라고 알려주는 걸까? 아이의 자연스러운 호기심에 무슨 일이 생긴 걸까? 분명 아이는 이 한 번의 경험이 가르쳐준 것보다 개에 대해서 배울 점이 더 많다. 그런데도 아이를 설득해 두려움에서 벗어나게 만드는 것이 왜 그렇게 힘든 걸까?

## '과거의 실패와 고통'에서 벗어나라

이러한 질문들을 처음 들으면 머리가 복잡해질지도 모르겠다. 우리의 머리는 어떤 대상을 봤을 때 우리가 기억하는 어떤 것과 특징과 성격이 유사한 다른 것을 연상한다. 기억과 구분을 통해서 머릿속에 있는 것과 외부에 존재하는 것을 서로 연결하는 것이다. 다시 말해 개를 두려워하는 아이는 이후에 만나는 다른 개가 그를 공격하지 않아도 개를 보고 감정적인 고통을 느낀다. 아이의 머릿속에 첫 번째와 두 번째 개 사이에 관련성을 찾을 수 있을 만큼 두 개 사이에 충분한 유사점과 공통점이 있기만 하면 말이다.

이러한 자연스러운 연상 작용은 무의식적이고 자동적으로 일어난다. 일부러 생각하거나 결정을 내리지 않아도 연상할 수 있다. 무의식적 정신 기능은 마치 심장이 뛰는 것과 같아서 특정 경험에 대한 우리의 느낌을 일부러 연결하려고 애쓸 필요가 없다. 우리 머리는 본래 그렇게 정보를 처리한다. 그런데 이 기능은 인생을 경험하는 방식에도 중대한 영향을 미친다.

아이가 그의 머릿속에 자리 잡은 것과 다른 가능성을 인식할 방법은 없을까? 두 가지 방향의 에너지 흐름을 한번 시각화해보자. 지금까지의 이야기가 다소 추상적으로 들릴 수도 있지만 이 과정을 이해하면 최고의 투자자로 꾸준히 성공할 수 있는 능력을 키우는 데 많은 도움을 될 것이다.

우선 기본적인 사항부터 따져보자. 아이의 밖과 아이의 안에는 모두 구조화된 에너지가 존재한다. 외부 에너지는 아이와 함께 놀면서 친해지길 원하는 다정한 개의 형태로, 긍정적으로 충전되어 있다. 내부 에너지는 개를 처음 만났을 때의 경험을 반영하는 이미지와 소리 형태의 부정적 기억이다.

아이의 내부와 외부 에너지 모두 아이의 감각에 영향을 주고, 결과적으로 두 가지 상반된 상황을 경험하게 한다. 외부 에너지는 아이에게 아주 즐거운 경험을 선사할 가능성이 있다. 개는 즐거움, 다정함, 그리고 심지어 사랑과 같은 행동 특성들을 표현한다. 그러나 아직 아이가 개로부터 경험하지 못한 특성들이기 때문에 아이의 시각에서 봤을 때는 이들은 존재하지 않는 것들이다. 앞서의 주가 차트 사례처럼 아직 학습하지 못한 것을 인식할 수는 없다. 내부 에너지 역시 말하자면 자신을 드러낼 수 있는 잠재력을 갖고서 그 순간만을 기다리는 중이다. 그러나 이것은 아이의 눈과 귀에 위협을 느끼도록 작용한다. 따라서 아이에게 감정적인 고통과 두려움 내지는 나아가 공포의 경험마저 초래할 것이다.

아이는 즐거움과 공포 중 무엇을 느낄지 선택할 수 있을 것 같지만 적어도 경험하는 순간에는 실제로 그런 선택을 하지 못한다. 두 가지 가능성 중에서 아이는 분명 고통과 두려움을 경험할 것이다. 다음과 같은 몇 가지 이유 때문이다.

첫째, 앞에서도 지적했듯이 우리의 뇌는 유사한 특성과 특징을 가진 정보를 자동적이고 순간적으로 연상하면서 연결 짓게 되어 있다. 바깥에 존재하는 '개'라는 대상은 아이의 머릿속에 각인된 존재와 모양과 소리가 유사하다. 다만 아이의 뇌가 그 두 가지를 서로 연결하는 데 필요한 '유사성의 정도'는 우리가 모르는 변수다. 다시 말해 이두 가지 이상의 정보를 서로 연상하고 연결하는 데 머릿속에서 얼마나 많은 정보를 필요로 하는지 그 정신적인 메커니즘에 대해서는 모른다. 다만 모든 사람의 머리가 비슷하면서도 동시에 각자 고유한 방식으로 작동하기 때문에 유사성이나 부동성不同性 면에서 상당한 용인의 폭이 존재하며, 우리 각자 이 폭 내의 어딘가에서 특별한 능력을 갖고 있다고 전제하고 싶다.

둘째는 우리가 알고 있는 사실이다. 아이가 다음에 개를 보거나 개가 짖는 소리를 들었는데 그것이 아이의 머릿속에 각인된 개의 모양이나 소리와 충분한 유사성이 있다면 아이는 이 두 가지를 자동적으로 연결한다. 이 연결은 아이의 머릿속에 몸 전체를 따라 퍼질 부정적 에너지를 만들며, 그 결과 아이는 매우 불편한 예감이나 공포심을 느낀다. 아이가 경험하는 불편함이나 감정적인 고통의 정도는 아이가 개를 처음에 만났을 때 느꼈던 외상의 정도와 대등할 것이다.

다음으로 심리학자들이 '투사projection'라고 부르는 일이 일어난다. 투사는 자신의 충동이나 생각을 다른 사람이나 사물에게 전가하는 걸 말한다. 나는 이것을 아이의 관점에서 '절대적이고 부정할 수 없는 진실처럼 보이게 만드는 또 다른 순간적인 연상'이라고 부르겠다. 아이의 몸은 이제 부정적 에너지로 충만하다. 동시에 아이는 개와 감각적인 접촉을 한다. 이제 아이의 머리는 눈이나 귀가 인식하는 모든 감각 정보를 그의 내부에서 경험하는 고통스러운 에너지와 연결한다. 그렇게 아이는 '순간적으로' 지금 보고 있는 이 개가 아이가 느끼는 고통과 두려움의 원인이라고 여기게 된다.

심리학자들이 내가 방금 설명한 역학 관계를 '투사'라고 부르는 이유는 어떤 면에서 아이는 그가 '순간적으로' 경험하고 있는 고통을 개에게 감정적으로 전이하는 중이기 때문이다. 그 고통스러운 에너지는 그에게로 되돌아오고, 그로 인해서 아이는 개를 위협적이고, 고통스럽고, 위험한 동물로 인식하게 된다. 이러한 과정 때문에 아이가 두 번째 개를 봤을 때 그 개의 행동이 실제로 아이를 공격했던 첫 번째 개의 행동과 전혀 유사하지 않더라도 그 두 번째 개는 아이의 머릿속에 저장된 첫 번째 개와 성격 및 특징이 같은 것처럼 느껴진다.

머릿속에 있는 개와 두 번째 만난 개가 똑같이 느껴지기에 아이는 두 개에 대해 어떤 구분도 할 수 없게 된다. 두 번째 개가 자신은 첫 번째 개와 다른 개라는 정보를 아무리 주더라도 소용이 없다. 따라서 아이는 두 번째 개와의 만남을 개라는 동물에 대해서 뭔가 새로운 것을 경험할 기회가 아닌 위협적이고 위험한 만남으로 인식해버린다. 이러한 과정에서 아이에게 그가 겪은 경험이 절대적인 진실이 아님을 알려주려면 어떻게 해야 할까?

분명 소년(아이)이 몸으로 겪었던 고통과 두려움은 절대적인 진실이었다. 우리의 시각에서 봤을 때는 그렇지 않지만 말이다. 그러나 소년의 시각에서 봤을 때는 그 상황이 진정한 현실이었다. 그가 어떤 다른 대안을 가질 수 있었을까? 첫째, 소년은 아직 배우지 못한 가능성을 인식할 수가 없다. 그리고 특히 우리가 두려움을 느낄 때 새로운 것에 대해서 배우기란 정말로 어렵다. 두려움은 에너지를 급속히 소진해버리기 때문이다. 두려움은 우리를 뒤로 물러나고 도망가게 만든다. 또 우리의 관심 범위를 제한한다. 이러한 결과들 때문에 불가능한 정도까지는 아니더라도 새로운 뭔가를 배울 수 있게 마음의 문을 열기가 매우 어렵다.

두 번째로 앞서 설명한 것처럼 소년에게 개는 고통의 원인이다. 그의 머릿속에 들어 있던 고통을 '다시 맛보게' 만들었다. 그러나 이 두 번째 개는 진정한 고통의 원인은 아니었다. 두 번째 개는 눈 깜짝할 시간보다 더 빨리 작동하는 자동적이면서 무의식적인 정신 과정에 의해서 소년이 갖고 있던 부정적 에너지와 연결된 긍정적인 개였다(이 과정에 대해서 소년은 아무것도 모른다). 그렇다면 개에 대해서 인식한 것이 절대적인 사실이 아니었음에도 소년은 왜 그렇게 개에 대해서 두려움을 느끼는 것일까?

어떤 사람이 소년에게 개가 어떻게 행동하는지, 혹은 개를 두려워할 필요가 없는 이유를 말해준다고 해도 소년의 반응은 달라지지 않을 것이다. 소년은 개가 창조하는 모든 정보(그 정보가 얼마나 긍정적이냐의 여부와 상관없이)를 부정적인 관점에서 바라볼 것이기 때문이다. 소년은 그가 느끼는 고통과 두려움과 공포가 사실은 100퍼센트 자신이 만들어낸 것임을 조금도 의식하지 못할 것이다.

이제 소년이 공포와 두려움을 직접 만들어내는 게 가능하고, 이와 동시에 그의 부정적인 경험이 외부 환경에서 비롯됐음을 확신할 수 있게 됐다고 치자. 그렇다면 투자자들도 시장과 정보를 교환하면서 두려움과 고통의 경험을 본인이 직접 만들 수 있으며, 그런 두려움과 고통이 100퍼센트 외부 환경에서 비롯됐다는 확신을 분명히 가질 수 있을까? 투자에서도 소년과 개의 사례에서와 같은 심리적인 역학 관계가 존재한다.

투자자가 추구해야 할 기본적인 목표 가운데 하나는 고통의 위협이 아니라 '활용 가능한 기회'를 인식하는 것이다. 기회에 집중하는 법을 배우기 위해서는 위협의 원인을 확실하게 알고 이해해야 한다. 위협의 원인은 시장이 아니다. 시장은 중립적인 관점에서 움직임이 발생할 가능성을 알려주는 정보만을 생산한다. 동시에 시장은 당신(관찰자)의 이익을 위해서 뭔가를 할 수 있는 기회의 흐름을 끊임없이 제공해준다. 어떤 특정한 순간에 어떤 정보로 인해 두려움을 느낀다면 다음과 같이 질문해보라. 그 정보가 본래 위협적인가? 아니면 나의 마음 상태(위에서 설명한 것처럼) 때문에 그것을 위협적이라고 느끼는 것인가?

나는 이것이 매우 받아들이기 어려운 개념임을 알고 있다. 따라서 이해를 돕고자 다른 사례를 제시해보겠다. 자, 이제 당신이 최근 두세 차례 했던 투자에서 돈을 잃었다고 가정해보자. 이후 시장을 주시하던 중 기회라고 볼 수 있는 변수들이 등장했다. 그런데 당신은 곧바로 투자에 뛰어들지 않고 머뭇거린다. 투자가 위험하게 느껴져서다. 사실은 그것이 너무 위험하게 느껴져서 지금 등장하는 변수들이 정말로 기회를 알려주는 '신호'인지 여부에 대해서조차 의문을 품기 시작한다. 결과적으로 당신은 이번 투자의 실패 가능성을 뒷받침해줄 정보를 수집하기 시작한다. 그런데 이것은 정상적인 상황에서라면 전혀 생각하거나 관심을 두지 않았을 법한 정보다. 그리고 분명 투자 방법과 관련된 정보도 아니다.

머뭇거리는 동안 시장은 계속해서 움직인다. 불행하게도 시장은 당신이 원래 진입해야 했던 지점, 즉 머뭇거리지만 않았더라면 투자를 시작했을 지점으로부터 멀리 떨어져 움직이고 있다. 이제 갈등이 커진다. 계속 시장에 들어가고 싶기 때문이다. 수익을 낼 기회를 놓쳐버릴지 모른다는 생각에 고통스럽다. 이와 동시에 시장이 당신이 진입하려던 지점으로부터 멀어지면서 지금 시장에 들어가는 데 따른 위험 부담이 커 보인다. 머릿속에서 갈등이 커진다. 이번 기회를 놓치고 싶지 않지만 그렇다고 재차 실패하고 싶지도 않다. 그러다가 결국 아무것도 못 한다. 갈등 때문에 모든 게 마비가 되어버린 탓이다. 이제 시장을 좇는 건 너무 위험하다고 자위하면서 아무 일도 하지 못한 자신의 행동을 정당화시킨다. 그러면서도 시장의 움직임을 보아하니 머뭇거리지만 않았으면 큰 수익을 올릴 수 있었는데 그렇게 하지 못한 걸 괴로워한다.

이런 시나리오가 익숙하다면 주저했던 순간에 시장이 어떻게 될지 고민하고 있었는지, 아니면 머릿속에서 떠오른 생각이 투자에 방해가 됐는지 자문해보기를 권한다. 시장은 분명 신호를 주었다. 그러나 당신은 객관적이거나 긍정적인 관점에서 그것을 인식하지 못했다. 그 신호를 수익을 낼 기회로 생각하지 못했지만 시장은 그런 기회를 주고 있었다.

이 문제에 대해 잠시 생각해보자. 내가 당신이 지난 두세 차례 투자에서 돈을 잃지 않고 벌었던 걸로 시나리오 내용을 수정한다면 당신은 시장이 보내주는 신호를 어떻게 인식했을까? 처음 시나리오와 달리 그 신호를 승리할 수 있는 기회로 인식했을까? 당신이 연속해서 세 번 승리를 거둔다면 다시 투자하는 데 과연 주저했을까? 그럴 가능성은 매우 낮다! 당신이 다른 여느 투자자들과 비슷하다면 아마도 보통 때보다 더 대규모 포지션을 취할지를 두고 고심했을 것이다.

위 두 가지 시나리오에서 언제나 시장은 같은 신호를 주었다. 그러나 첫 번째 시나리오에서 당신의 마음 상태는 부정적이었고 두려움에 사로잡혀 있었다. 그래서 머뭇거리게 됐다. 두 번째 시나리오에서는 전혀 어떤 위험도 느끼지 않았다. 시장이 꿈을 실현해주고 있다고 생각했을지도 모른다. 다만 그러다 무리해서 투자하는 우를 범하기도 한다.

시장이 본래 특성상 긍정적이거나 부정적 정보를 생산하지 않는다는 사실을 받아들일 수 있다면 정보가 긍정적이거나 부정적인 이유를 당신의 머릿속에서 찾으면 된다. 생각은 정보 처리 방식을 좌우하는 데 중요한 역할을 한다. 다시 말해 시장은 당신에게 실패와 고통, 아니면 승리와 기쁨에 집중하게 만들지 않는다. 정보가 긍정적이거나 부정적 성격을 띠게 되는 이유는 소년이 두 번째 개가 애교를 부리면서 친근감을 표시했는데도 그 개가 위협적이라고 생각하게 된 것과 같은 무의식적인 정신 과정 때문이다.

우리의 뇌는 외부에 있는 것(정보)을 마음속에 이미 들어 있는 것(우리가 아는 것)과 연결한다. 또 외부의 환경을 그와 관련된 기억이나 믿음과 정확히 똑같이 보이도록 만든다. 결과적으로 첫 번째 시나리오에서 두세 차례 손해를 본 후 시장이 기회가 생겼다는 신호를 보내왔을 때도 당신은 그 기회가 과도하게 위험하다고 느꼈다. 당신의 마음은 자동적·무의식적으로 '지금 이 순간'을 가장 최근에 실패한 투자 경험과 연결한다. 이 연결은 당신에게 실패의 고통을 되새겨주면서 공포심을 유발하고, 그 순간에 접하게 된 정보를 부정적인 시각에서 바라보게 만든다. 시장이 마치 위협적인 정보를 표현하는 듯 보이니 당연히 주저할 수밖에 없다.

두 번째 시나리오에서는 똑같은 과정이 당신이 처한 상황을 상당히 긍정적인 시각에서 바라보게 해주었다. 세 차례 연속해서 승리했기 때문이다. '지금 이 순간'을 보고 방금 세 차례 연속 승리하면서 고무됐던 감정이 연상되니 당신은 그 기회를 지나칠 만큼 긍정적으로 보거나 행복한 마음 상태에 빠진다. 결과적으로 시장이 당신에게 위험이 전혀 없는 기회를 주는 것처럼 느낄 수도 있다. 물론, 이런 기분은 당신이 과도한 욕심을 부리는 걸 정당화시켜준다.

제1장에서 나는 투자자들에게 손해를 입히는 많은 심리적 패턴들이 너무나 깊게 뿌리를 내린 나머지 실패의 원인이 우리의 사고방식 때문이라는 사실을 결코 깨닫지 못한다고 말한 바 있다. 그런 이유로 과거의 경험과 자연스럽게 연결 짓는 마음의 경향을 통제하는 방법을 이해하고 그것을 계속해서 인식하고 배우는 것이 지속적인 투자 성과를 올리는 데 무척 중요하다. 과도한 자신감으로 초래되는 문제나 고통의 위협을 느끼지 않고 시장의 기회 흐름을 인식하는 마음 상태를 개발하고 유지하기 위해서는 이 같은 연상 과정을 의식적으로 통제해야 할 것이다.

# 제
# 6
# 장

---

# 시장의 시각에서
# 바라보라

위험에 대한 투자자들의 시각은 보통 가장 최근에 했던 두세 차례의 투자(사람에 따라서 이 횟수는 다르겠지만) 결과에 따라 달라진다. 이와 달리 최고의 투자자는 그런 최근 결과에 부정적이거나 긍정적인 영향을 받지 않는다. 이처럼 일반 투자자와 최고의 투자자 사이에는 거대한 심리적인 차이가 존재한다. 당신은 최고의 투자자는 머릿속에 이 차이를 메울 수 있는 설계자의 자질이 들어 있다고 믿을지 모르지만 나는 분명 그렇지 않다고 자신 있게 말하고 싶다.

최고의 투자자들은 모두 '지금 이 순간의 기회 흐름'에 집중하도록 마음을 훈련하는 법을 배웠다. 이는 우리의 사고방식이 형성되는 원리와 일반적인 사회적 성장 여건과 관련이 있다(다시 말해 특정한 투자 문제는 특정한 개인의 문제가 아니다). 물론 당신의 꾸준한 성공을 가로막는 장애물로는 자존심과 관련된 다른 요인들도 존재하기는 한다. 그러나 이번 장에서는 투자자로서 당신의 성공에 가장 중요하면서도 가장 기초가 되는 게 무엇인지를 논의하고자 한다.

# '불확실성'의 원칙

두려움이나 자만심을 버리고 투자하고, 시장이 제공하는 정보를 시장의 시각에서 바라보고, '지금 이 순간의 기회 흐름'에 전적으로 집중하고, '몰입'의 상태로 들어갈 수 있는 능력의 핵심에는 단순한 개념 하나가 존재한다. 바로 불확실한 결과에 대한 강력하면서도 흔들리지 않는 '믿음'이다.

최고의 투자자는 조금의 의심이나 내적 갈등이 없다. 그들은 '무슨 일이든 일어날 수 있다Anything Can Happen'고 믿는다. 무슨 일이든 일어날 수 있다는 걸 의심하지 않고 그런 생각을 무시하지도 않는다. 불확실성에 대한 믿음이 워낙 강력하다 보니 '지금 이 순간'의 상황과 여건을 보고 가장 최근에 했던 투자의 결과를 머릿속에 떠올리지 않을 정도다.

이러한 연상 작용을 차단함으로써 시장이 어떻게 자신을 드러낼지에 대해서 비현실적이고 경직된 기대를 하지 않을 수 있다. 그들은 감정적이고 경제적인 고통을 유발하곤 하는 비현실적인 기대를 하기보다는 시장이 어떤 특정한 순간 줄지도 모를 기회를 유리하게 이용할 수 있도록 '준비해놓는' 방법을 배운다.

이처럼 '준비해놓자'는 시각을 통해 당신은 정보를 받아들이는 사고 구조는 제공되는 정보에 비해 제한적이라는 걸 이해하게 된다. 우리 머리는 어떤 특정 순간에 등장하는 모든 기회를 자동적으로 인식하지 못한다(제5장에서 나왔던 '아이와 개'의 사례는 진실에 대해서 우리 각자가 갖고 있는 생각이 우리에게 어떤 영향을 주는지를 보여주는 완벽한 사례다).

우리가 투자를 할 때, 언제나 이러한 '무주의 맹시perceptual blindness'(한 가지에 집중하면 명백히 존재하는 다른 것을 보지 못하는 현상) 현상이 일어 난다. 우리가 틀릴까 봐 두려움에 빠져서 투자한다면 시장이 우리의 포지션과 계속해서 반대로 움직일 가능성이 있다는 걸 알아차릴 수 없다. 그리고 틀렸다는 것을 인정해야 한다는 두려움 때문에 자신이 옳았다는 것을 증명해주는 정보에 과도하게 집착하게 된다. 실제로 는 시장이 자신이 취한 포지션과 정반대로 움직인다는 정보들이 많 은데도 이러한 잘못을 저지르는 것이다. 여느 때 같으면 우리는 시장 의 추세적인 움직임을 쉽게 알아차린다. 그러나 두려움에 빠져 투자 를 하면 이러한 추세조차 쉽게 지각하지 못할 수 있다. 투자를 멈춘 뒤에야 비로소 추세와 투자 기회가 눈에 보인다.

아울러 기회와 기회가 아닌 것을 구분하는 방법을 배운 적이 없기 때문에 눈에 띄지 않는 기회들도 존재한다. 제5장에서 예로 들었던 주가 차트를 처음 봤을 때를 떠올려보자. 아직 배우지 못한 건 눈에 보이지 않는다. 또 우리의 마음이 에너지 교환에 대해 마음을 열기 전까지는 계속해서 눈에 보이지 않는다.

이때 당신에게 필요한 것은 알려진 것과 알려지지 않은 것을 모두 받아들이는 자세다. 이를테면 움직이는 시장 속에서 다양한 변수들 을 인식할 수 있는 '정신적 틀'을 만들어놓아야 한다. 이 변수들이 바로 언제 매매 기회가 존재하는지 알려주는 신호이기 때문이다. 이것이 바로 당신이 가진 우위다.

'준비를 해놓자'는 시각으로 무장한 당신은 이러한 우위가 투자의 성공 확률을 높여준다는 사실을 알게 된다. 그러나 이와 동시에 어떤 결과도 알 수 없다는 즉, '무슨 일이든 일어날 수 있다'는 사실도 전적으로 받아들인다. 다음에 벌어질 일에 대해서 의식적으로 마음을 여는 것이다. 그러면 마음속에서 내적 저항감이 사라진다. 이제 당신의 마음은 에너지 교환에 개방적이다. 이제 시장에 대해 과거에는 몰랐던 것을 배울 수 있게 된다. 또한 몰입 상태가 되는 데 가장 적합한 정신 환경을 만들게 된다.

몰입의 경지에 이른다는 의미는 당신의 마음이 시장과 조화를 이룬다는 뜻이다. 결과적으로 당신은 자신과 다른 모든 시장 참여자들의 집단적인 의식 사이에 아무런 차이가 없듯이 시장이 하려는 일을 감지한다. 이때의 몰입은 당신이 단순히 집단적인 생각을 읽는 차원을 떠나서 시장과 완벽한 조화를 이루는 상태다.

이런 말이 다소 낯설게 느껴진다면 새나 물고기 떼가 어떻게 동시에 방향을 바꿀 수 있는지 생각해보자. 그들 사이에는 서로 연결되는 방법이 있는 게 분명하다. 사람들도 그렇게 연결될 수 있다면 우리와 연결된 사람들로부터 나오는 정보가 우리의 의식 속으로 스며들 수 있고, 실제로도 그렇게 될 것이다. 시장의 집단적 의식 세계에 들어가본 경험이 있는 투자자들은 무리 가운데에 있는 새나 물고기가 다른 동료들과 정확히 타이밍을 맞춰서 방향을 바꾸듯이 자기도 투자 방향을 바꿀 수 있다고 생각한다.

그러나 시장과 이렇게 마술 같은 동시성synchronicity을 경험하는 데 가장 적합한 정신 조건을 갖추기란 결코 쉽지 않다. 이때는 두 가지 정신적 장애물을 극복해야 한다. 첫 번째 장애물은 이번 장의 주제인 '지금 이 순간의 기회 흐름'에 계속해서 정신을 집중하는 방법을 배우는 것이다. 동시성을 경험하기 위해선 시장의 시각에서 바라보고 시장의 진실에 마음을 열어야 한다.

두 번째 극복해야 할 장애물은 좌뇌와 우뇌 사이의 분업과 관련되어 있다. 좌뇌는 기존 지식을 토대로 하는 논리적인 사고를 전담한다. 우뇌는 창조적 사고를 담당하는데 영감, 직감, 육감 등 합리적인 차원에서 설명할 수 없는 감각을 개발한다. 정보가 진정 창조적 성격을 띤다면 그것은 우리가 합리적 차원에서 알지 못하는 무엇이기에 논리적으로 설명할 수 없다. 사전적 정의상 진정한 창조성은 이전에 존재하지 않았던 뭔가를 불러오는 걸 말하기 때문이다. 이렇다 보니 두 가지 사고 모드 사이에는 본질적인 갈등이 존재한다. 창조적 정보를 수용하고 신뢰하는 생각 훈련을 의식적으로 하지 않는다면 대부분은 합리적이고 논리적인 부분이 승리를 거머쥔다. 그러한 훈련을 받지 않는다면 우리의 육감이나 직관적 충동, 영감이나 '알고 있다는 느낌'에 따라서 행동하기가 매우 힘들 것이다.

어떤 일을 하건 제대로 하기 위해서는 믿음과 명확한 의도가 필요하다. 그래야 우리의 마음과 감각을 당면한 목표에 집중하게 만들 수 있다. 우리의 행동을 일으키는 근본적인 원인이 창조적인 성격을 띠어도 우리의 합리적인 사고가 그 원인을 믿도록 허락하지 않는다면 우리의 합리적인 두뇌는 창조적인 정보에 따라서 행동하다가 어느 시점에선가 우리 의식을 갈등으로 몰고 갈 것이다. 물론 이 모든 생각들은 본래 건전하면서도 타당하다. 기존에 알고 있었던 합리적 사고에서 나오는 것이기 때문이다. 그러나 이 합리적인 생각들은 우리를 창조적인 마음 상태로부터 벗어나게 만든다. 그런데 직감으로는 잠재력이 있다는 걸 분명히 알지만 그걸 따르지 않았을 때, 그로 인해 내게 유리한 기회를 놓쳐버렸을 때만큼 인생에서 더 많은 좌절감을 주는 건 별로 없다.

나는 방금 내가 한 말이 실제 투자에서 실행하기에 여전히 추상적이라는 사실을 잘 알고 있다. 그러므로 '지금 이 순간의 기회 흐름'에 완전하게 집중한다는 게 어떤 의미인지를 단계별로 자세히 설명해보려고 한다. 당신이 이번 장과 다음 장을 읽었을 때 투자자로서 궁극의 성공을 거두려면 추호의 의심도 없이 불확실성에 대해서 단호하고도 굳건한 믿음을 가져야 한다는 점을 이해하게 만드는 게 나의 목표다.

당신의 생각과 시장이 동시에 움직이도록 만들기 위한 첫 번째 단계는 투자의 심리적인 현실을 이해하고 이를 완벽하게 받아들이는 것이다. 바로 이 단계에서 투자와 관련된 대부분의 좌절과 실망과 신비로움이 시작된다. 투자를 하기로 한 사람치고 시간을 내거나 노력을 기울여서 투자자가 된다는 게 과연 어떤 의미를 갖는지 생각해본 사람은 정말로 극소수에 불과할 것이다. 투자의 세계에 뛰어든 사람들 대부분은 투자자가 되는 것이 그저 좋은 시장 분석가가 되는 것과 똑같다고 생각한다.

그러나 앞서 설명했듯이 이런 생각은 진실과 동떨어져 있다. 좋은 시장 분석은 분명 투자의 성공을 뒷받침한다. 그러나 분석에 그토록 많은 중요성을 부여할 필요는 없다. 시장의 행동 패턴 이면에는 몇 가지 매우 독특한 심리적 특징들이 존재하기 때문이다. 그리고 이러한 심리적인 특징들이야말로 시장 환경 속에서 우리가 어떻게 효과적으로 움직여야 하는지를 결정짓는다.

우리가 익숙하지 않은 환경에서 효율적으로 활동하기 위해서는 사물에 대한 일반적인 사고방식을 일부 조정하거나 바꿔야 한다. 예를 들어 당신이 성취해야 할 장·단기 목표를 갖고 해외 출장을 간다고 해보자. 당신은 무엇보다 그 지역의 전통과 관습을 이해하고 그곳의 사고방식에 따라 생각하는 법을 배워야 한다. 그래야 낯선 지역에서 성공적으로 '적응'할 수 있기 때문이다.

많은 투자자들이 꾸준히 성공하는 투자자가 되기 위해서 적응이 필요하다는 사실을 종종 잊곤 한다. 당신은 이미 투자의 본질에 대해서 많은 근본적인 진리(심리적 특성들)를 알고 있을지 모른다. 그러나 어떤 원칙이나 개념을 알고 이해하는 것과 그것을 받아들이고 믿는 건 전혀 다른 문제다. 뭔가를 진정으로 받아들일 수 있을 때 비로소 우리의 정신세계에 있는 다른 요소들과 충돌을 일으키지 않는다. 뭔가를 굳게 믿을 때는 일부러 애를 쓰지 않아도 자연스럽게 그 믿음에 따라서 움직인다. 만약 우리의 정신세계에 있는 다른 요소들과 갈등을 일으킨다면 그건 받아들였다고 볼 수 없다.

투자자로서 성공하는 사람이 그렇게 적은 이유를 바로 이 지점에서 쉽게 이해할 수 있다. 대부분의 투자자들은 이미 배운 것과 믿고 있는 것 사이에 존재하는 많은 갈등을 어우러지게 하는 데 정신적 노력을 기울이지 않는다. 심지어 그렇게 배운 지식이 성공 투자의 다양한 원칙들을 수행하는 데 방해가 된다는 사실을 모른다. 투자에 이상적인 '자연스럽게 흐르는 마음 상태'에 빠져서 그것을 잘 이용하기 위해서는 그러한 갈등을 철저히 해소해야 한다.

## 시장은 원래 변덕스러운 존재

시장은 거의 무한한 방법으로 자신을 표현할 수 있다. 즉, 언제라도 무슨 일이든 저지를 수 있다. 시장의 변덕스러운 가격 변동성을 경험해본 사람이라면 누구나 이 말의 뜻을 잘 알고 있을 것이다. 그런데 우리 모두 시장의 이러한 특성을 당연하게 받아들이지 못한다는 게 문제다. 그러다 보니 가장 기본적인 투자 실수를 되풀이한다. 사실상 투자자가 시장에서 언제든 무슨 일이 일어날 수 있다고 진심으로 믿는다면 실패하는 투자자는 지금보다 훨씬 더 줄어드는 반면 꾸준히 이기는 투자자의 수는 훨씬 더 늘어날 것이다.

그렇다면 시장에서 무슨 일이든 일어날 수 있다는 걸 어떻게 알 수 있을까? 방법은 아주 간단하다. 시장을 구성요소에 따라 분해해서 각 부분의 움직임을 살펴보기만 하면 된다. 어떤 시장이든 시장을 구성하는 가장 기본적인 요소는 바로 시장에서 활동하는 투자자다. 개별 투자자는 가격을 움직이는 힘 역할을 한다. 그들은 가격을 위로 끌어올리거나 아래로 끌어내린다.

그렇다면 왜 투자자들은 그렇게 가격을 높이거나 낮춰 부를까? 이 질문에 대답하기 위해서 사람들이 투자를 하는 이유부터 정리해봐야 한다. 그들이 투자하는 이유와 목적은 오로지 하나, 바로 돈을 벌기 위해서다. 투자자는 사거나 팔거나 두 가지 행위밖에 할 수 없고 투자 결과는 이익이나 손해 둘 중 하나만 날 수 있다.

따라서 사람들이 투자하는 이유가 뭐든지 결국 모두가 '이익'을 내길 원한다고 전제해도 무방할 것이다. 아울러 그렇게 이익을 낼 수 있는 방법은 두 가지밖에 없다. 낮게 사서 높게 팔거나, 높게 팔고 낮게 사는 것이다. 모두가 돈을 벌기를 원한다고 전제하면 매수자가 다음 고점 부근까지 매수 호가를 높게 부르려는 이유는 오직 한 가지다. 미래의 어느 시점에 자기가 산 것보다 더 높은 가격에 팔 수 있다고 '믿어서'다. 마지막 체결가보다 낮게 매도하려는 투자자도 마찬가지다. 미래의 어느 시점에 자신이 판 가격보다 더 낮은 가격에 되살 수 있다고 믿기 때문이다.

시장의 행동을 가격의 움직임으로 간주한다면 모든 가격 움직임은 투자자들이 미래에 대해 '믿고 있는 것'과 함수 관계에 있다. 어떤 시장에든 거기에는 기본적으로 세 가지 힘만이 존재한다. 첫째는 가격이 낮다고 믿는 투자자고 둘째는 가격이 높다고 믿는 투자자다. 그리고 셋째는 가격이 내려갈지 올라갈지를 결정하기 위해서 일단 기다리면서 관망하는 투자자다. 여기서 세 번째 그룹의 투자자들이 상당한 잠재력을 갖는다. 뭔가가 높거나 낮다는 투자자의 믿음을 뒷받침하는 이유들이 보통 부적절할 때가 많기 때문이다. 시장에는 무원칙적, 무체계적, 무작위적이고, 운에 기대어 투자하는 투자자들이 대부분이라서 그들이 내세우는 이유가 시장에서 일어나는 일들을 더 잘 이해하는 데 반드시 도움을 주지는 않는다.

그러나 현재 일어나는 일들을 이해하기란 그다지 어렵지 않다. 가격이 움직이거나 움직이지 않는 모든 이유는 가격이 올라가리라 믿는 투자자와 가격이 내려가리라 믿는 투자자라는 두 가지 중요한 힘 사이의 상대적인 균형 내지는 불균형이 만든 함수임을 기억한다면 말이다. 이 두 집단 사이에 균형이 잡히면 가격은 정체된다. 두 그룹이 각각 상대방 그룹이 가진 힘을 흡수하기 때문이다. 두 그룹 사이에 불균형이 초래되면 가격은 더 큰 힘을 가진 쪽, 다시 말해 가격에 대해서 더 큰 믿음이나 확신을 가진 투자자들 쪽으로 움직인다.

이쯤에서 질문을 하나 던지겠다. 그렇다면 거래소가 정한 가격 움직임 제한 외에 시장에서 일어나는 일을 막을 수 있는 어떤 힘이 존재할까? 만일 이 세상의 투자자들이 어느 수준까지 가격이 올라갈 것이라거나 반대로 내려갈 것이라 믿고 그 믿음에 따라 투자할 의사가 있는 한 가격의 움직임을 막을 방법은 없다. 즉, 집단적 형태를 띠는 시장의 움직임은 오직 시장에 참가한 투자자가 갖고 있는 가장 극단적인 믿음(가격의 높고 낮음에 대한)에 따라 어떻게든 변할 수 있다. 더 설명할 필요도 없는 말이다. 어떤 시장에서나 어떤 특정 순간에 존재하는 믿음은 매우 다양해서 사실상 어떤 일이든 일어나게 만들 수 있다.

이러한 시각에서 시장을 바라봤을 때 미래에 대한 믿음을 피력하고자 하는 모든 잠재적 투자자가 '시장의 변수'가 된다는 점을 알 수 있다. 더 개인적 차원에서 보면 이는 당신의 투자에 부정적인 영향을 미칠 수 있는 단 한 명의 투자자만 있으면 된다는 뜻이다. 다시 말해 당신이 높거나 낮다고 믿고 있는 가격을 부정하는 데 단 한 명의 투자자만 있으면 된다. 그렇다. 한 명이면 충분하다!

몇 년 전 한 투자자가 자문을 구하러 나를 찾아왔다. 그는 뛰어난 시장 분석가였다. 사실 내가 만나본 최고의 시장 분석가 중 한 명이었다. 그러나 그는 수년 동안 투자에 실패해서 가진 돈을 전부 잃었고, 다른 사람들이 맡겼던 투자금도 많이 잃어 좌절한 상태였다. 그는 마침내 투자자로서 자신이 상당히 부족하다는 걸 인정할 준비가 되어 있었다. 그와 잠시 대화를 나눠본 뒤 나는 많은 심각한 심리적 장벽들이 그의 성공을 가로막고 있다는 결론을 내렸다. 가장 심각한 장애물 중 하나는 자신이 모든 걸 다 안다는 극도로 오만한 태도였다. 따라서 그는 효과적으로 투자하는 데 꼭 필요한 정신적인 유연함을 가질 수 없었다. 그가 얼마나 유능한 분석가였는지는 중요하지 않았다. 나를 찾아왔을 때 그는 돈과 도움이 너무 절실한 상태였고, 그는 어떤 말이건 귀담아들을 준비가 되어 있었다.

내가 가장 먼저 해준 조언은 돈을 대줄 또 다른 투자자를 찾지 말라는 것이었다. 궁극적으로 그 돈도 날려버릴 게 뻔했기 때문이다. 대신에 나는 그에게 투자 말고 정말로 소질이 있는 일을 해보는 게 좋겠다고 말해주었다. 그는 자기 문제를 해결하면서 안정적인 수입을 올리는 동시에 누군가에게 충분한 가치가 있는 서비스를 제공할 수 있었다. 그는 내 충고를 받아들여서 재빨리 시카고에 있는 우량 증권사의 기술 분석가 자리를 찾았다.

그 증권사 회장은 시카고상품거래소<sup>CBOT</sup>에서 40년 동안 곡물에 투자해온 노련한 투자자였다. 은퇴한 지 꽤 됐던 그는 기술적 분석에 대한 지식이 많지 않았다. 당시 현장에서 돈을 벌 때는 그러한 분석이 필요하지 않았기 때문이다. 그는 더 이상 현장에서 일하지 않았는데, 스크린을 보며 하는 거래가 어렵고 다소 신비스럽다고 생각했다. 그래서 그는 새로 입사한 그 스타 기술 분석가에게 거래가 이루어지는 날에 자기 곁에 앉아서 기술 트레이딩 방법을 가르쳐달라고 부탁했다. 기술 분석가는 그토록 노련하면서도 성공한 투자자에게 자신이 가진 능력을 보여줄 기회를 놓칠 수 없었다.

분석가는 찰리 드럼몬드<sup>Charlie Drummond</sup>가 개발한 '점과 선<sup>point and line</sup>'이란 분석 방법을 사용했다. 제대로 해석만 하면 이 방법으로 지지선과 저항선을 정확하게 찾아낼 수 있다. 그러던 어느 날 두 사람이 함께 대두 시장을 주시하고 있었을 때 분석가는 주요한 지지선과 저항선을 짚었고, 시장은 그 두 지점 사이에서 움직였다. 기술 분석가는 회장에게 지지선과 저항선이 왜 중요한지를 설명하기 시작했다. 그는 아주 열정적으로 설명을 이어갔다. 그는 시장 가격이 저항선 지점까지 올라간다면 그곳에서 상승을 멈추고 하락 반전할 것이며, 반대로 가격이 지지선까지 내려간다면 역시 하락을 멈추고 상승 반전할 것이라고 말해줬다. 그리고 시장이 그가 지지선이라고 찍은 가격 수준까지 내려간다면 그곳이 일중 저점일 것이라고 설명해주었다.

　두 사람이 이런 이야기를 주고받고 있는 동안에 대두 시장은 천천히 분석가가 지지선, 다시 말해서 일중 저점이라고 말한 지점까지 내려가기 시작했다. 마침내 대두 가격이 지지선에 도달하자 회장은 분석가의 얼굴을 쳐다보면서 이렇게 말했다. "이제 시장이 하락을 멈추고 반등하는 지점에 온 게 맞지요?" 분석가는 말했다. "바로 그렇습니다! 저 지점이 오늘의 저점입니다." 그러자 회장이 대답했다. "말도 안 돼! 저걸 봐요!" 그는 곧장 대두 주문을 전문으로 취급하는 직원에게 전화를 걸어서 이렇게 말했다. "시장에서 대두 200만 부셸(1부셸은 27.2킬로그램이다 – 옮긴이)을 파시오." 회장이 주문을 내고 나서 30초도 안 돼 대두 가격은 부셸당 10센트가 더 빠졌다. 회장은 기겁한 표정을 짓고 있는 분석가의 얼굴을 쳐다보면서 침착하게 물었다. "음, 시장이 어디서 하락세를 멈춘다고 말했죠? 내가 만일 그걸 안다면, 다른 사람도 알 수 있겠지요."

　이 일화가 전하는 메시지는 시장의 관찰자인 우리의 시각에서 봤을 때 시장에서는 어떤 일이든 일어날 수 있으며, 단 한 명의 투자자로도 그런 일이 일어날 수 있다는 것이다. 거칠고도 냉혹한 투자 세계의 현실이 이렇다. 그러나 최고의 투자자만이 내적 갈등을 겪지 않고 이러한 현실을 포용하고 수용해왔다. 어떻게 이를 알 수 있을까? 최고의 투자자만이 투자를 시작하기 전에 겪을 위험을 부단히 정해놓기 때문이다. 최고의 투자자만이 시장이 돈을 벌기 힘들다는 신호를 보내줄 때 주저하거나 머뭇거리지 않고 손절에 나선다. 그리고 최고의 투자자만이 시장이 자신에게 유리한 방향으로 흐를 때 이익 실현을 위한 체계적이고 조직적인 자금 운용 원칙을 마련해둔다.

사람들이 투자 시 가장 자주 범하면서도 가장 대가가 큰 실수 세 가지는 사전에 위험을 정해놓지 않고, 필요한 시기에 손절하지 않고, 체계적으로 차익을 실현하지 않는 것이다. 오직 최고의 투자자만이 이러한 실수를 하지 않는다. 그들은 투자자로서 경력을 쌓으면서 시장에서는 어떤 일이든 일어날 수 있다는 사실을 믿게 됐고 그 결과 모르고 예상하지 못한 일을 항상 대비해놓는 법을 배웠다.

가격을 움직이는 힘은 두 가지밖에 없다는 사실을 명심하라. 하나는 가격이 올라갈 것이라 믿는 투자자고, 다른 하나는 가격이 내려갈 것이라 믿는 투자자다. 어떤 순간에든 우리는 가격에 대해 확실한 신념을 갖고 있는 사람을 만날 수가 있다. 인식 가능한 패턴이 존재한다면 그 패턴은 반복되면서 우리에게 시장이 향하는 방향을 알려줄지 모른다. 바로 이것이 우리가 아는 무엇, 즉 우리가 가진 '우위'다.

그러나 우리가 모르는 것도 많다. 사람들의 생각을 읽는 법을 배우지 못한다면 결코 알 수 없는 것도 많다. 예를 들어 얼마나 많은 투자자가 앉아서 관망한 채로 시장에 진입할 기회를 찾고 있는지 아는가? 그들 중 몇 명이 매수 혹은 매도하려고 하는지 아는가? 그들의 거래가 이미 반영된 가격으로 투자하는 사람들은 또 어떤가? 어떤 특정 순간에서 그들 중 몇 명이 생각을 바꿔서 포지션을 정리하고 빠져나올 것인가? 그들이 포지션을 정리한다면 얼마나 오랫동안 시장 밖에서 머물 것인가? 그리고 시장으로 돌아온다면 그들은 어떤 방향으로 투자할 것인가?

이 모든 것들이 시장에서 언제나 작동하고 있는 미지의 변수들이다. 최고의 투자자는 이러한 미지의 변수들의 존재를 결코 무시하지 않는다. 또한 시장 분석을 통해서 변수들을 합리화하거나 잘못된 해석을 하려고 하지도 않는다. 투자 전략의 모든 면에서 이러한 변수들을 감안하고 고려한다.

보통의 투자자들은 최고의 투자자와 정반대다. 그들은 자신이 보거나 듣거나 느낄 수 없는 건 존재하지 않는다는 시각에서 즉, 모든 것을 안다는 시각에서 투자를 한다. 그들의 행동을 어떻게 달리 설명할 방법이 없다. 그들이 시장에 모든 숨겨진 변수들이 존재한다고 정말로 믿는다면, 그래서 어떤 특정 순간에 가격에 영향을 줄 수 있다고 믿는다면 모든 투자는 불확실한 결과를 낳는다고도 믿어야 한다. 그리고 모든 투자가 정말로 불확실하다면 위험을 사전에 정의하거나, 손절하거나, 체계적인 차익 실현 방법을 마련해두어야 한다는 점은 너무도 자명하다. 모든 상황을 고려해봤을 때 이 세 가지 기본적인 원칙을 지키지 않는다는 건 경제적 및 감정적인 자살 행위와도 같다.

그런데도 대부분의 투자자들이 이 기본 원칙을 지키지 않는다. 대체 왜 절대적이고 완벽하게 타당한 행동을 하지 못하는 것일까? 일반 투자자는 위험을 사전에 정의하거나, 손절을 하거나, 체계적으로 차익을 실현하지 못한다. 그는 그러한 일들이 꼭 필요하다고 '믿지 않는다'. 왜 그럴까? '지금 이 순간' 일어나고 있는 일을 바탕으로 다음에 일어날 일을 이미 알고 있다고 착각하기 때문이다. 그가 이미 앞으로 일어날 일을 알고 있다고 여긴다면 위 세 가지 원칙에 집착할 이유는 사실상 사라진다. 그렇게 '나는 안다'고 전제함으로써 그는 저지를 수 있는 모든 투자 실수를 저지르게 될 것이다(자신이 돈을 벌 자격이 있다고 믿지 않아서 생기는 잘못은 제외하고).

우리가 갖고 있는 믿음은 매우 강력한 내적인 힘이 된다. 이 힘들은 우리의 해석, 결정, 행동, 기대에서부터 결과에 대한 우리의 느낌에 이르기까지 우리가 시장과 상호작용하는 모든 행위를 통제한다. 그런 이유로 우리가 진실로 믿는 것과 반대로 행동하기란 극도로 어렵다. 믿음과 반하는 일이라면 그 일을 하는 게 애초에 불가능하기도 하다.

일반적인 투자자들은 자신에게 강력한 믿음의 형태를 띤 내적 메커니즘이 필요하다는 사실을 깨닫지 못한다. 이 메커니즘은 명료한 시각에서 시장을 인식할 수 있도록 해주고, 특정 가격 움직임이 나타날 때 적절하게 행동할 수 있도록 해준다. 일반적인 투자자가 투자에 관해 가져야 하는 가장 기본적인 믿음은 '어떤 일이든 일어날 수 있다'라는 믿음이다. 이는 틀림없는 사실일 뿐만 아니라 성공적인 투자자가 되는 데 필요한 모든 다른 믿음과 태도를 쌓는 데 탄탄한 기반 역할을 해줄 것이다.

이러한 믿음이 없는 투자자는 자신이 불가능하리라 여겼던 어떤 일이 시장에서 일어나려 한다는 정보를 봐도 이를 무의적으로 회피하거나, 차단하나, 무시해버릴 것이다. 반대로 어떤 일이든 일어날 수 있다고 믿는다면 그의 마음속에는 회피할 게 전혀 없다. 어떤 일이든 일어날 수 있다는 믿음은 다른 때 같았으면 볼 수 없었을 정보를 객관적으로 인식하게 해줄 것이다. 또한 마음을 열고 시장의 시각에서 존재하는 더 많은 가능성들을 인식하고 받아들일 준비를 하게 될 것이다.

무엇보다 중요한 사실은 '시장에서는 어떤 일이든 일어날 수 있다'는 믿음을 정립함으로써 확률적 관점에서 생각하는 훈련을 하게 된다는 점이다. 바로 이 확률적 사고야말로 최고의 투자자가 되는 데 가장 필요하면서도 까다로운 원칙이다.

# 확률적으로
# 사고하라

확률에 근거해서 생각한다는 게 정확히 무슨 뜻일까? 또 그것이 투자자로서 꾸준한 성공을 거두는 데 왜 그토록 중요한 걸까? 잠시 시간을 내서 이 두 번째 질문의 의미를 곱씹어보면 내가 꾸준함, 즉 '지속성'을 확률의 한 가지 기능으로 간주했다는 걸 눈치챘을 것이다. 어찌 보면 내 말이 모순처럼 들릴 수도 있다. 확률상 불확실한 결과가 나오는 투자에서 꾸준한 성과를 낸다는 게 어떻게 가능하단 말인가? 이 질문에 대한 답은 도박 산업에서 쉽게 찾을 수 있다.

기업들은 사람들을 카지노로 유인하기 위해 고급 호텔을 짓는 데 거액을 투자한다. 미국의 라스베이거스를 떠올리면 이해가 쉬울 것이다. 카지노 회사들도 이사회뿐 아니라 궁극적으로 주주들의 이익을 위해 일한다는 점은 다른 기업들과 똑같다. 그렇다면 순전히 무작위적인 결과로부터 수익을 내는 카지노를 짓는 데 엄청난 돈을 투자하는 그들의 행위는 어떻게 정당화될 수 있는 걸까?

# 무작위적 결과가 꾸준한 결과를 가져온다?

카지노는 순전히 무작위적인 결과를 낳는 사건을 통해 매일, 그리고 매년 꾸준한 수익을 낸다. 반면에 대부분의 투자자들은 시장의 행동이 무작위적이지 않더라도 시장에서 꾸준히 수익을 낼 수는 없으리라고 믿는다. 뭔가 이상하지 않은가? 꾸준하면서 무작위적이지 않은 결과를 내는 곳에서 꾸준한 성과를 내고, 무작위적인 결과를 내는 곳에서 똑같이 무작위적이고 단편적인 결과를 내야 하는 게 아닐까?

카지노 소유자, 노련한 도박사, 최고의 투자자와 달리 일반 투자자는 이해하기 힘든 사실이 하나 있다. 확률을 자신에게 유리하게 작용하도록 만들 수 있고, 또 표본의 크기가 충분하다면 확률적인 결과를 내는 사건들도 꾸준한 결과를 낼 수 있다는 사실이다. 최고의 투자자는 카지노와 전문 도박사가 그렇게 하듯이 투자를 마치 숫자 게임처럼 생각한다.

블랙잭 게임에서 손님이 지켜야 하는 규칙을 근거로 계산해봤을 때 카지노는 손님보다 약 4.5퍼센트의 우위를 갖는다. 다시 말해 표본 크기(도박 참가자)가 충분히 크면 카지노는 게임에 걸린 1달러마다 평균 4.5센트의 이익을 내게 된다. 이 평균은 크게 따서 카지노를 빠져나간(연속해서 딴 사람들) 사람들과 크게 잃고 카지노를 빠져나가는 사람들, 그리고 그 중간에 있는 모두를 고려해서 계산해낸 결과다. 1일, 1주, 1개월, 1년이 지날 무렵에 카지노는 항상 전체 판돈의

약 4.5퍼센트를 벌게 된다.

이 4.5퍼센트가 큰돈처럼 보이지 않을 수 있겠지만 한번 천천히 따져보자. 1년 동안 카지노의 블랙잭 테이블에 걸린 판돈이 총 1억 달러라고 가정하면 카지노는 450만 달러의 순이익을 올릴 것이다.

카지노 소유자와 전문 도박사는 확률상 개별 패들은 다른 패들과 '통계적 독립statistically independent' 상태에 놓인다는 걸 잘 이해하고 있다. 다시 말해 각각의 개별 패는 유일한 사건에 해당하며 이전에 나왔던 패나 다음에 나올 패와 상관없이 무작위적이다. 각 패를 하나씩 집중해 살펴보면 이기고 지는 패들이 무작위적이고 예상하기 힘들게 분포되어 있을 것이다. 그러나 집단적인 차원에서 보면 그 반대도 성립한다. 충분히 많은 사람이 도박에 참여한다면 꾸준하고, 예상 가능하고도 통계적으로 신뢰할 만한 결과를 낳는 패턴이 등장하게 된다는 얘기다.

확률에 따라서 생각하기가 그토록 어려운 이유가 바로 여기에 있다. 이 개념을 이해하려면 언뜻 서로 모순되어 보이는 '이중적 믿음'이 필요하다. 나는 첫 번째 층의 믿음을 '미시적 차원의 믿음'이라고 부르는데 여기서는 개별 패의 결과가 불확실하고 예측 불가능하다는 걸 믿어야 한다. 카드의 패에 영향을 미치는 미지의 변수들이 항상 수없이 많이 존재하기 때문에 당신은 이러한 불확실성에 대해서 잘 알고 있다. 예를 들어 다른 게임 참가자 중 누가 각자의 패를 갖고 어떻게 게임을 하기로 할지 당신은 미리 알 수가 없다. 그들이 카드를 추가로 받거나 받지 않을 수 있기 때문이다. 통제할 수 없거나 사전에 알 수 없는 변수는 그게 무엇이든 어떤 특정한 패가 나올 확률을 불확실하면서 무작위적으로(즉, 통계적 독립 상태로) 만들어놓을 것이다.

두 번째 층의 믿음은 '거시적 차원의 믿음'이다. 이때 당신은 일련의 패들이 낳는 결과가 비교적 확실하면서 예측 가능하다고 믿어야한다. 그 확실성의 수준은 '알려진 변수', 즉 게임의 규칙에 따라 다르다. 따라서 누가 계속해서 이기고 질지를 미리 알 수는 없더라도, 충분히 많은 게임이 진행되면 우위를 가진 사람은 누구든지 잃을 때보다 딸 때가 더 많다는 걸 비교적 확신할 수 있게 된다. 다만 확신의 정도는 그 우위가 얼마나 좋은 우위냐에 따라서 달라진다.

카지노와 도박사가 성공적으로 돈을 벌 수 있는 이유는 그들이 미시적 차원에서 게임의 예측 불가능성을 믿으면서 동시에 거시적 차원에서 게임의 예측 가능성을 믿기 때문이다. 그들은 각각의 패가 가진 특별함을 믿기 때문에 개별 패의 결과를 예측하기 위해서 무의미한 노력을 하는 데 뛰어들지 않는다. 그들은 앞으로 무슨 일이 일어날지 모른다는 사실을 배웠고, 또 그것을 철저히 받아들였다.

다음에 무슨 일이 일어날지 알아야 할 필요가 없는 이상 그들은 감정적으로든 아니든 개별 패나 바퀴 돌리기나 주사위 던지기에 아무런 특별한 의미를 부여하지 않는다. 한마디로 앞으로 일어날 일에 대한 비현실적인 기대에 얽매이지도 않고 반드시 자신이 옳아야 한다는 강박에 빠지지도 않는다. 그들은 실행에만 집중함으로써 결과적으로 값비싼 실수를 덜 저지르게 된다. 그들은 흔들림 없이 확률(그들의 우위)이 알아서 게임을 결정하도록 내버려두기 때문에 편안한 기분으로 게임을 할 수 있다. 또 게임을 하는 동안 그들의 우위가 충분히 높고 판돈도 충분하다면 그들이 완전한 승자가 되리라는 점을 알고 있다.

최고의 투자자도 전문 도박사(혹은 카지노)와 똑같은 사고 전략을 활용한다. 투자에서도 그러한 전략을 써야 하는 기본적인 이유는 도박에서 그렇게 하는 이유와 같다. 그러한 전략이 투자자에게 유리하게 작용하기 때문이다. 도박과 투자를 비교해보면 쉽게 알 수 있다.

첫째, 투자자와 도박사, 카지노는 모두 각각의 투자나 도박 결과에 영향을 주는 알려지거나 알려지지 않은 모든 변수들을 상대한다. 도박에서 알려진 변수는 게임의 규칙이다. 투자에서 알려진 변수들은 (개별 투자자의 시각에서 봤을 때) 시장 분석 결과다. 시장 분석은 모든 시장 참여자들 사이의 집단적 행동 패턴을 찾아낸다. 우리는 사람들이 유사한 상황과 환경 속에서 똑같은 행동을 반복하면서 일정한 행동 패턴을 나타낸다는 걸 이미 알고 있다. 이와 마찬가지로 상호 교류하는 개인들의 집단은 매일 또는 매주 되풀이되는 행동 패턴들을 보여준다.

이러한 집단적인 행동 패턴은 추세선, 이동 평균선, 오실레이터, 되돌림 같은 분석 도구를 사용해서 찾아내고 파악할 수 있다. 지금 내가 예로 든 기술적 분석 도구들은 투자자들이 쓸 수 있는 수천 가지 도구 중 몇 가지에 불과하다. 이 각각의 분석 도구들은 파악된 각각의 행동 패턴의 '경계'를 정하기 위해서 일련의 기준을 사용한다. 이렇게 파악된 기준과 경계가 투자자들이 알고 있는 시장의 변수들이다. 이 변수들과 개별 투자자 사이의 관계는 게임의 규칙과 카지노 사이의 관계와 같다. 다시 말해 투자자의 분석 도구는 투자자에게 어떤 특정한 순간의 성공 확률을 유리하게 만들어주는 알려진 변수들인 것이다. 게임의 규칙이 카지노의 성공 확률을 더 높여주는 것과 마찬가지다.

두 번째로 우리는 도박에서 수많은 '미지의 변수'들이 개별적 게임 결과에 영향을 미친다는 걸 알고 있다. 블랙잭에서는 카드를 섞는 방법과 참가자들이 내는 패 등이 그런 미지의 변수들이다. 룰렛에서는 바퀴의 회전에 가해지는 힘의 양이 그런 변수가 될 것이다. 이처럼 미지의 변수들은 개별 사건의 결과에 영향을 주는 힘으로 작용한다. 그리고 이 힘은 개별 사건을 다른 개별 사건과 통계적으로 독립시켜서 승리와 패배가 무작위로 분포되게 만든다.

투자 상황에서는 어떤 특정한 행동 패턴의 결과에 영향을 미치는, 그래서 당신이 우위로 활용할 수 있는 무수한 미지의 변수들이 존재한다. 이런 미지의 변수들은 바로 시장에 들어오거나 시장을 빠져나갈 가능성이 있는 다른 모든 투자자들이다. 개별 투자자는 어떤 특정 시간에 시장 포지션에 영향을 준다. 각자 높고 낮은 가격에 대한 믿음에 따라 행동하면서 그 순간에 드러나는 집단적 행동 패턴에 영향을 준다.

인식 가능한 패턴이 존재하고, 그러한 패턴을 정의하는 데 사용된 변수들이 당신이 생각하는 우위와 일치한다고 치자. 그런 경우 당신이 내린 우위의 정의에 따라서 시장이 저가 매수나 고가 매도의 기회를 주고 있다고 말할 수 있다. 당신이 이러한 우위를 이용해서 투자할 기회를 잡았다고 가정해보자. 당신에게 유리하거나 불리한 방향으로 시장을 움직이게 만드는 요소들은 무엇인가? 이 질문에 대한 대답은 간단하다. 바로 다른 투자자들의 행동이다!

당신이 계속해서 투자하는 한 다른 투자자들도 같은 시장에 참가할 것이다. 그들은 고가와 저가에 대한 그들의 판단에 따라서 거래를 계속할 것이다. 어떤 특정 순간에 다른 투자자가 당신이 정의한 우위에 우호적인 영향을 미치기도 하지만 반대로 부정적인 영향을 미치기도 할 것이다. 다른 모든 투자자가 어떻게 행동할지나 그들의 행동이 당신에게 어떤 영향을 미칠지를 사전에 알 도리가 없으므로 투자 결과는 불확실하다. 누가 참가하건 모든 합법적 투자의 결과는 시장에 참가한 다른 투자자들의 일련의 행동에 따라서 결정될 것이므로 모든 투자의 결과는 불확실하다.

모든 투자의 결과가 불확실한 이상, 도박과 마찬가지로 각각의 투자는 과거나 미래의 다른 투자와 통계적으로 독립적이다. 투자자가 각각의 투자에서 자신의 우위를 알아보기 위해 이미 알려진 똑같은 변수들을 사용하더라도 그렇다. 게다가 개별 투자 결과가 모든 다른 투자와 통계적으로 독립석이라면 어떤 특정한 투자에서라도 승리는 무작위적일 수밖에 없다. 개별 투자의 성공 확률이 투자자에게 유리하더라도 마찬가지다.

세 번째로 카지노 운영자들은 개별 도박의 결과를 예측하거나 알려고 하지 않는다. 그렇게 하기가 극도로 어려울 뿐만 아니라 게임마다 미치는 모든 미지의 변수들을 감안했을 때 반드시 꾸준한 결과가 나오지도 않기 때문이다. 카지노 운영자들은 그들에게 유리하도록 확률을 유지하면서, 그들의 우위가 발휘될 넉넉한 기회를 얻도록 게임의 표본 크기(즉, 판돈)를 충분히 크게 만드는 수밖에 없다는 것을 경험을 통해 배웠다.

## '지금 이 순간'에서 투자하기

확률에 따라서 사고하는 법을 배운 투자자는 사실상 늘 똑같은 시각으로 시장에 접근한다. 그들은 미시적 차원에서 각각의 투자는 독립적이며 유일하다고 믿는다. 또 투자의 본질상 어떤 특정 순간에는 시장이 과거의 상황과 차트상 정확히 일치하는 것처럼 보일 수 있으며, 각각의 우위를 판단하는 데 쓰인 측정법과 수학적 계산 결과가 정확히 일치할 수는 있더라도 매 순간 시장이 실제로 똑같은 모습을 보이는 법은 결코 없다는 걸 이해한다.

어떤 특정 패턴이 됐든 이전과 지금이 정확히 똑같으려면 과거의 특정 순간에 참여했던 모든 투자자가 지금도 참여하고 있어야 한다. 더군다나 어떤 패턴이 관찰되든 간에 정확히 똑같은 결과를 내려면 그들 각자가 일정 시간 동안 정확히 똑같은 방식으로 상호작용해야 한다. 그런데 그러한 일이 일어날 확률은 사실상 제로다.

　이러한 현상을 이해하는 것은 정말로 중요하다. 투자에선 심리적인 요인이 무엇보다 중요하기 때문이다. 우리는 시장의 행동을 분석하고, 최고의 우위를 선사하는 패턴을 찾아내기 위해서 온갖 다양한 도구들을 이용할 수 있다. 또 분석적 관점에서 봤을 때 이러한 패턴들은 수학적·시각적인 차원에서 모두 정확히 똑같아 보일 수 있다. 그러나 '지금' 패턴을 만들고 있는 투자자 중 단 한 명이라도 과거에 패턴을 만든 투자자와 달라진다면 현재 패턴의 결과는 과거 패턴의 결과와 달라질 가능성이 있다(앞서 예로 든 분석가와 회장의 사례는 이 말이 옳다는 걸 잘 보여준다). 이 세상 어딘가에서 미래에 대해 다른 믿음을 가진 투자자가 단 한 명만 있어도 어떤 특정한 시장 패턴의 결과가 바뀌고, 패턴이 보여주는 우위가 무의미해질 수 있다.

　시장이 보여주는 행동의 가장 기본적인 특성은 각각의 '지금 이 순간'의 시장 상황과 '지금 이 순간'의 행동 패턴과 '지금 이 순간'의 우위가 항상 서로 독립적으로 작동하며 각기 다른 결과를 내는 '특별한 사건'이라는 점이다. 특별하다는 건, 우리가 알고 있거나 기대하거나 예상하는 일, 우리가 모르고 있거나 비범한 지각 능력을 갖지 않는 한 알 수 없는 일 등 어떤 일이라도 일어날 수 있다는 뜻이다. 알려지고 알려지지 않은 변수들의 부단한 흐름은 우리가 향후 일어날 일을 확실히 단정하지 못하는 확률적 환경을 만들어낸다.

　그런데 불확실성에 대해서 알고 있고, 확률의 본질적 특성에 대해서 이해한다고 해도 그것이 실제로 확률적 관점에서 효과적으로 투자할 수 있는 능력을 습득했다는 뜻은 아니다. 확률에 기반해서 사고하기란 그만큼 매우 어렵다. 우리의 뇌는 그러한 식으로 자연스럽게 정보를 처리하지 못하기 때문이다. 우리의 뇌는 우리가 이미 아는 것을 기반으로 인식하는데, 우리가 이미 아는 것이란 '과거'에 일어난 일이다. 그런데 시장에서는 매 순간이 새롭고 특별하다. 그 순간 일어난 일이 과거에 일어났던 일과 유사해 보일 수는 있어도 절대 똑같지는 않다.

다시 말해 우리가 매 순간의 특별함을 인식하도록 우리의 머리를 훈련시키지 않는다면 그 특별함은 인식에서 자동적으로 걸러내질 것이다. 우리는 두려워서 차단하는 모든 정보를 빼고 이미 알고 있는 것만을 인식할 것이다. 그 외에 다른 모든 정보는 우리 눈에 보이지 않을 것이다. 결론적으로 확률적 사고를 하려면 어느 정도 의식적인 노력이 필요하다. 어떤 사람들은 확률적 사고를 심리 체계에 통합하기 위해 상당한 공을 들어야 할 수도 있다. 그러나 대부분의 투자자들은 이 말의 의미를 충분히 이해하지 못한다. 그래서 자신들이 확률적 사고라는 개념에 대해 어느 정도 이해하고 있다고 오판하고 자신도 그런 사고를 하고 있다는 착각에 빠지곤 한다.

자신이 확률적 사고를 하고 있다고 착각하는 투자자들이 생각보다 많다. 나와 함께 일했던 밥이라는 친구도 그러했다. 그는 약 5,000만 달러를 운용하고 있는 공인 트레이딩 상담사다. 그는 30년 동안 투자 업계에 종사했지만 운용 중인 자산의 수익률이 12~18퍼센트를 넘긴 적이 없어 고민 끝에 내가 주최한 워크숍에 찾아왔다. 그 정도면 상당히 좋은 수익률이었지만 밥은 자신의 수익률에 전혀 만족하지 않았다. 자신의 분석 능력이 워낙 뛰어나니 연간 150~200퍼센트의 수익을 올리는 게 당연하다고 생각했기 때문이다.

밥은 확률의 본질적 특성에 대해서 아주 잘 아는 사람이었다. 다만 그는 확률의 개념을 이해하고 있었을 뿐 확률적인 시각을 갖고 트레이딩하지는 않았다. 나의 워크숍에 참석한 후 그는 몇 가지 조언을 구하러 다시 연락해왔다. 다음은 내가 한 잡지에 기고한 그와의 전화 통화 내용이다.


밥은 문제가 생겼다면서 내게 전화를 걸었다. 그는 선물에 투자하면서 손절 한도를 정해놓았다. 지수가 급락한 뒤 다시 진입가까지 반등하자 그는 투자 중단을 결정했다. 그런데 그가 시장에서 빠져나오자마자 갑자기 지수가 500포인트나 폭등하기 시작했다. 그러나 그는 이미 시장에서 손을 뗀 상태였다. 그는 대체 무슨 일이 일어난 것인지 이해하지 못했다.

우선 나는 그에게 무엇이 위험하다고 판단했는지 물었다. 그는 내 질문의 뜻을 이해하지 못했다. 그는 자신이 손실 한도를 정해놓았으니 위험에 대비해놓은 게 아니냐고 되물었다. 나는 그에게 손실 한도를 정해놓았다고 해서 진정 위험을 받아들인 건 아니라고 말해주었다. 투자가 위험해지는 경우는 많다. 투자를 하는 근본적인 동기에 따라 손해를 보고, 실수를 하고, 완벽하게 매도·매수를 못하는 것 모두 위험할 수 있다.

나는 사람들의 믿음은 항상 그들의 행동을 통해서 드러난다고 지적했다. 그가 원칙적인 투자자가 되기 위해서 위험과 손실 한도를 정해놓고 있어야 한다는 믿음에 따라 행동했다고 볼 수 있다. 그리고 실제로 그렇게 했다. 그러나 사람은 누구나 손실 한도를 정해놓으면서도 동시에 자신이 강제청산 당하거나 그로 인해 손해를 볼 수 있다는 걸 믿지 않기도 한다. 즉, 손실 한도를 정해놓았지만 그 한도에 도달할 수 있다는 건 인정하지 않았다.

그가 자신이 처한 상황을 설명해주는 걸 듣고 있자니 그 역시 그런 믿지 않는 상태임이 느껴졌다. 투자를 시작했을 때 그는 자신이 절대 강제청산 위기에 빠지게 되리라 믿지 않았다. 또한 시장이 그에게 불리하게 작용할 것이라고도 믿지 않았다. 사실상 그는 그런 믿음에 너무 강하게 집착한 나머지 시장이 그나마 위기를 피해서 그가 진입했던 수준으로 복귀했을 때 시장에게 '두고 보자'라고 말하면서 시장을 벗어난 것이다. 이런 태도가 그에게 불리하게 작용했음에도 그는 그것이 시장에 복수하는 길이라고 생각한 것 같다.

내가 그에게 혹시 이런 생각을 하지 않았는지 묻자 그는 투자를 중단했을 때 가졌던 마음이 내가 말한 것과 일치했다고 말해주었다. 그는 몇 주 동안 시장을 빠져나갈 기회가 오기만을 기다리다가 결국 시장이 진입가까지 반등하자 그는 곧바로 다시 하락할 걸로 생각했다. 나는 그에게 이번 경험을 시장에 대해서 많은 걸 배울 좋은 기회로 삼으라고 말해주었다. 확률에 따라서 생각하기 위해서는 무엇보다 위험을 전적으로 받아들이는 태도를 가져야 한다.

확률적 사고 방법을 훈련하면 내적인 저항이나 갈등 없이 모든 가능성을 충분히 받아들이고, 항상 미지의 힘을 고려하기 위한 조치를 취하게 된다. 다음에 일어날 일을 알고 싶거나 완벽하게 옳은 투자에 대한 욕망을 버리는 데 정신적 수고를 들이지 않는다면 확률적 사고는 사실상 불가능하다. 실제로 알고 있다고 생각하거나, 가능성을 전제하거나, 어쨌든 다음에 벌어질 일이 뭔지 알고자 할수록 투자에 실패할 확률은 커진다.

확률적 사고 방법을 배운 투자자는 전반적인 성공에 대해서 자신감을 가진다. 자신이 정의 내린 '우위'에 부합하는 모든 투자에 매진하기 때문이다. 그들은 자신이 안다고 생각하거나, 전제하거나, 믿는 우위를 일부러 고르고 선택하려고 하지 않는다. 또한 어떤 이유에서건 믿지 않는 우위를 피하지도 않는다. 그들은 아주 고통스럽게 어떤 우위가 효과적인지 미리 알지 못한다는 사실을 경험으로 배웠다. 그리고 결과를 예상하려고 애쓰는 걸 멈췄다. 그들은 모든 우위를 취하면 투자의 표본 크기가 커지게 되니, 어떤 우위를 이용하건 카지노에서처럼 자신에게 유리한 결과가 나올 기회가 풍부해진다는 걸 알아냈다.

반면에 성공하지 못하는 투자자는 왜 시장 분석에 집착할까? 그들은 분석이 줄 것 같은 '확실한 느낌'을 갈구한다. 인정하는 사람은 거의 없지만 보통의 투자자들은 자신이 투자를 할 때마다 늘 옳기를 바란다. 그들은 확실함이 존재하지 않는 장소에서 확실함을 만들기 위해서 필사적으로 노력한다. 하지만 아이러니하게도, 그가 확실함이 존재하지 않는다는 사실을 완전히 받아들인다면 그는 자신이 갈망하는 확실함을 창조할 것이다. 그는 확실함이 부재한다는 걸 절대적으로 확신하게 될 것이다.

각각의 우위가 가진 불확실성과 매 순간의 특별함을 완전히 받아들인다면 투자로 인해 받는 좌절감은 사라질 것이다. 그리고 잠재력이 꾸준히 발휘되지 못하게 방해하고 자신감을 무너뜨릴 모든 전형적인 투자 실수를 더 이상 쉽게 저지르지 않게 될 것이다. 예를 들어 많은 투자자들이 가장 흔하게 저지르는 실수 중 하나는 투자 시작 전에 위험을 정의해놓지 않는 것이다. 그러면 부적절한 시각에서 투자를 시작하게 된다. 그렇다면 왜 일반적인 투자자들은 그걸 결정해놓지 않는 걸까?

바로 불필요하다고 믿기 때문이다. 그가 '그럴 필요가 없다'라고 믿는다는 얘기는 오로지 앞으로 일어날 일이 무엇인지 안다(고 믿는다)는 뜻과 같다. 앞으로 무슨 일이 일어날지 안다고 믿는 이유는 자신이 옳다는 확신을 가져야 투자를 시작할 수 있기 때문이다. 투자에서 승리할 거라고 확신하는 상태에선 더 이상 위험을 정의할 필요가 없어진다(그가 옳다면 위험이 존재하지 않기 때문이다).

이렇게 일반적인 투자자들은 투자 전에 자신이 옳다는 확신을 갖는 연습을 한다. 그 반대의 경우, 즉 자신이 틀렸다는 걸 쉽게 받아들일 수 없기 때문이다. 우리의 생각은 연상 작용을 한다는 걸 명심하라. 결과적으로 어떤 특정 거래를 잘못하게 되면 그 즉시 과거에 겪었던 모든 '틀렸던 경험'들이 연상될 가능성이 크다. 오랫동안 누적

되어온 고통들을 쉽게 연상시킬 수 있다는 뜻이다. 대부분의 사람들이 자신이 틀렸다는 데 상당히 많은 거부감을 갖는다는 점에서 모든 투자는 사실상 생과 사의 문제만큼 중요한 의미를 지닌다고도 볼 수 있다.

만약 이와 달리 일반 투자자가 섣불리 위험을 정의한다면 그는 자신이 가진 확신을 부정하는 증거를 '일부러' 수집해놓았을 가능성이 크다. 그렇게 되면 그는 투자가 성공할 거라는 확신을 갖기 위해 거쳐왔던 의사결정 과정을 뒤집을 것이다. 상충되는 정보에 노출되면 그는 투자의 성공 가능성에 대해 어느 정도 의심을 품게 된다. 그리고 그런 의심이 계속되면 투자에 참여할 가능성이 매우 낮다. 그런데 이때, 만일 투자를 했더라면 크게 성공했으리라는 점이 결과로 드러나면 그는 극도의 좌절감을 맛보게 된다. 기회를 포착했으나 의심 때문에 그 기회를 살리지 못했을 때보다 더 가슴 쓰린 일은 없다. 일반 투자자들이 이러한 심리적인 딜레마에서 벗어날 수 있는 유일한 길은 애초에 위험을 무시하고, 자신의 투자가, 즉 자신의 결정이 옳다는 확신을 지키는 것뿐이다.

지금까지 한 말들이 익숙하게 들리는가? 그렇다면 이 점을 생각해보기를 바란다. '내가 옳다'는 확신을 가졌을 때 당신은 자신에게 다음과 같은 말을 하는 것이나 마찬가지다.

"나는 시장에 누가 참여하고 있으며 시장에 누가 들어오려고 하는지 알고 있다. 나는 그들이 높거나 낮다고 믿는 가격을 알고 있다. 더불어 나는 각 개인이 그러한 믿음(믿음의 명확함 내지는 내적 갈등의 정도)에 따라서 행동할 능력이 얼마나 되는지 알고 있으며, 이러한 지식을 바탕으로 나는 그들 각자가 취하는 행동이 지금부터 1초, 1분, 1시간, 1일, 혹은 1주일 뒤에 집단적인 형태의 가격 변화에 어떻게 영향을 줄지를 판단할 수 있다."

이러한 관점에서 보면 당신이 옳다는 확신을 자신에게 심어주는 과정이 정말 이상하다고 느껴지지 않는가?

확률적 사고 방법을 배운 투자자는 이런 딜레마에 빠지지 않는다. 위험을 사전에 정의해놓아도 방금 말한 투자자들과 똑같은 문제를 겪지 않는다. 그들은 옳거나 그른 시각에서 투자하지 않기 때문이다. 그들은 투자가 어떤 개별 투자의 옳고 그름과는 아무런 관련이 없다는 걸 이미 배웠다. 따라서 일반적인 투자자들과 똑같은 방식으로 위험을 인식하지 않는다.

최고의 투자자들(확률적으로 생각하는 사람들) 역시 일반 투자자들만큼 틀린다는 데 대해 많은 부정적인 에너지를 갖고 있을 것이다. 그러나 그들이 투자를 '확률 게임'이라고 합리적으로 정의하는 한, 어떤 특정 투자 결과에 대한 그들의 감정적 반응은 앞면이 나올 거라고 예상하면서 동전을 던졌는데 뒷면이 나오는 걸 보고 느끼는 감정과 같을 것이다. 다시 말해 잘못된 베팅이지만 과거에 틀렸던 기억을 전부 소환하면서 고통을 느끼지 않는다는 얘기다. 동전의 나올 면을 잘못 예측했다고 해서 자신의 오래전 과오를 떠올리며 고통스러워할 사람은 없을 테니까 말이다.

대부분의 사람들은 동전 던지기가 무작위적 결과로 나온다는 걸 알고 있다. 결과가 무작위적이라고 믿는다면 자연스럽게 무작위적인 결과를 예측하게 된다. 여기서 '무작위'란 적어도 어느 정도 불확실성을 내포한다. 우리가 무작위적 결과를 믿는다면 이는 결과가 어떻게 나올지 모른다는 걸 암묵적으로 받아들인다는 뜻이다. 어떤 사건에 대해서 그것의 결과가 어떻게 나올지 모른다는 사실을 미리 받아들인다면, 그러한 태도는 우리의 기대를 중립적이고 개방적으로 유지하는 효과를 낸다.

이제 우리는 일반적인 투자자들을 괴롭히는 핵심 원인에 접근하고 있는 중이다. 시장 행동에 대한 중립적이고 개방적이지 않으며 경직된 기대는 비현실적이면 동시에 피해를 줄 가능성이 있다. 나는 이러한 '비현실적인 기대'를 '시장의 관점에서 일어날 수 있는 많은 확률을 받아들이지 못하는 기대'라고 정의한다. 시장에서 일어나는 일이 매 순간 특별하고 어떤 일이든 일어날 수 있다면, 이러한 특성들을 반영하지 않는 어떤 기대도 비현실적이라고 할 수 있다.

## 시장에 대한 어떤 기대도 하지 마라

비현실적인 기대는 정보 인식 방법에 영향을 줌으로써 우리에게 피해를 준다. 기대한다는 말은 미래의 어떤 순간이 어떤 모양일지, 어떤 소리일지, 어떤 맛이나 냄새나 느낌일지를 머릿속으로 그려본다는 뜻이다. 기대는 우리가 '아는 것'으로부터 생겨난다. 즉, 우리는 모르거나 지각하지 못하는 걸 기대할 수는 없다. 다시 말해 우리 개개인이 가진 진실에 대한 각기 다른 '버전'이 곧 우리의 믿음이다. 어떤 일이 일어나리라 기대할 때 우리는 진실이라고 믿는 것을 미래에 투사한다. 지금으로부터 1분, 1시간, 1일, 1주, 혹은 1개월 뒤의 외부 환경이 우리가 머릿속에서 그려왔던 것처럼 되기를 기대하고 있는 중이다.

우리는 미래에 투사하는 것에 대해서 신중해야 한다. 미실현 기대보다 더 많은 불행과 감정적인 비참함을 초래하는 건 없기 때문이다. 정확히 기대했던 대로 되면 기분이 어떨까? 분명 아주 잘 됐다는 느낌(행복감, 즐거움, 만족감과 같은 아주 큰 여유와 안정감)을 받게 될 것이다. 반대로 기대했던 대로 되지 않으면 기분이 어떨까? 보통의 인간이라면 누구나 어느 정도의 분노, 분개, 좌절, 실망, 후회, 불만족, 혹은 배신감을 맛보게 된다(물론 우리가 예상했던 것보다 훨씬 더 좋은 일이 생겨서 정말 크게 놀라지 않는다면).

바로 여기서 문제가 생긴다. 기대는 아는 것으로부터 생기기 때문에 뭔가를 알고 있다고 판단하거나 믿을 때 우리는 자연스럽게 그 결정이나 믿음이 옳기를 기대한다. 이때 우리는 더 이상 중립적이거나 개방적인 마음 상태를 유지하지 못한다. 시장이 당신이 기대한 대로 움직여줄 때 아주 기분이 좋고, 반대로 그렇게 움직여주지 않을 때 끔찍한 기분이 든다면 그건 중립적이거나 개방적인 생각을 하는 게 아니다. 반대로 기대 뒤에 놓인 믿음의 힘은 시장이 주는 정보를 당신이 옳다는 점을 확인시키는 방향으로 인식하게 할 것이다(당연히 좋은 감정을 느끼고 싶으므로). 또 우리 모두에게 있는 고통 회피 메커니즘은 기대와 다른 정보를 차단하는 역할(나쁜 감정을 느끼지 못하도록 막아주는 역할)을 해줄 것이다.

앞에서도 지적했듯이 우리의 마음은 신체적·감정적인 고통을 가능한 피하도록 만들어져 있다. 이러한 고통 회피 메커니즘은 의식적·무의식적 차원에서 모두 존재한다. 예를 들어 어떤 물체가 머리를 향해서 날아오면 당신은 본능적으로 그것을 피한다. 이때 피하는 행동에 의식적인 의사결정 과정은 개입되지 않는다. 이와 달리 물체를 확인한 후 그것을 피하는 방법을 생각할 시간이 있다면 당신은 그 물체를 잡거나, 손으로 쳐내거나, 몸을 피하는 것 중에서 어떻게 할지 결정을 내릴 수도 있다.

감정적 내지 징신적 고통으로부터 우리를 보호하는 방법도 이와 같다. 우리가 정보로부터 스스로를 보호한다는 사실만 다를 뿐이다. 예를 들어 시장은 특정 방향으로 움직일 가능성에 대한 정보를 드러낸다. 이때 우리가 원하거나 기대하는 것과 시장이 제공하는 정보가 서로 다르다면 고통 회피 메커니즘이 그러한 차이를 상쇄하기 위해서 개입한다. 이러한 메커니즘은 신체적인 고통과 마찬가지로 의식적·무의식적 차원에서 모두 작용한다.

우리는 의식적 차원에서 고통스러운 정보로부터 자신을 지키기 위해 합리화하거나 정당화하거나 변명하거나 정보의 가치를 무효화시키는 정보를 일부러 수집하거나 화를 내거나(상충된 정보를 차단하기 위해서) 그것도 아니면 자신에게 거짓말을 한다.

무의식적인 차원에서의 고통 회피 과정은 이보다 훨씬 더 미묘하고 불가사의하다. 무의식적 차원에서는 아예 다른 대안들을 보지 못하게 막는다. 다른 상황에서라면 분명 그런 대안들을 볼 수 있을 테지만 이제 그 대안들이 우리의 기대와 상충되기 때문에 고통 회피 메커니즘은 그들을 사라지게(즉, 존재하지 않듯이) 만들 수 있다. 바로 이러한 이유로 앞서 설명했던 것처럼 시장이 우리에게 불리하게 움직이고 있는 상황에서 잘못된 투자를 하게 되는 것이다. 시장이 우리 포지션대로 움직이는 경우라면 그러한 패턴을 찾아내거나 인식하는 데 아무 문제가 없었을 것이다. 그러나 반대의 상황에서는 자신의 실수나 손해를 인정하는 게 너무 고통스럽기 때문에 그러한 패턴은 의미를 상실한다(즉, 보이지 않게 된다).

우리는 고통을 피하려고 관심 범위를 좁히고, 고통이란 고통은 무조건 피하거나 상쇄시키는 정보들에만 집중한다. 그러는 동안 어떤 추세와 기회를 명확하게 알려주는 정보들은 눈에 보이지 않게 된다. 추세가 '물리적 현실' 속에서 사라지는 게 아니라 우리의 '인식' 속에서 사라지는 것이다. 고통 회피 메커니즘은 시장의 추세적 움직임을 정의하고 해석할 수 있는 우리의 능력이 발휘되지 못하게 막는다. 시장이 우리 쪽에 유리하게 바뀌거나 지나치게 많은 돈을 잃는 걸 도저히 참지 못해 어쩔 수 없이 손절하기 전까지 그 추세는 계속해서 우리 눈에 보이지 않게 될 것이다. 우리가 투자에서 손을 떼거나 위험에서 벗어난 후에야 비로소 추세와 돈을 벌 수 있는 모든 기회가 명확해진다. 이처럼 처음에는 몰랐다가 나중에서야 상황을 완벽하게 이해할 수 있게 되는 경우가 많다.

이렇게 우리 모두는 자기 보호적 고통 회피 메커니즘에 빠질 가능성을 갖고 있다. 그것이 인간의 자연스러운 사고방식이기 때문이다. 그리고 이런 메커니즘은 우리의 기대가 틀렸음을 알려주는 정보로부터 우리를 차단시킨다. 결과적으로 우리를 보호하려는 메커니즘이 투자자인 우리에게 위해를 가하게 되는 것이다.

이 개념을 이해하려면 시장 정보 중에서 정확히 어떤 것이 위협적인지를 자문해보기 바란다. 가장 기본적인 차원에서 봤을 때 시장이 주는 정보는 가격의 등락을 알려주는 막대기나 눈금에 불과하다. 이러한 눈금의 등락은 패턴을 형성한다. 그렇다면 시장이 만드는 이러한 눈금이나 패턴들을 부정적인 정보라고 할 수 있을까? 시장의 시각에서 봤을 때 그런 정보는 중립적이다. 눈금의 등락이나 움직임 패턴은 단지 시장 포지션을 말해주는 정보일 뿐이다. 만약 어떤 정보가 그 자체로 부정적인 성격을 띤다면 그러한 정보에 노출되는 사람들은 모두가 감정적인 고통을 겪지 않겠는가?

예를 들어 당신과 내가 딱딱한 물체로 머리를 맞는다면 우리가 느끼는 감정에는 큰 차이가 없을 것이다. 우리 둘 다 고통을 느낄 것이기 때문이다. 이 고통은 유형의 물체가 주는 충격에 대한 자동적인 심리 반응이다. 시장이 표현하는 등락 형태의 정보 역시 딱딱한 물체에 맞았을 때만큼 우리에게 고통을 느끼게 해줄 수 있다. 그러나 '정보'와 '물체' 사이에는 엄연한 차이가 존재한다. 정보는 유형적이지 않기 때문이다. 정보는 원자나 분자로 구성되어 있지 않다. 부정적이건 긍정적이건 정보가 주는 잠재적인 효과를 경험하기 위해서는 정보에 대한 '해석'이 필요하다.

정보에 대한 해석은 인간의 독특한 정신적 틀이 어떻게 기능하느냐와 관련된다. 인간의 정신적 틀은 다음 두 가지 근본적인 이유로 특별하다. 첫째, 우리 모두는 서로 유전적으로 다르게 코드화된 행동과 개성이라는 특성을 갖고 태어났다. 이 특성은 우리가 다른 사람들과 다른 욕구를 느끼게 해준다. 이러한 욕구에 환경이 얼마나 긍정적 혹은 부정적으로, 그리고 어느 정도 수준으로 반응하느냐를 통해 개개인의 특별한 경험이 만들어진다. 둘째, 누구나 다양한 환경적 힘에 노출된다. 이러한 힘 중 어떤 것은 사람마다 서로 비슷하긴 하지만 그 어떤 힘도 정확하게 똑같지는 않다.

이러한 유전적·환경적 이유들로 인간에게는 공통적이면서 보편적인 정신적 틀이 존재하지 않는다. 똑같은 신체적 고통을 느끼도록 만든 '공통된 분자 구조'를 가진 몸과 달리, 정보의 긍정적 혹은 부정적인 영향을 똑같은 방식으로 공유하게 해주는 '보편적인 사고방식' 같은 건 존재하지 않는 것이다. 예를 들어 누군가가 감정적인 고통을 가하려고 당신을 모욕할 수 있다. 환경적인 시각에서 봤을 때 이것은 부정적 정보다. 당신은 그 사람이 의도한 부정적인 충격을 경험하게 될까? 반드시 그렇지는 않다! 그 정보를 부정적으로 받아들이기 위해서는 그것을 부정적으로 '해석'할 수 있어야 한다. 그 사람이 당신은 이해할 수 없는 언어로 모욕하고 있거나 당신이 전혀 모르는 뜻의 단어를 사용하고 있다면 어떨까? 당신은 상대가 의도한 대로 고통을 느낄까? 상대의 말에 비하의 뜻이 담겼다고 이해할 수 있는 정신적 틀을 갖기 전까지는 아니다. 설령 당신이 부정적인 의도를 인식할 정신적 틀을 가졌더라도 고통을 느끼기보다는 삐딱한 유형의 즐거움을 느끼는 특이한 유형의 사람일지도 모를 일이다. 그런 경우라면 당신은 모욕을 당하는 것에 개의치 않으며 오히려 상대에게서 그런 반응을 이끌어냈다는 데 기쁨을 느낄 수도 있다.

진정한 사랑을 표현하는 사람은 긍정적 정보를 외부의 타인에게로 투사한다. 이러한 긍정적인 감정 표현의 의도가 애정과 사랑과 우정을 전달하는 것이라고 가정하자. 긍정적 정보의 투사 대상인 상대방이 과연 그 정보를 긍정적으로 해석하고 받아들일까? 아니다. 반드시 그렇지는 않다. 자존심이 아주 낮거나 대인관계에서 상당한 고통을 겪은 사람은 진정한 사랑의 표현을 뭔가 다른 식으로 곡해해서 해석하기도 한다. 자존감이 낮아 자신이 그런 사랑을 받을 자격이 없다고 믿는 사람도 있다. 후자의 사람은 누군가가 자신을 어떤 식으로건 이용해보려고 수작을 부리고 있다고 생각할지 모른다.

우리의 의도가 잘못 전달되거나 혹은 상대방이 잘못 해석하는 모든 사례를 여기서 일일이 열거할 필요는 없을 것이다. 내가 말하고자하는 핵심은 개인마다 노출된 정보를 자기 방식대로 정의하고 해석하고 경험할 것이라는 사실이다. 정보가 긍정적이건, 중립적이건, 부정적인 건 상관없이 환경이 제공하는 정보를 경험하는 데는 표준화된 방법이 존재하지 않는다. 정보를 인지하는 '표준화된 정신적 틀'

같은 것이 존재하지 않기 때문이다.

시장은 투자자인 우리에게 매 순간 인지할 수 있는 무언가를 제공한다. 어떤 의미에서 시장이 우리와 커뮤니케이션한다고 말할 수 있겠다. 시장이 본래 특성상 부정적인 정보를 만들지 않는다는 전제에서 출발한다면 "정보가 부정적인 성격을 띠게 되는 요인은 무엇인가?"라는 질문을 할 수 있고(고통의 정확한 출처와 관련된 질문), 그에 대한 답 또한 찾을 수 있다.

위협의 출처가 시장이 아니라면 어디일까? 바로 이용 가능한 정보를 정의하고 해석하는 우리 자신에게 있다. 그리고 정보의 정의와 해석은 우리가 진실로 안다고 생각하거나 진실로 믿는 것과 관련이 있다. 우리가 미래의 어떤 순간에 대한 믿음을 기대로서 투사할 때 자연스럽게 우리의 기대가 옳다고 여기게 된다.

이렇게 옳다고 기대할 때, 그 믿음을 확인해주지 않는 정보는 그게 어떤 것이든 위협적으로 느끼게 된다. 그리고 고통 회피 메커니즘에 의해서 차단 내지는 왜곡되거나 그 의미를 폄하하기도 한다. 이것이 궁극적으로 우리에게 피해를 줄 수 있는 사고의 특별한 작동 방식이다. 그러나 시장은 우리에게 포지션을 취하거나 정리할지에 대한 필요한 정보를 제공할 뿐이다. 시장이 우리가 기대하지 않는 방향으로 움직인다는 이유로, 그리고 고통 회피 메커니즘 때문에 그러한 정보로부터 단절되는 걸 그대로 두어서는 안 된다.

예를 들어 당신이 아무것도 하지 않기로 작심하고 그냥 시장을 관망하기로 했다고 치자(투자할 때 이런 일이 일어날 가능성은 희박하다).

시장이 등락했을 때 분노나 좌절감이나 환멸이나 배신감을 느끼는가? 절대 그럴 리가 없다! 시장에 걸린 게 아무것도 없기 때문이다. 당신은 단순히 지금 그 순간 시장의 움직임에 대한 정보를 관찰하고 있을 뿐이다. 지금 보고 있는 시장의 움직임이 당신이 공부했던 어떤 패턴 양식을 띤다면 그 패턴을 쉽게 알아차리고 인정할 수 있지 않을까? 그럴 수 있는 이유도 마찬가지다. 걸려 있는 게 아무것도 없기 때문이다.

기대가 없으므로 걸려 있는 것도 없다. 당신은 시장에 대해서 믿거나 가정하거나 생각하고 있는 것을 미래의 어떤 순간에 투사한 적이 없었다. 결과적으로 아무것도 옳거나 그른 게 없기에 정보가 위협적이거나 부정적 성격을 띨 가능성 또한 전혀 없다. 당신은 특별한 기대를 하지 않은 상태에서 시장이 어떤 모습을 드러낼지에 대해서 아무런 한계도 설정한 적이 없다. 머릿속으로 이처럼 아무런 한계도 설정하지 않았다면 시장의 움직임에 대해서 공부했던 모든 걸 지각할 수 있는 준비가 다 끝난 셈이다. 이제 고통 회피 메커니즘이 당신을 보호하기 위해서 정보를 제외하거나 왜곡하지 않게 된다.

나는 항상 워크숍 참가자들에게 "투자자는 어떻게 엄격하면서도 동시에 유연하게 행동하는 방법을 배울 수 있을까요?"라는 투자의 역설에 관한 어려운 질문을 던지곤 한다. 이 질문에 대한 대답은 이것이다.

"우리는 '규칙'에는 엄격하되 '기대'에는 유연해야 한다."

우리는 경계가 있는 환경으로부터 현재와 미래에 항상 우리를 보호해줄 자신감을 얻기 위해서 정해놓은 규칙을 엄격히 지켜야 한다. 반면 시장이 전달하는 정보를 명료함과 객관성을 갖고 인식하기 위해선 우리의 기대를 유연하게 바꿀 수 있어야 한다.

그러나 이 문제와 관련해서 일반적인 투자자들은 정반대로 행동한다. 한마디로 규칙에는 유연하고 기대에는 엄격하다. 흥미롭게도, 기대가 엄격해질수록 시장이 제공하는 것을 얻기 위해 규칙을 더 많이 바꾸거나 어기거나 깨버린다.

## 감정적 위험을 제거하기

투자 시 발생하는 감정적 위험을 제거하기 위해서는 어떤 특정한 순간이나 상황에서 시장이 어떻게 행동할지 혹은 하지 않을지에 대한 기대를 하지 말아야 한다. 이는 '시장의 시각'에서 사고하려고 했을 때에만 가능한 일이다. 이때 시장은 항상 '확률적 정보'만을 알려준다는 점을 명심해야 한다. 집단적인 수준에서는 당신이 가진 우위가 모든 면에서 완벽해 보일 수 있다. 하지만 개별적인 수준에서 보면 가격을 움직이는 힘 역할을 하는 잠재력을 가진 모든 투자자들은 그러한 우위가 가져다줄 긍정적인 결과를 무효화시킬 수 있다.

진정한 확률적 사고를 하기 위해서는 확률적 환경의 기본 원칙에 부합하는 정신적 틀이나 사고방식을 만들어야 한다. 투자와 관련된 확률적 사고방식은 다음과 같은 다섯 가지 기본적인 진리로 이루어져 있다.

1. 시장에서는 어떤 일이든 일어날 수 있다.
2. 수익을 내기 위해서 다음에 무슨 일이 일어날지 꼭 알아야 할 필요는 없다.
3. 우위를 규정하는 일련의 변수들로 인한 승리와 패배는 무작위로 나타난다.
4. 우위란 어떤 일이 다른 일에 비해서 일어날 확률이 높다는 것을 알려주는 지표에 불과하다.
5. 시장에서 모든 순간은 특별하며 독립적이다.

노출된 정보를 '정의'하고 '해석'하는 방식에 따라 감정적 고통을 경험할 가능성이 생긴다는 점을 명심하라. 위 다섯 가지 진리를 기꺼이 받아들인다면 당신의 기대는 항상 시장 환경의 심리적 현실과 조화를 이룰 것이다. 적절한 기대를 하고 있다면 시장 정보를 고통스럽거나 위협적으로 판단하고 해석할 위험에서 벗어남으로써 투자의 감정적 위험을 효과적으로 없앨 수 있다.

무엇보다 시장에는 항상 미지의 힘이 존재한다는 사실을 100퍼센트 수용해야 한다. 즉, 두려움 없는 마음 상태를 가져야 한다. 그래야 '다음번에 일어날 일을 확실히 알 수 있다'는 생각으로부터 당신을 보호할 수 있다. 각각의 거래 결과는 언제나 불확실하며 과거에 이루어진 그 어떤 거래와도 무관한 '지금 이 순간의 유일한 사건'이라고 믿게 될 것이다.

진정 불확실한 결과를 믿는다면 사실상 어떤 일이든 일어날 수 있다고 기대할 수 있어야 한다. 그렇지 않으면 당신의 마음이 '안다'고 생각하면서 모든 미지의 변수를 고려하기를 멈춰버린다. 뭔가를 알고 있다고 믿는다면, 그 순간은 더 이상 특별하지 않게 되고 그렇게 알 수 없다는 것을 받아들이지 않는 순간, 투자에서 발생하는 전형적인 온갖 유형의 오류에 빠지게 된다.

예를 들어 진심으로 불확실한 결과를 믿는다면 사전에 손실도 정해놓지 않고 투자를 하겠는가? 그렇지 않다. 진정 결과를 모른다고 믿는다면 손절매를 주저하겠는가? 그렇지 않다. 막무가내식 투자 같은 문제는 어떠한가? 시장이 무한정 당신에게 유리한 방향으로 움직이리라 확신하지 않으면 차익을 실현할 수 있는 체계적인 방법을 마련해두는 게 당연하다. 또 감당할 수 없을 만큼 지나치게 많은 금액을 쏟아부어 자금 운용 원칙을 깨려고 하지도 않을 것이다.

끝으로 진심으로 승패의 무작위적 분포를 믿는다면 시장으로부터 배신감을 느끼게 될까? 우리는 동전 던지기나 홀짝 맞추기를 할 때 직전에 결과를 맞췄다고 해도 반드시 다음 번에도 맞추리라고 확신하지 않는다. 물론 직전에 틀렸다고 해서 이번에도 반드시 틀릴 거라고 기대하지도 않는다. 동전 던지기 결과가 확률적으로 무작위라는 점을 믿는 이상, 결과에 대한 당신의 기대는 상황이 처한 현실과 완벽하게 일치하기 때문이다. 당신은 결과를 맞추면 좋겠고, 실제로 그랬다면 대단하겠지만 예상이 틀렸다고 해도 동전 던지기에 '배신감'을 느끼지는 않을 것이다. 동전 던지기에서는 결과에 영향을 주는 미지의 변수가 존재하다는 사실을 이미 알고 있으며 그 사실을 온전히 받아들였기 때문이다. 여기에서 '미지'라는 말은 '논리적 사고 과정을 통해서 고려할 수 없는 것'이라는 의미다. 동전 던지기에서는 배신감을 느꼈을 때 솟아 나오는 감정적 고통과 유사한 경험을 하게 될 가능성이 거의 없으며, 설령 있다고 해도 극히 미미한 수준에 불과하다.

그러나 무작위적 결과를 예상한다고 해서 충분한 논리와 분석 능력을 동원해서 결과를 예측할 수 없다는 뜻은 아니다. 또한 다음에 일어날 일을 전혀 맞출 수 없다거나 그 일에 대한 직감이나 느낌을 받을 수 없다는 뜻도 아니다. 실제로는 그럴 수 있기 때문이다. 게다가 매번 예측이 옳을 수도 있다. 단지 옳을 거라고 기대할 수만 없을 뿐이다. 그리고 지금 상황이 과거의 상황과 똑같아 보이거나 그렇게 느껴지더라도 과거에 효과를 봤던 것과 완전히 똑같은 효과를 기대할 수도 없다.

시장에서 '지금' 무엇을 인식하든 결코 당신 안에 자리 잡고 있는 이전 경험과 정확히 일치하진 않을 것이다. 그러나 마음속에서는 그 두 가지 경험을 (마음의 자연스러운 기능적 특성에 따라서) 똑같다고 간주할 수도 있다. 그러나 과거에 알았던 것과 '지금 이 순간' 아는 것 사이에는 유사점이 있을 뿐이며 이러한 유사점은 성공 확률을 조금 더 높여줄 뿐이다. 다음에 어떤 일이 벌어질지 모른다는 시각에서 투자에 접근한다면 자연스럽게 '지금 이 순간'을 앞서 했던 어떤 경험과 동일시하려는 심리적 경향에서 벗어날 수 있다. 그것이 부자연스럽게 느껴질지라도 부정적이든 극도로 긍정적이든 이전에 겪은 몇 가지 경험이 마음 상태를 지배하도록 놔둬서는 안 된다. 그렇게 되면 시장의 시각에서 시장과 의사소통하기가 매우 어려워질 것이다.

내가 투자 시 하는 유일한 기대는 '어떤 일이든 일어날 수 있다'는 것뿐이다. 내가 가진 우위가 얼마나 좋든 상관없이 시장이 어떤 식으로건 자신을 표현하며 움직이리라는 점만을 기대한다.

하지만 내가 확실히 아는 것도 존재한다. 과거 시장의 행동을 토대로 봤을 때 내게 유리한 방향으로 시장이 움직일 확률이 높거나 받아들일 만한 수준인지는 알 수 있다. 다만 정말로 시장이 그렇게 움직일지 알아보기 위해서 기꺼이 얼마의 돈을 투자할 것이냐가 관건이 될 것이다.

또 투자를 시작하기 전에 시장이 내가 취한 포지션과 반대로 움직이는 것을 어느 정도 선까지 용인해야 할지도 알고 있다. 투자를 하다 보면 기대 수익 달성이 불가능하다고 여겨지는 지점이 항상 존재한다. 이 지점에 이르면 수익을 내려고 돈을 더 투자해본들 아무 소용이 없다. 시장이 이 지점에 도달하면 나는 아무런 주저함이나 내적 갈등이 없이 투자에서 손을 떼리라는 점을 잘 알고 있다. 이때 손실을 봤다고 해서 감정적 아픔을 느끼지는 않는다. 내가 겪은 경험을 부정적으로 해석하지 않아서다. 내게 손실이란 단지 필요한 사업 자금이나 혹은 다음에 이기는 투자를 하기 위해 지불해야 할 돈에 불과하다. 또한 반대의 경우, 그러니까 투자를 통해서 수익이 발생한다면 나는 어느 지점에서 차익을 실현해야 할지도 확실히 알고 있다.

최고의 투자자는 '지금 이 순간'을 중시한다. 이때는 스트레스를 느끼지 않기 때문이다. 스트레스를 느끼지 않는 이유는 투자금 외에는 다른 위험이 없어서다. 그들은 결코 틀리지 않으려고 애쓰지 않을 뿐 아니라 어떤 것도 증명하려고 하지 않는다. 시장이 그들이 가진 우위가 효과가 없다거나 이제 차익을 실현할 때가 됐다고 알려주면 그들은 그걸 그대로 받아들인다. 그들은 시장이 주는 정보를 100퍼센트 받아들이면서 다음 번 우위가 나타나기만을 기다린다.

# 믿음을 갖고
# 투자하라

이제 앞 장에서 나왔던 다섯 가지 근본적인 진리를 당신의 심리 체계 안으로 들여와 적절히 통합하는 작업을 해야 한다. 이 일을 할 수 있도록 돕기 위해 이 장에서는 믿음의 본질과 특성 등 믿음에 대해 자세히 살펴보기로 하겠다. 그러려면 지금까지 제기됐던 주요 개념들을 검토하면서 훨씬 더 명확하고 체계적으로 이를 정리해볼 필요가 있다. 이번 장과 제9~10장을 통해서 배우게 될 내용들은 투자자로서 목표를 성취하는 데 필요한 모든 것을 이해하는 기초 역할을 해줄 것이다.

## 시장의 방향을 예측한다는 착각

가장 기본적인 차원에서 시장에서는 패턴을 형성하는 일련의 등락이 펼쳐진다. 기술적 분석에서는 이러한 패턴을 '우위'라고 부른다.

우위로 정의된 특정한 패턴은 모두 시장이 어떤 한 방향으로 움직일 확률이 높다는 걸 알려줄 뿐이다. 그러나 우리는 패턴을 일관성 내지는 꾸준한 결과와 동일시하고, 이때 아주 중요한 정신적인 역설이 생긴다. 실제로 패턴은 저마다 양상이 다르다. 처음에 일어났던 패턴이 다음에 일어난 패턴과 똑같아 보일지(혹은 그렇게 평가될지) 모르지만, 겉보기에만 그런 것이다. 각 패턴을 만드는 기본적인 힘은 개인들로 구성된 투자자들이다. 그리고 한 가지 패턴 형성에 기여하는 투자자는 항상 다음 패턴 형성에 기여하는 투자자와 다르다. 따라서 패턴별 결과는 다른 패턴들이 내는 결과와 관련이 없는 무작위다. 그러나 우리의 머릿속에는 이러한 역설을 다루기 어렵게 만드는 고유한 특성(연상 메커니즘)이 존재한다.

이제 이러한 우위들이나 그들이 상징하는 패턴들은 모든 시간대에 등장하면서 시장을 들어가거나, 나오거나(투자를 중단하고), 차익을 실현하거나, 손절매하거나, 포지션을 더하거나 뺄 수 없는 기회들이 무한정 쏟아져 나오는 장소로 만든다. 다시 말해 시장의 관점에서 바라봤을 때 매 순간은 각각의 투자자에게 다양한 기회를 제공해준다.

우리가 '지금 이 순간'을 우리에게 유리한 기회로 활용하지 못하게 가로막는 것은 무엇일까? 바로 두려움이다! 그렇다면 두려움은 어디서 생기는 것일까? 우리는 시장이 아니라는 걸 이미 알고 있다. 시장의 관점에서 봤을 때 시장의 등락과 패턴은 긍정적이거나 부정적이지 않기 때문이다. 결과적으로, 시장의 등락 자체가 우리에게 어떤 특별한 마음 상태(부정적이건 긍정적이건 상관없이)를 갖거나, 객관성을 상실하거나, 실수를 저지르거나, 기회의 흐름에서 벗어나게 만들어줄 수 있는 능력은 없다.

　우리가 부정적인 마음 상태를 갖게 만드는 원인이 시장이 아니라면 도대체 무엇이 원인인가? 바로 정보를 인식하고 정의하고 해석하는 우리의 방식이다. 그렇다면 인식과 정보를 정의하고 해석하는 방식은 무엇으로 결정되는가? 우리가 진실이라고 믿거나 전제하는 것으로부터 나온다. 연상과 고통 회피 메커니즘과 함께 작동하는 우리의 믿음은 우리의 오감에 영향을 미치면서(즉, 힘으로 작용하면서) 우리가 기대하는 대로 정보를 인식하고, 정의하고, 해석하게 만든다. 우리의 기대는 우리가 진실이라고 믿거나 전제하는 것과 일치한다. 기대는 어떤 미래의 순간에 투사된 믿음이다.

　시장의 시각에서 봤을 때 매 순간은 특별하다. 그러나 시장이 창조하는 정보가 이미 우리의 머릿속에 들어 있는 정보와 유사하다면 이 내부와 외부의 두 정보는 자동적으로 연결된다. 이러한 연결이 이루어지면 외부 정보가 내부 정보와 연결되어 있던 어떤 믿음, 기억과 관련된 신뢰, 도취감, 두려움, 공포, 실망, 후회, 배신감 등의 마음 상태를 초래한다. 그렇게 되면 외부 정보가 내부 정보와도 정확히 일치하는 것처럼 보이게 된다.

　우리가 외부에서 인식하는 시장에 관한 진실을 명백하고 의심할 여지가 없이 보이게 만드는 건 바로 우리의 마음 상태다. 우리의 마음 상태는 항상 절대 진리다. 내가 자신감을 느낀다면 나는 자신감이 있는 것이다. 내가 두려움을 느낀다면 나는 두려워하는 것이다. 우리는 어떤 특정 순간 우리의 심신을 관통해 흐르는 에너지의 성격이 무엇인지를 다룰 수가 없다. 다만 문제는 우리의 느낌은 항상 절대 진리지만, 그 마음 상태나 느낌을 유발한 믿음은 어떤 특정 순간 시장에 존재하는 여러 가능성들과 비교해봤을 때 진실일 수도 있고 아닐 수도 있다는 점이다.

앞에 나왔던 소년과 개의 사례를 떠올려보자. 소년은 첫 번째 개와의 접촉 때 겪은 경험 때문에 세상의 모든 개가 위협적이라고 '절대적으로' 확신했다. 그런데 사실 다른 개들이 소년에게 공포를 유발한 건 아니었다. 개에 대한 부정적인 기억이 연상을 일으키고 고통 회피 메커니즘을 작동시키면서 그의 공포를 유발했을 뿐이다. 소년은 자기만의 진실을 경험했지만, 환경적(외부적) 관점에서 그건 진실에 부합하지 않았다. 개라는 동물에 대해 소년이 갖고 있는 믿음은 세상에 존재하는 개들의 다양한 특성과 성격을 반영하지 못했다. 그러나 개를 만날 때마다 겪는 마음 상태 때문에 소년은 자신이 개의 본성을 정확히 '안다'고 믿게 됐다.

이와 똑같은 과정을 거치면서 우리는 시장에서 기대할 수 있는 걸 정확히 '안다'고 느끼게 된다. 실제로는 모든 순간마다 미지의 변수들이 작동하고 있는데도 말이다. 여기서 이어지는 또 다른 문제는, 우리가 시장에서 무엇을 기대할지 '안다'고 생각하는 순간에 모든 미지의 변수들과 그러한 변수들이 초래하는 다양한 가능성을 고려하지 않게 된다는 데 있다. 여기서 말하는 '미지의 변수'란 미래에 대한 믿음에 따라 투자를 하거나 투자를 중단할 기회를 기다리는 다른 투자자들을 뜻한다. 다시 말해 우리는 가격 움직임에 영향을 줄 수 있는 모든 투자자의 생각을 읽을 수 있기 전까지는 시장이 정확히 어디로 움직일지 예측할 수는 없다. 그럴 가능성은 낮다.

투자자로서 우리는 어떤 형태로든 '나는 시장에서 무엇을 기대할 수 있을지 안다'는 식의 착각에 빠져서는 안 된다. 우리는 우위, 즉 패턴이 어떤 모양인지 정확히 '알 수'는 있으며, 그러한 우위가 효과가 있을지 알아보기 위해서 얼마나 많은 위험을 감수해야 하는지도 '알 수' 있다. 투자에 성공했을 때 차익 실현 방법에 대해서도 구체적인 계획을 세워놓고 있다는 걸 '알 수' 있다. 그러나 그게 전부다! 시장이 어디로 움직일지 '알고 있다'고 생각하는 순간 문제가 생긴다. 시장의 등락이나 시장이 주는 정보를 자신에게 이로운 쪽으로만 해석하게 만드는 믿음과 태도는 '나는 시장에서 무엇을 기대할 수 있을지 안다', 즉 '시장이 어디로 움직일지 알고 있다'는 잘못된 생각에 빠지게 만든다.

## 용어에 대한 정확한 정의

### '목표'란 무엇인가?

물론 궁극적으로는 돈을 버는 게 모든 사람의 목표다. 그러나 그저 돈을 벌기 위한 목적으로 투자한다면 이 책을 읽어봤자 소용이 없을 것이다. 한 번 혹은 심지어 연속해서 이기는 투자를 한다 해도 거기에는 절대적인 어떤 특별한 기술이나 분석이 필요치 않다. 반면에 꾸준한 수익을 내고, 번 돈을 유지하기 위해선 기술이 필요하다. 꾸준한 수익 창출은 이 책에서 이야기하고 있는 '정신적 기술'을 획득하고 섭렵함으로써 얻게 되는 부산물이다. 돈에 대해서만 집중하는 것을 멈춰라. 대신 투자 행위를 이러한 정신적 기술을 획득하는 수단으로 삼는 데 집중하라. 후자에 얼마나 집중할 수 있느냐가 당신의 투자 성공(꾸준한 수익을 얻는 것)을 좌우할 것이다.

### '기술'이란 무엇인가?

꾸준한 수익은 걱정이 없고 객관적인 마음 상태로 빚어진 결과다. 이런 마음 상태에 이르렀을 때만이 시장이 어떤 특정한 '지금 이 순간' 우리에게 주는(시장의 시각에서) 모든 것들을 인식하고 그것에 따라서 행동할 준비를 하게 된다.

### '걱정이 없는 마음 상태'란 무엇인가?

걱정이 없다는 건 행복하다기보다는 자신감이 있다는 뜻이다. 걱정이 없는 마음 상태에선 무슨 일을 하더라도 공포나 주저함이나 강박관념을 느끼지 않는다. 시장의 정보를 위협적으로 정의하고 해석할 가능성을 효과적으로 제거해버렸기 때문이다. 시장을 위협이라 생각하지 않으려면 위험을 100퍼센트 수용해야 한다. 위험을 받아들이면 어떤 결과가 나오건 마음의 평화를 느끼게 된다. 어떤 결과를 보고서도 마음의 평화를 느낄 수 있으려면 앞서 설명한 시장에 대한 다섯 가지 진리를 당신의 심리 체계 안에 핵심적인 믿음으로 통합시켜야 한다.

### 객관성이란 무엇인가?

객관성은 시장 움직임에 대해서 공부해왔던 모든 것에 의식적으로 접근하게 되는 마음 상태다. 이때는 공포 회피 메커니즘의 방해를 받지 않는다.

### 준비된 마음을 갖는다는 건 어떤 뜻인가?

준비된 마음을 갖는다는 건 '나는 증명할 게 아무것도 없다'는 시각을 갖고 투자를 한다는 뜻이다. 이때 당신은 수익을 내거나 손실을 보는 걸 피하려고 노력하지 않는다. 잃었던 돈을 되찾거나 시장에 복수하려고도 하지 않는다. 즉, 시장이 원하는 대로 움직이게 그냥 내버려두고, 시장이 주는 기회들을 인식하고 이용할 수 있게 최고의 마음 상태를 갖자는 것 외에는 다른 어떤 생각에도 집착하지 않고 투자하게 된다.

### '지금 이 순간'은 무슨 뜻인가?

'지금 이 순간'에 투자한다는 건 나의 정신 환경 속에 이미 자리를 잡은 과거의 경험을 현재의 투자(즉, 돈을 쏟아붓거나 돈을 빼내거나 포지션을 바꾸는 것)와 연관시킬 가능성이 전혀 없다는 뜻이다.

# 시장에 관한 다섯 가지 근본적 진리

**1. 시장에서는 어떤 일이든 일어날 수 있다.**

왜 그럴까? 모든 순간에, 모든 시장에서 작동하는 미지의 변수가 항상 존재하므로 당신의 우위가 낳을 긍정적인 결과는 지구상에 있는 단 한 명의 투자자만으로도 얼마든지 부정적으로 뒤바뀔 수 있다. 그게 전부다. 단 한 사람만 있으면 된다. 당신이 분석에 얼마나 많은 시간과 노력을 들이고 돈을 투자했든 시장의 시각에서 봤을 때는 예외가 존재하지 않는다. 시장에서는 어떤 일이든 일어날 수 있다는 진리를 인정하지 않는다면 이는 당신의 마음속에 갈등을 조장하며, 시장 정보를 위협적인 것으로 인식하게 만든다.

**2. 수익을 내기 위해서 다음에 무슨 일이 일어날지 꼭 알아야 할 필요는 없다.**

왜 그럴까? 우위를 규정하는 어떤 특정한 변수들로 인한 승리와 패배가 무작위적으로 분포되기 때문이다(3번 참조). 다시 말해 과거 우위가 올린 성과를 토대로 다음 20차례의 투자에서 12번은 돈을 벌고, 8번은 돈을 잃을 것이라 예상할지도 모른다. 그러나 벌어들일 돈의 양이 얼마가 될지는 알지 못한다. 이러한 사실은 투자를 하나의 가능성 내지는 숫자 게임으로 만든다. 투자가 단순히 확률 게임이라는 사실을 진심으로 믿는다면 옳고 그르거나 이기고 진다는 개념들이 더 이상 예전과 똑같은 의미를 주지 못한다. 결과적으로 당신의 기대는 확률과 조화를 이루게 될 것이다.

미실현 기대만큼 감정적인 불안을 유발하는 건 없다. 이 사실을 꼭 명심하길 바란다. 감정적인 고통은 외부 세계가 우리가 진실이라고 기대하거나 믿는 것을 보여주지 않을 때 생기는 보편적인 반응이다. 결과적으로 우리의 기대에 부합하지 않는 시장 정보는 자동적으로 위협적인 것으로 규정되고 해석된다. 이러한 해석에 따라 부정적이고 방어적인 마음 상태에 이르면 우리는 피하려고 애쓰는 바로 그 경험을 하고 만다.

시장 정보는 시장이 당신을 위해서 뭔가를 해줄 거라고 기대하면 할수록 위협적이 된다. 반대로 시장이 수익을 가져다주리라 기대하지 않는다면 틀리는 데 두려움을 느낄 이유가 전혀 없다. 시장이 당신을 승자로 만들어줄 거라고 기대하지 않는다면 패하는 데 두려움을 가질 이유가 없다. 시장이 언제나 당신에게 유리한 방향으로 움직여주리라 기대하지 않는다면 투자를 안 할 이유가 없다. 끝으로, 모든 기회를 자신에게 유리하게 이용할 수 있다고 기대하지 않는다면 기회를 놓치는 데 대해서 두려워할 이유가 전혀 없다.

그렇다면 시장은 어떻게 당신이 잘못되도록 만드는 걸까? 당신 안의 공포 회피 메커니즘이 시장 정보를 배제시키려 한다면 시장은 어떤 정보를 생산할 수 있을까? 내가 대답할 수 있는 건 아무것도 없다. 그렇지만 시장에서는 무슨 일이든 일어날 수 있으며, 수익을 내기 위해서 다음에 무슨 일이 생길지 몰라도 상관없다고만 믿는다면 항상 옳을 것이다. 당신의 기대는 시장의 시각에서 존재하는 조건들과 항상 조화를 이룸으로써 감정적인 고통을 경험할 가능성을 효과적으로 없애줄 것이다.

같은 맥락에서 당신이 진정 투자를 확률이나 숫자 게임이라고 믿는다면 실패한 투자나 일련의 손실은 당신에게 부정적인 충격을 가할 수 없다. 당신이 가진 우위로 이길 확률이 올라간다면 손실을 볼 때마다 이길 확률은 점점 더 올라가게 된다. 진정 이 사실을 믿는다면 손실을 본 투자에 대해서도 더는 부정적이고 감정적인 고통을 느끼지 않을 것이다.


**3. 우위를 규정하는 일련의 변수들로 인한 승리와 패배는 무작위로 나타난다.**

돈을 잃을 때마다 돈을 딸 확률이 올라간다면 조금도 주저함이나 머뭇거림 없이 투자에 뛰어들 준비를 해놓고 기다리면서 다음 번 우위가 나타나길 기대할 것이다. 반면 여전히 투자에서 분석과 예측이 중요하다고 믿는다면 손해를 본 후 다음 번 우위가 출현해도 그것이 과연 이번에는 통할까 의구심을 가지면서 두려움 속에서 그것을 바라볼 것이다. 그러면서 일련의 증거들을 수집하기 시작할 것이다. 기회를 놓치는 데 대한 두려움이 실패에 대한 두려움보다 크면 투자에 우호적인 편향된 증거를 수집할 것이다. 그리고 실패에 대한 두려움이 기회를 놓치는 데 대한 두려움보다 크면 투자에 불리한 정보를 수집할 것이다. 그리고 이 두 경우 모두 꾸준한 결과를 만들어내는 데 가장 적합한 마음의 상태와는 거리가 멀다.

**4. 우위란 어떤 일이 다른 일에 비해서 일어날 확률이 높다는 것을 알려주는 지표에 불과하다.**

꾸준한 수익을 창출하기 위해선 기대하거나, 궁금해하거나, 다음 번 투자 결정이 통할지 알아보기 위해서 이런저런 식으로 증거를 수집하는 게 투자에 어떤 도움도 안 된다는 사실을 철저히 받아들여야 한다.

당신이 수집해야 할 유일한 증거는 우위를 규정하기 위해서 쓰는 변수들이 어떤 특정 순간에 존재하느냐 여부다. 투자 여부를 결정하기 위해서 당신이 가진 우위의 범위 밖에 있는 '다른' 정보들을 사용한다면 그것은 투자 체계에 무작위적인 변수들을 추가하는 게 된다. 이렇게 무작위적인 변수들을 추가하면 어떤 우위가 효과적이고 효과적이지 않은지 판단하기가 극도로 어려워진다. 자신이 가진 우위의 효과를 확신하지 못한다면 그것에 대해서 지나친 자신감을 느끼지 못할 것이다. 자신감이 부족해지면 두려움을 느끼게 된다.

반면에 우위가 단순히 어떤 일보다 다른 일이 일어날 더 높은 확률이며, 우위를 규정하는 특정한 변수들로 인한 승리와 패배가 무작위로 분포한다는 걸 믿는다면 투자에 우호적이거나 불리한 '다른 증거'를 수집할 이유가 없다. 이러한 두 가지 믿음을 갖고 투자하는 투자자에게 '다른 증거'를 수집한다는 건 합리적이지 않을 것이다. 이를 쉽게 다시 설명하면 '다른 증거'를 수집한다는 건, 앞서 동전을 10번

던졌을 때 모두 뒷면이 나왔다고 해서 다음에 동전을 던지면 앞면이 나올 거라고 판단하는 것과 같다. 다음에 동전을 던져서 앞면이 나올 가능성을 뒷받침하는 증거를 얼마나 찾았는지 상관없이 동전을 던 졌을 때 뒷면이 나올 가능성은 여전히 50퍼센트다. 마찬가지로 투자에 긍정적이거나 부정적인 증거를 얼마나 많이 찾았는지 상관없이 당신이 찾아낸 증거를 부정하는 데는 한 명의 투자자만 있어도 충분하다. 결론적으로, 군이 증거를 찾는 수고를 할 필요가 없는 것이다! 시장이 당신에게 타당한 우위를 주고 있다면 위험을 판단한 다음 두려움 없이 투자에 나서라.

### 5. 시장의 모든 순간은 특별하며 독립적이다.

잠시 시간을 내서 '특별함'이라는 개념에 대해 생각해보자. 이는 현재 존재하고 있거나 과거에 존재한 적이 있는 어떤 것과도 다르다는 뜻이다.

앞서 설명했듯이 우리의 머리는 기억, 믿음, 태도의 형태로 우리 내부에 이미 존재하고 있는 정보와 유사한 외부 환경의 정보를 자동적으로(의식적인 자각 없이도) 연결하게 되어 있다. 이로 인해 세상에 대해서 자연스럽게 '내가 생각하는 세상'과 세상이 '존재하는 방식' 사이에 본질적인 모순이 생겨난다. 외부 환경 속에선 어떤 두 순간도 똑같은 법이 없다. 그렇게 되려면 모든 원자나 분자가 직전에 있었던 것과 정확히 똑같은 자리에 있어야 한다. 그러나 그럴 가능성은 거의 제로다. 이와 반대로 우리의 뇌가 정보를 처리하는 방식에 기초해보면 우리는 주변 환경 속 '지금 이 순간'을 우리 마음속에 존재하는 과거 순간과 정확히 일치한다고 간주할 것이다.

매 순간이 일치하지 않는다면 경험 차원에서 앞으로 무슨 일이 일어날지 '안다'고 확언해줄 수 있는 것은 아무것도 없다. 그렇다면 재차 강조하지만, 왜 굳이 다음에 무슨 일이 일어날지 알려고 하는가?! 그렇게 알려고 한다는 건 사실상 맞으려고 애쓰는 것이다. 시장이 다음에 무엇을 하고 어떻게 움직일지 예측해서 맞출 수 없다는 뜻이 아니다. 당신은 분명 그렇게 할 수 있다. 다만 모든 문제는 바로 그렇게 예측하려고 노력하는 과정에서 발생한다. 한 번 시장을 맞게 예측했다고 믿으면 자연스럽게 재차 그렇게 예측하려고 할 것이다. 결과적으로 당신은 시장의 움직임을 정확히 예측했던 마지막 순간에 존재했던 것과 동일한 패턴이나 상황을 찾으려 시장을 뒤지기 시작할 것이다. 그렇게 찾아냈을 때 당신의 마음 상태는 모든 상황을 지난번과 똑같은 것처럼 보이도록 만들 것이다. 문제는 시장의 시각에서 두 순간은 절대 똑같지 않다는 데 있다. 결과적으로 당신은 실망할 준비를 해야 한다.

최고의 투자자는 '매 순간의 특별함'을 믿는 법을 훈련했다는 점에서 평범한 투자자와 다르다(다만 이 훈련을 하는 도중 특별함의 개념에 대해서 '진정으로' 믿기 전까지 몇 차례 실패를 겪으며 재산을 잃기도 한다). 이런 믿음은 자동적 연상 메커니즘을 무력화시킨다. 진정 매 순간이 특별하다고 믿는다면 당연히 당신의 머릿속 연상 메커니즘은 그 순간을 과거의 그 무엇과도 연결하지 않는다. 이러한 믿음은 시장의 '지금 이 순간'을 정신 환경 속에 저장된 이전 순간과 분리시키는 내적인 힘으로 작용한다. 매 순간의 특별함에 대한 믿음이 강해질수록 연상 가능성은 더 낮아진다. 그리고 연상 가능성이 낮아질수록 시장이 주는 정보들을 객관적으로 인식할 수 있는 마음의 눈은 더 크게 열릴 것이다.

## 기회의 흐름 속에서 투자하라

시장의 심리적인 현실을 완전히 받아들이면 그에 따라 투자의 위험도 받아들이게 될 것이다. 투자의 위험을 받아들이면 시장이 주는 정보를 고통스럽게 여기지 않아도 된다. 더 이상 그런 정보를 고통스럽게 정의하고 해석하지 않으면 마음속에선 피할 것과 맞서 지켜야 할 것이 모두 사라진다. 맞서 지켜야 할 것이 사라지면 시장 움직임에 관한 모든 지식을 활용할 수 있게 된다. 이때 당신을 방해하는 건 아무것도 없다. 즉, 그동안 객관적으로 공부해왔던 모든 가능성을 인식하게 된다는 뜻이다. 그리고 진정한 에너지 교환에 마음이 열리면서 과거에는 인식할 수 없었던 다른 가능성(우위)을 자연스럽게 발견하게 된다.

앞으로 일어날 일을 몰라도 마음이 편하다면 시장이 당신에게 주는 정보를 객관적으로 받아들일 준비가 되었다는 의미이며, 그런 시각으로 시장과 상호작용할 수 있다. 이때 당신은 자연스럽게 몰입에 빠질 최상의 마음 상태에 이르게 된다. 그리고 그 상태에서 '지금 이 순간'의 기회의 흐름을 이용할 수 있게 된다.

# 믿음의 본질은
# 무엇인가

앞에서 소개했던 투자에 대한 다섯 가지 근본적 진리를 받아들임으로써 얻게 될 혜택을 느낄 수 있다면 이제는 이 진실들을 당신이 기존에 갖고 있는 다른 어떤 믿음과도 충돌하지 않는 '핵심 믿음'으로 심리 체계에 통합시키는 방법을 배워야 한다.

언뜻 그렇게 하기 상당히 힘들 것처럼 보일지 모른다. 다른 경우라면 나 역시 당신의 생각에 동의하겠지만 절대로 그렇지 않다. 제11장에서 이러한 다섯 가지 근본적 진리를 심리 체계에 통합시킬 수 있도록 간단한 훈련 방법을 가르쳐줄 것이기 때문이다.

그러나 이미 훈련 방법을 본 사람이 있다면 한 가지 경고를 해주고 싶다. 언뜻 봤을 때 훈련이 너무 간단해 보여서 훈련의 의미를 철저히 이해하지 못한 상태에서 당장 해보고 싶다는 유혹을 느낄 수 있다. 그러지 말기를 강력히 권고한다. 새로운 믿음을 갖고, 새로운 믿음과 충돌하는 기존 믿음을 수정하는 방법을 배우는 과정에는 몇 가지 미묘하고도 심오한 역학이 존재한다. 훈련 자체를 머리로 이해하기는 쉽다. 그러나 그 훈련을 통해 '믿음'을 바꾸는 방법을 이해하는 것은 전혀 다른 문제다. 이번과 다음 장에서 제시된 개념들을 이해하지 못한 채 훈련한다면 절대 바라는 결과를 얻지 못한다.

성공 원칙을 아무리 잘 이해한다고 해도 그들을 완전히 받아들일 수 있도록 부단한 정신적 노력을 하지 않는다면 아무 소용이 없다는 것 역시 강조하고 싶다. 앞에 나왔던 밥이라는 남자를 기억하라. 공인 트레이딩 상담사였던 그는 자신이 확률의 개념과 특성을 완전히 이해하고 있다고 믿었지만 실제로는 확률적 관점에서 사고할 능력이 없었다.

많은 사람들이 일단 뭔가를 이해하고 나면 그 새로운 이해에 내재한 통찰력이 자동적으로 자기 정체성의 일부가 되었다고 생각하는 오류를 범한다. 그러나 대부분 어떤 개념을 이해한다는 건 '기능적인 차원'에서 통합하는 과정의 첫 단계에 불과하다. 확률적으로 사고하기와 관련해서는 특히 더 그렇다. 우리 마음은 자연적으로 '객관적'이 되거나 '지금 이 순간'에 머물지 못한다. 바꿔 말해서 이러한 시각에서 사고할 수 있도록 우리 마음을 적극적으로 훈련시켜야 한다.

훈련도 하고 서로 상충되는 믿음들도 해결해야 한다. 이런 상충되는 믿음들은 객관적인 마음 상태에서 활동하거나 '지금 이 순간의 기회 흐름'을 잡으려는 의도를 꺾어버릴 것이다. 예를 들어 당신이 시장을 읽는 법을 배우려고 수년 동안 주식거래를 했거나 다음에 무슨 일이 날지 알아볼 요량으로 분석 시스템을 구매하기 위해서 거액을 투자했다고 하자. 그런데 이제 당신은 다음에 무슨 일이 일어날지 알아야 할 필요가 없으며, 알려고 노력하는 과정에서 객관적이 되거나 '이 순간'에 머물 수 있는 능력이 훼손된다는 걸 이해하게 됐다. 이때 당신은 성공하기 위해서는 다음에 무슨 일이 일어날지 알아야 한다는 과거의 믿음과 그것을 알아야 할 필요가 없다는 새로운 이해 사이에서 직접적인 충돌을 경험하게 된다.

이제 새로운 이해가 갑자기 '알아야 한다'는 믿음을 공고히 하는 데 투자한 모든 시간과 돈과 에너지를 무효로 만들게 될까? 그렇게 쉽게 되면 다행이다. 몇몇 행운아라면 그렇게 할 수 있을지도 모르겠다. 제4장에서 나는 소프트웨어 코드를 예로 들며 심리적인 거리에 대해 말한 적이 있다. 나는 어떤 투자자는 이미 이러한 새로운 시각에 너무 근접해 있어서 그저 '아하' 하는 깨달음을 얻는 데 필요한 몇 가지 조각만 더 모으면 된다고 말했다.

그러나 1,000명이 넘는 투자자와 함께 일해본 내 경험에 비추어 봤을 때 대부분의 투자자들은 이러한 시각에 전혀 다가가지 못했다고 단언할 수 있다. 그런 사람들에겐 투자에 대한 새로운 이해를 정신 환경에 적절히 통합시키기까지 상당한 시간과 엄청난 양의 정신적 수고가 필요할지 모르겠다. 이때 이 문제를 해결할 수 있는 좋은 방법은 궁극적으로 내가 제11장에서 소개할 훈련이다. 당신이 지금 정확히 무슨 일을, 왜 하고 있는지 알고만 있다면 이 훈련은 다섯 가지 근본적인 진리를 터득하면서 많은 잠재적인 문제를 해결하게 해줄 것이다. 그것이 바로 이번 장과 다음 장의 주제다.

# 믿음의 기원

믿음의 본질에 대해서 우리는 무엇을 배울 수 있을까? 또 그렇게 배운 지식을 꾸준히 성공하는 투자자가 되려는 목표를 이뤄줄 사고 체계로 만드는 데 어떻게 활용할 수 있을까?

먼저 우리가 가진 믿음의 기원에 대해서 살펴보자. 기억할지 모르겠으나 기억과 믿음은 에너지의 형태, 특히 '구조화된 에너지 형태'로 존재한다. 앞서 나는 이 정신의 구성요소들을 묶어서 다음과 사실들을 설명했다.

1. 기억과 믿음은 물리적 형태로 존재하지 않는다는 것
2. 우리 자신과 외부 환경 사이에 존재하는 인과관계가 기억과 믿음을 존재하게 해준다는 것
3. 우리가 외부 환경 속에서 배운 것을 인식할 수 있게 인과관계가 뒤집히는 방법

믿음의 기원에 다가가기 위해선 믿음과 기억 사이의 차이점을 설명하면서 이 두 요소를 하나씩 따져봐야 한다. 이를 위한 가장 쉬운 방법은 우리가 어린아이의 마음 상태에 있다고 상상해보는 것이다. 어린아이가 갓 태어났을 때 하는 경험은 순수한 형태로 존재한다. 다시 말해 아이가 보거나, 듣거나, 냄새 맡거나, 만지거나, 접촉한 것에

대한 기억이 아이의 마음속에 어떤 구체적인 단어나 개념에 얽매이지 않은 채 순전히 감각적인 정보로만 존재한다는 얘기다. 따라서 나는 '순수한 기억'을 그것의 원래 형태로 보존된 '감각적인 정보'라고 정의하겠다.

이와 달리 믿음은 외부 환경에 대해 갖게 되는 개념이다. 개념은 순수한 감각적 정보를 우리가 언어라고 부르는 상징 시스템과 결합한다. 예를 들어 어린아이는 대부분 부모에게 사랑을 받는 게 어떤 느낌인지에 대한 순수한 기억을 갖고 있지만, 그렇게 사랑받으며 양육되는 게 어떤 느낌인지에 대한 개념을 잡기 위해서는 머릿속에 저장된 순수한 감각적 정보를 구체적 단어와 결합해 연상시키는 방법을 배워야 한다.

'인생은 멋지다'라는 문구는 어떤 개념이다. 이 문구의 단어들은 본래 추상적인 상징들의 무의미한 집합이다. 그러나 어린아이가 이 단어들을 그가 부모로부터 느낀 긍정적인 감정과 연관시키는 법을 배웠거나 그렇게 연관시키기로 했다면 '인생은 멋지다'에 들어간 단어들은 더는 추상적인 상징의 집합이 아니고, 문구도 추상적인 문구가 아니다. '인생은 멋지다'는 이제 존재에 대한 명확한 구분 내지는 세상이 돌아가는 방식이 된다. 마찬가지로 어린아이가 부모로부터 충분한 사랑을 받지 못해 욕구를 충족시키지 못했을 때 그는 자신이 느끼는 감정적인 고통을 '인생은 불공정하다'라거나 '세상은 끔찍한 곳이다'라는 개념과 쉽게 연결시킬 수 있다.

어쨌든 기억이나 경험에서 나오는 긍정적이거나 부정적인 에너지가 우리가 '개념'이라고 부르는 단어들의 집합과 연결될 때 개념은 활성화된다. 또 그 개념은 현실에 대한 믿음으로 전환된다. 개념이 언어의 틀에 따라 구조화되고, 경험에 따라 활성화된다고 생각하면 내가 믿음을 '구조화된 에너지structured energy'라고 부르는 까닭을 잘 이해할 수 있을 것이다.

믿음이 생겼을 때 그것이 하는 역할은 무엇인가? 믿음은 어떤 기능을 하는가? 어떤 면에서 이런 질문들을 던지는 게 터무니없어 보일 수도 있다. 어쨌든 우리 모두는 믿음을 갖고 있다. 그리고 말과 행동을 통해서 믿음을 끊임없이 표현한다. 아울러 다른 사람들이 표현하는 믿음과도 지속적으로 상호작용한다. 그러나 내가 만일 "믿음이 정확히 무슨 일을 합니까?"라는 질문을 던진다면 당신은 정신이 멍해질지도 모르겠다. 반면에 내가 당신의 눈이나 귀나 코나 이빨의 기능이 무엇이냐고 묻는다면 당신은 어렵지 않게 대답할 것이다. 믿음이 우리라는 한 개인을 이루는 정말로 중요한 구성요소라는 점(믿음이 우리 삶에 미치는 영향 측면에서)에 대해 거의 생각해보지 않았다거나 이해하지 못한다는 건 인생의 커다란 아이러니가 아닐 수 없다.

'거의 생각해보지 않았다'는 말이 무슨 뜻일까? 우리는 신체 일부에 문제가 생기면 당연히 그 부분에 집중하면서 문제를 해결하기 위해서 어떻게 해야 할지 생각한다. 그런데 삶과 관련해서 겪는 많은 문제(행복감의 결핍, 불만, 특정 분야에서의 실패 등)들이 우리 믿음에서 비롯된다는 사실은 잘 의식하지 못한다. 가장 눈에 띄는 믿음의 특성이 무엇인지 아는가? 바로 우리의 경험을 자명하고도 의심할 여지없이 보이게 만든다는 점이다. 사실상 투자자로서 꾸준한 성공을 거두고 싶다는 강렬한 욕구가 없다면 당신이 이 주제를 깊이 있게 파고들 가능성조차 없다. 많은 사람들이 믿음이야말로 자신이 겪는 어려움을 초래한 최초의 원인이라는 것을 깨닫기까지 먼 길을 돌아오거나 커다란 좌절을 경험하곤 한다.

물론 믿음이 정체성의 일부이긴 하지만 이런 자기 분석 과정을 지나치게 개인적으로 받아들일 필요는 없다. 다만 그 누구도 어떤 믿음을 갖고 태어나진 않았다는 사실을 기억하라. 믿음은 여러 복합적 방식을 통해서 '얻어진' 것이다. 그리고 삶에 가장 중대한 영향을 미치는 많은 믿음은 우리의 자유 의지에 따라 얻어진 것도 아니었다. 그 믿음들 대부분은 타인에 의해서 주입된 것이었다. 다시 말해 우리는 배운 지식에 담긴 부정적인 의미를 깨닫기에는 너무 어리거나 정보가 없었을 때 믿음을 갖게 되었다는 얘기다.

출처가 어디건 상관없이 믿음은 모두 똑같은 방식으로 작동한다. 어떤 믿음이건 신체와 마찬가지로 각자 고유한 역할이 있다. 예를 들어 내 눈과 당신의 눈, 내 손과 당신의 손, 내 적혈구와 당신의 적혈구를 비교해보면 서로 똑같지 않다는 걸 알 수 있다. 그러나 나와 당신의 눈, 손, 적혈구에는 비슷한 기능을 하는 공통적 특징들이 존재한다. 마찬가지로 '인생은 멋지다'는 믿음도 '인생은 끔찍하다'는 믿음과 같은 방식으로 기능을 수행할 것이다. 두 믿음은 서로 다르고, 각기 사람들의 삶에 미치는 영향도 크게 다르겠지만 두 믿음은 모두 똑같은 방식으로 기능한다.

# 믿음은 우리 삶에 어떤 영향을 미치는가

믿음은 가장 광범위한 의미에서 우리가 삶을 사는 방식을 형성한다. 앞서 설명했듯이 우리는 아무런 믿음도 갖지 않고 태어난다. 믿음은 후천적으로 얻어지고, 축적되며 우리는 그 믿음대로 살아간다. 만약 당신이 본래 태어났던 곳과 아무런 공통점이 없는 문화나 종교, 정치적인 시스템 속에서 태어났다면 삶이 어떻게 달라졌을지 한번 생각해보라. 인생의 본질과 세상이 돌아가는 방식에 대한 믿음은 현재의 믿음과 전혀 딴판일 수 있다. 그래도 당신은 그 다른 믿음도 지금과 똑같이 확신하고 믿을 것이다.

그렇다면 믿음은 우리 삶에 어떤 방식으로 영향을 줄까? 첫째, 우리는 믿음에 따라 주변 환경을 인식하고 해석한다. 둘째, 믿음은 우리의 기대를 창조한다. 기대는 미래의 어떤 순간에 투사된 믿음이라는 점을 명심하라. 모르는 일이 일어나리라고 기대할 수는 없으니 말이다. 즉, 기대는 '미래의 어떤 순간에 투사된 우리가 알고 있는 것'이다. 셋째, 우리가 표현하려고 하는 것이나 모든 행동은 우리의 믿음과 일치한다. 끝으로, 믿음은 우리가 한 행동의 결과에 대해 어떤 느낌을 갖는지에 영향을 준다.

믿음이 우리의 행동에 얼마나 중요한 영향을 미치는지 한 가지 사례를 통해 설명하고 싶다. 1987년 봄, 나는 한 지방 방송국이 제작한 〈가차 시카고Gotcha Chicago〉라는 TV 프로그램을 보고 있었다. 현지 유명인사들이 출연해 서로 농담을 주고받는 프로그램이었다. 방송국은 한 남자를 고용해 "오늘만 공짜! 원하는 만큼 돈을 드립니다."라고 적힌 광고판을 들고 미시간 애비뉴 한복판에 서 있게 했다. 시카고를 잘 모르는 사람들을 위해서 알려주자면 미시간 애비뉴에는 유행을 선도하는 고급 백화점과 양장점들이 모여 있다. 방송국은 남자에게 거액의 현찰을 준 뒤 돈을 달라는 사람이 있으면 누구에게든지 돈을 주라고 했다.

이제 미시간 애비뉴가 가장 번잡한 지역임을 고려하고, 거리에서 남자와 마주친 사람들이 대부분 그가 들고 서 있던 광고판을 봤다고 한다면 과연 얼마나 많은 사람들이 그에게 다가와 돈을 달라고 요청했을까? 남자 옆을 지나가다가 그가 들고 있던 광고판을 본 사람 중 단 한 사람만이 발걸음을 멈추고 이렇게 말했다. "대단하네요! 버스표를 사게 25센트만 주실 수 있으세요?" 그 외에 어떤 누구도 남자의 근처에 얼씬도 하려고 하지 않았다.

남자는 사람들이 예상했던 대로 반응해주지 않자 좌절했다. 그는 울부짖으며 이렇게 소리치기 시작했다. "돈을 원하십니까? 제발 제 돈을 가져가세요. 제가 얼른 이 돈을 여러분에게 드리겠습니다." 이런 외침에도 불구하고 모두가 그의 존재 자체를 무시하면서 계속해서 그를 지나쳐 걸어갔다. 심지어 몇 명은 그와 마주치지 않으려고 그가 있던 자리를 멀찍이 돌아가기도 했다. 정장 차림에 서류 가방을 든 남성이 다가오자 광고판을 들고 있던 남자는 그에게 "돈을 받고 싶으신가요?"라고 물었지만 "오늘은 아닙니다."라는 답변만 들었다.

그는 정말로 좌절한 나머지 "이런 날이 얼마나 있겠습니까? 제가 가진 돈을 좀 가져가실래요?"라고 물으면서 정장 차림의 남성에게 돈을 건넸지만 "필요 없어요."라는 퉁명스러운 대답만 들었다. 정장 차림의 남성은 다시 가던 길을 가기 시작했다.

대체 무슨 일이 생긴 것일까? 버스표를 사려던 사람 빼고 왜 누구도 돈을 달라고 요구하지 않았던 걸까? 얼핏 가장 처음에 드는 생각은 '그들이 돈에 관심이 없어서'일지도 모른다. 하지만 우리가 살면서 돈을 벌려고 얼마나 많은 애를 쓰고 있는지 생각해보자. 그럴 가능성은 극히 희박하다. 아무 조건도 없이 돈을 받는 걸 싫어할 사람은 없다. 그런데도 모든 사람들이 그들을 기다리고 있는 돈을 무시한 채 그냥 지나갔다. 왜? 바로 광고판에 "오늘만 공짜!"라고 적혀 있었기 때문이다. 대부분의 사람들은 '공짜는 존재하지 않는다'(세상이 돌아가는 방식에 대한 활성화된 개념)고 믿으며 살기 때문이다. 이렇게 생각하면 이번 같은 일이 왜 일어났는지 쉽게 이해가 된다.

공짜가 진정 존재하지 않는다면 사람들은 어떻게 공짜가 없다는 믿음과 공짜가 있다고 말하는 광고판 사이의 명백한 모순 사이에서 타협을 이룰 수 있을 수 있을까? 방법은 아주 간단하다. 광고판을 들고 있는 사람이 미쳤다고 생각하면 그만이다. 그렇지 않고서야 어떻게 세상에는 공짜가 존재하지도 않는데 공짜가 있다는 식의 기상천외한 행동을 설명할 수 있단 말인가? 공짜가 있고 없고의 모순을 해결해줄 수 있는 논리는 이런 식으로 전개될 것이다.

"나는 아무런 조건 없이 돈을 받게 되는 일은 일어날 리 없다는 걸 알고 있다. 분주한 도심 거리 한가운데에 서 있는 낯선 사람으로부터 돈을 받는 일은 더더욱 일어나지 않는다. 진짜로 그 남자가 무조건 돈을 주고 있다면 그는 이미 사람들한테 얻어맞을 것이다. 그의 목숨이 위태로워질지도 모른다. 그는 미친 게 틀림없다. 나는 거리를 한참 두고 그를 지나쳐 가는 게 좋겠다. 그가 무슨 행동을 벌일지 과연 누가 알겠는가?"

사고 과정의 모든 요소는 '공짜는 존재하지 않는다'는 믿음과 일치한다는 걸 명심하라.

1. '공짜'라는 단어가 의도했던 대로 인식 내지 해석되지 않았다.
2. 광고판을 든 남자가 미쳤다는 생각은 그가 위험할 수 있으며 적어도 반드시 주의가 필요하다는 인식을 낳았다.
3. 광고판을 든 남성을 피하려고 의도적으로 가던 길을 바꾼 건 위험에 대한 기대 때문에 하게 된 행동이다.
4. 사람들은 이 같은 결과에 대해 어떻게 느꼈을까? 개개인에게 물어보지 않은 한 뭐라고 말하기 어렵다. 하지만 일반적인 사람들이라면 미친 사람과 얽히지 않고 성공적으로 피했다는 데 안도감을 느꼈을 것이다.

광고판을 들고 있는 남자와 마주치는 걸 피함으로써 얻게 되는 안도감은 마음 상태다. 우리가 갖는 느낌(우리의 몸과 마음을 관통해 흘러들어오는 긍정적이거나 부정적 에너지의 상대적인 정도)만은 항상 절대 진실임을 명심하라. 그러나 그러한 마음 상태를 갖게 하는 믿음은 실제로 그 일이 일어날 가능성 측면에서 봤을 때는 진실이 아닐 수 있다.

이번 상황에선 남자와 마주치지 않음으로써 안도감만 얻을 수 있었던 게 아니다. 사람들이 만약 '공짜는 존재한다'고 믿는다면 그들의 행동이 어떻게 달라질지 상상해보라. '공짜는 존재하지 않는다'는 믿음이 자명하면서도 의심의 여지가 없어 보이게 만든 것처럼 '공짜는 존재한다'는 믿음도 역시 자명하면서도 의심의 여지가 없어 보이게 만들 것이라는 사실만 빼고는 지금까지 설명한 과정은 똑같을 것이다.

그렇다는 걸 보여주는 완벽한 사례는 "대단하네요! 버스표를 사게 25센트만 주실 수 있으세요?"라고 말한 그 한 명이 될 수 있다. 이 프로그램을 봤을 때 나는 그가 거지이거나 아무에게나 돈을 구걸했을 사람이라는 인상을 받았다. 거지는 분명 공짜 돈이 존재한다고 믿는다. 따라서 광고판에 대한 그의 시각과 해석은 TV 방송국이 의도했던 대로였다. 그의 기대와 행동은 공짜 돈이 존재한다는 그의 믿음과 일치했다. 그렇다면 그는 결과에 대해서 어떻게 느낄까? 25센트를 얻었기 때문에 만족감을 느꼈을 것 같다. 물론 그는 더 많은 돈을 얻을 수 있었다는 사실은 몰랐겠지만 말이다.

물론 또 다른 시나리오를 생각해볼 수도 있다. '공짜는 존재하지 않는다'고 믿지만 '그래도 한번 공짜가 존재하는지 알아볼까?'라는 태도를 가진 가상의 인물이 있다고 해보자. 다시 말해 공짜로 돈을 벌 수 있다는 생각에 너무 흥미와 호기심을 느낀 나머지 '공짜는 존재하지 않는다'는 믿음을 잠시나마 접는 사람이 있다고 말이다. 이처럼 일시적으로 믿음을 접으면 앞으로 무슨 일이 일어날지 알아보기 위해서 믿음이 정해놓은 경계에서 벗어나서 행동할 수 있게 된다. 그는 광고판을 든 남자에게 다가가서 "10달러를 주세요."라고 말할 것이다. 광고판을 들고 있던 남자는 즉시 주머니에서 10달러짜리 지폐를 꺼내서 줄 것이다. 지금 무슨 일이 벌어졌다고 할 수 있을까? 돈을 받은 남자는 자신의 믿음과 완전히 반대되는 이런 일을 겪고는 어떤 느낌을 받을까?

사실 '세상에 공짜는 존재하지 않는다'는 우리의 믿음은 대부분 불쾌한 경험을 통해 형성된다. 가장 흔한 경험이 부모에게서 돈과 관련되어 타박을 받거나 혼이 날 때다. 자라면서 한 번쯤은 "너 대체 정신이 있는 거니? 무슨 돈이 땅 파면 나오는 줄 알아?"라는 말을 들어봤을 것이다. 다시 말해 '공짜는 존재하지 않는다'는 부정적 성격이 강한 믿음이다. 이를 반대로 뒤집으면 어떤 대가나 부정적인 언급 없이 돈을 받게 되면 우리는 순수한 즐거움을 느낄지도 모른다.

이 시나리오에서 돈을 받은 사람들은 너무 행복해서 자신이 느낀 행복과 자신이 알아낸 새로운 사실을 모든 지인과 공유하고 싶어 안달이 날 것이다. 돈을 받은 사람이 자신의 가족이나 친구에게 "오늘 나한테 일어난 일을 믿지 못할 거야."라고 말하는 장면을 상상해볼 수 있다. 그런데 그가 아무리 이야기를 해도 사람들은 그의 이야기를 믿어주지 않을지 모른다. 왜 그럴까? 사람들이 '공짜는 존재하지 않는다'고 믿고 있어서 그 말의 신빙성을 의심할 것이기 때문이다.

이 사례와 관련하여 그가 '더 많은 돈을 요구해도 됐을 텐데'라는 데까지 생각이 미쳤을 때 그의 마음 상태가 어떻게 변할지 한번 상상해보자. 처음 그는 오로지 즐거움만 느꼈다. 그러나 '더 많은 돈을 요구해보면 좋았을 텐데'라는 생각이 갑자기 들거나 그의 이야기를 들은 누군가가 왜 더 많은 돈을 요구하지 않았냐고 물었다면 그는 곧바로 후회나 절망감을 느끼게 될 것이다. 왜 그럴까? 뭔가를 놓쳤거나 충분히 얻지 못했다고 믿게 됐기 때문이다. 이것은 부정적인 믿음이다. 결과적으로 그는 받은 돈에 대해서 행복해하기보다 더 얻을 수도 있었으나 얻지 못한 돈에 대해 아쉬워할 것이다.

## 믿음과 진실의 관계

이 세 가지 사례(가상의 인물을 포함해서)에서 모든 사람들은 자기만의 특별한 상황을 겪었다. 만일 질문을 받는다면 그들은 각자 자신의 시각에서 자신이 겪은 일을 설명할 것이다. 마치 그것이 유일한 진실이자 자신이 처한 상황의 현실을 제대로 보여주는 설명이라는 듯 말이다. 이러한 세 가지 유형의 진실들 사이에 생기는 불일치는 많은 생각거리를 던져준다. 믿음이 물리적인 환경이 창조하는 정보에 대한 우리의 인식을 제한하고 그 결과 우리가 인식하는 것이 우리의 믿음과 일치한다면 과연 진실이 무엇인지를 어떻게 알 수 있을까?

이 질문에 대답하기 위해선 다음 네 가지 중요한 사실을 생각해봐야 한다.

1. 환경은 무한한 수의 조합을 통해 자신을 드러낸다.
2. 반면, 우리의 믿음은 항상 환경을 제한적으로 반영한다. 우리의 믿음은 현실을 기초로 하기는 하나 사실상 현실에서 일어나는 일들이 너무 많아 반영하기에는 한계가 있다. 우리의 믿음이 본래 제한적이라면 현실을 완전히 반영한다고 말할 수 없다.
3. 위 설명에 이의를 제기하고 싶다면, 즉 우리 믿음이 그 자체로 진실이고 물리적 현실을 100퍼센트 정확하게 반영한다고 생각한다면 당신의 기대는 항상 충족될 것이다. 기대가 항상 충족된다면 당신은 영원한 만족의 상태에 놓일 것이다. 물리적 현실이 항상 기대했던 대로 된다면 어떻게 행복하고, 즐겁고, 고양되고, 완벽한 만족감을 느끼지 않을 수 있겠는가?
4. 3번의 설명이 옳다고 믿을 수 있다면, 이와 반대의 결과도 생각할 수 있다. 즉, 우리가 만족감을 느끼지 못한다면 그것은 환경적 조건과 동떨어진 믿음을 갖고 행동하고 있다는 얘기다.

위 네 가지 사실을 생각해봤으니 이제 "진실은 무엇인가?"라는 질문에 대답할 수 있다. 답은 "유용한 건 그게 무엇이든 진실."이다. 믿음이 우리의 인식에 제한을 두고 환경이 무한한 수의 결합을 통해서 자신을 표현할 수 있다면, 믿음은 우리가 어떤 특정 순간에 성취하려고 애쓰는 정도에 한해서만 진실일 수 있다. 다시 말해 우리 믿음 안에 내재한 진실의 정도는 믿음이 얼마나 유용하느냐에 따라 평가가 달라질 수 있다.

우리들 각자의 마음속에는 자의건 타의건 간에 물리적 환경과 상호작용하게 해주는 힘이 있다. 이를테면 호기심, 욕구, 바람, 소망, 목표, 열망 등이 그것이다. 이를 성취하기 위해서 우리가 다양한 행동들을 하는 이유는 어떤 특정 환경이나 상황 속에서 그것이 진실이라고 믿기 때문이다. 그리고 진실은 그것이 무엇이건 다음과 같은 사항들을 결정한다.

- 우리가 인식하는 것을 해석하는 방법
- 우리가 내리는 결정
- 결과에 대한 우리의 기대
- 우리가 취하는 행동
- 우리가 들인 노력의 결과에 대해서 우리가 갖는 느낌

어떤 특정한 순간에 성취하려고 하는 것과 관련해 만족과 행복, 안녕을 느낀다면 우리의 진실(우리가 가진 모든 믿음의 근거)은 유용하다고 말할 수 있겠다. 이때 우리가 인식한 정보에 대한 해석은 환경과 조화를 이루는 결정, 기대, 행동으로 이어졌다. 우리가 이루려고 노력하던 결과를 무효화시키려는 환경(혹은 우리 마음속에서)의 거부나 방해는 없었다. 그래서 우리는 만족과 행복과 안녕을 느꼈다.

반면에 우리가 불만족, 실망, 좌절, 혼란, 절망, 후회, 무력감을 겪는 다면 환경적 상황에서 우리의 행동 근거인 믿음이 제대로 내지는 전혀 작동하지 않은 것이기 때문에 그러한 믿음은 유용하지 않다고 할 수 있다. 정리하자면, 진실은 우리가 어떤 특정 순간에 성취하려고 노력하는 것과 관련이 있다.

# 믿음과 투자의
# 관계를 이해하라

외부 환경이 무한대의 조합을 통해서 자신을 드러낼 수 있다면 존재의 본질에 대해서 얻을 수 있는 믿음의 수와 종류 또한 사실상 한계가 없을 것이다. 한마디로 환경 속에선 배울 게 정말로 많다. 그러나 실상은 어떠한가? 우리는 분명 지금 한 말과 일치되게 살고 있지 않다. 진정 어떤 것이든 믿는 게 가능하다면 왜 항상 서로 논쟁하고 주먹다짐을 하는 걸까?

다른 사람에게 우리가 가진 믿음을 받아들이게 하되, 타인이 가진 믿음은 부정하려는 우리의 이중적인 태도 뒤에는 분명 무언가 숨겨져 있다. 개인, 사회, 국가 간의 모든 갈등은 항상 이 '상반된 믿음'이 초래한 결과임을 기억하길 바란다. 단순한 갈등을 넘어 심한 경우 우리는 자신의 믿음을 지키기 위해서 상대방을 죽이려고까지 한다. 대체 믿음에 어떤 특성이 있기에 다른 믿음을 용납하지 못하는 걸까?

내 생각에 믿음은 구조화된 에너지이기도 하지만 동시에 의식적 성향을 띠는 에너지이기도 하다. 그렇지 않다면 겉을 보고 속을 판단하는 우리의 능력을 어떻게 설명할 수 있을까? 또 기대가 충족되고 있는지를 어떻게 알까? 우리의 믿음과 상충되는 정보나 환경에 처해 있다는 걸 어떻게 알겠는가? 이러한 질문들에 대해 내가 해줄 수 있는 유일한 설명은, 각각의 개별적인 믿음은 그것이 믿음으로서 기능하게 해주는 '의식'이나 '자의식'을 갖고 있어야 한다는 것이다.

믿음이 자의식을 갖고 있다는 이러한 개념을 받아들이기 힘들지 모르겠다. 그러나 인간의 개인적이면서 집단적인 특징과 관련해서 이 개념을 뒷받침해주는 몇 가지 관찰 결과가 존재한다. 첫째, 우리는 누구나 다른 사람들이 자기를 믿어주기를 바란다. 그것이 어떤 믿음인지는 중요하지 않다. 다른 사람들이 나를 믿어주면 기분이 좋아진다. 나는 누구나 이러한 긍정적인 감정을 느낀다고 생각한다. 반면에 누구도 불신의 대상이 되길 원하지 않는다. 그러면 기분이 나빠진다. 내가 "나는 당신을 믿지 못하겠다."고 말한다면 여러분의 몸과 마음에는 부정적인 느낌이 울려 퍼질 것이다. 마찬가지로 그 누구도 자신의 믿음이 도전받는 걸 원하지 않는다. 그런 도전은 공격처럼 느껴진다. 이땐 누구든 똑같은 방식으로 대응할 것이다.

우리는 상대방이 나의 말을 경청해주는 걸 좋아한다. 상대방이 나의 말을 경청하지 않는다고 느끼면 어떤 기분이 들까? 당연히 기분이 나쁠 것이다! 그런데 남의 말을 잘 경청하기가 대체 왜 그렇게 어려울까? 그 이유는 잘 경청하려면 공손해야 하며 나의 생각을 어떻게 표현할지 생각하지 않고 계속 상대의 말을 들어야 하기 때문이다. 경청은 생각보다 매우 어려운 일이다. 그렇다면 무엇이 우리의 경청을 방해하는 걸까?

우리는 비슷한 믿음을 가진 사람들과 어울리면 편안하고 안락한 기분을 느낀다. 반대로 나와는 다른 믿음을 가진 사람은 불편하고 심지어 위협적으로 느끼기 때문에 피하게 된다. 결론적으로 말해서, 어떤 믿음을 갖게 되는 순간 그 믿음은 일종의 생명력을 갖는다. 그래서 그 믿음과 유사한 믿음을 인식하고 그것에 끌리는 반면 다르거나 상충되는 믿음에는 반감을 갖는다.

이처럼 수없이 많은 다른 믿음이 존재한다는 사실을 고려해봤을 때 이러한 이끌림과 편안함 및 반감과 위협 같은 느낌들이 보편적이라면 각각의 믿음은 어쨌든 '자신의 존재'를 인식하고 있다는 의미다. 그리고 이러한 의식적이고 구조화된 에너지는 우리 모두에게 공통적인 방식으로 작용하는 것이 분명하다고 볼 수 있다.

## 두려움은 어떻게 생겨나고 극복되는가

투자에 대한 다섯 가지 근본적 진리를 당신의 심리 체계 속에 효과적으로 심어두기 위해선 믿음에 대한 다음 세 가지 기본적인 특징을 이해하고 있어야 한다.

1. 믿음은 생명력이 있어 그것을 바꾸려는 어떤 힘도 거부한다.
2. 모든 활성화된 믿음은 밖으로 표현되기를 원한다.

3. 믿음은 우리가 믿음의 존재를 의식적으로 인식하느냐와 관계없이 계속해서 작동한다.

## 믿음은 그것을 바꾸려는 어떤 힘도 거부한다

우리는 믿음이 극단적인 압박이나 힘 앞에서도 좀처럼 변하지 않는다는 사실을 여러 사례를 통해 봐왔다. 인류 역사 속에는 어떤 문제나 대의에 대한 믿음이 워낙 강력한 나머지 자신의 믿음을 져버리는 대신 모욕과 고문과 죽음을 택한 사람들의 사례를 많이 찾아볼 수 있다. 이런 사례들은 믿음이 얼마나 강력할 수 있는지, 그 믿음을 바꾸려는 어떤 시도에 대해 인간이 얼마나 강력히 저항할 수 있는지를 보여준다고 할 수 있다.

이런 사례들을 보면 믿음은 바뀌기를 거부하는 에너지나 힘으로 이루어져 있는 것 같다. 그렇다면 믿음은 전혀 바뀔 수 없다는 뜻인가? 단연코 그건 아니다! 다만 믿음이 어떤 방식으로 작동하는지 알아야 한다.

믿음은 대부분의 사람들이 생각하는 그런 방식으로는 바뀌지 않는다. 나는 일단 믿음이 한번 만들어지면 그것이 파괴될 수 없다고 믿는다. 즉, 특정한 믿음이 마치 존재하지 않았던 것처럼 없어지게 만들 수는 없다는 얘기다. 이러한 주장은 기본적인 물리학의 법칙에 근거를 두고 있다. 알베르트 아인슈타인 같은 물리학자들에 따르면 에너지는 창조나 파괴될 수 없고 오로지 '변형'만 가능하다. 믿음이 에너지, 그것도 자신의 존재를 인식하는 구조화되고 의식적인 에너지라면 이와 똑같은 물리학 법칙이 적용될 수 있다. 다시 말해 믿음을 없애버리려는 노력은 아무 소용이 없다.

누군가가 당신을 해치려 한다는 사실을 알게 됐다면 당신은 어떻게 대응하겠는가? 자신을 지키고, 맞서 싸우고, 그러한 위협에 대해 알기 전보다 심지어 더 강해질 수도 있다. 우리 안에 있는 개별적인 믿음 역시 우리의 정체성 중 일부다. 그러니 개별적인 믿음이 위협을 받을 때도 지키고 맞서 싸우는 것과 같은 방식으로 대응하리라 생각하는 게 합리적이지 않을까?

우리가 특별히 문제가 될 만한 믿음이 존재하지 않는 것처럼 행동하려고 할 때도 똑같은 원칙이 성립한다. 아침에 일어나보니 알고 지내던 모든 사람들이 당신을 무시하고, 투명 인간 취급을 한다면 어떻게 하겠는가? 얼마 안 가 누군가의 멱살을 잡고 당신을 인정하도록 상대를 한 대 때릴지도 모르겠다. 믿음도 마찬가지다. 나의 믿음이 의도적으로 무시된다면 우리의 의식적 사고 과정이나 행동은 믿음의 존재를 억지로 알릴 수 있는 방법을 찾아낼 것이다.

믿음을 다루는 가장 쉽고도 효과적인 방법은 믿음으로부터 에너지를 빼내 그것의 활동이나 기능을 정지시키는 것이다. 나는 이것을 '비활성화de-activation' 과정이라고 부른다. 비활성화된 후에도 믿음의 원래 구조는 그대로 남는다. 따라서 엄밀히 말하면 바뀐 게 없다. 비활성화 전후의 차이점은, 비활성화된 후의 믿음은 더 이상 에너지를 갖지 않는다는 데 있다. 에너지가 없어지면 믿음은 정보에 대한 우리의 인식이나 행동에 '힘'으로 작용할 수 있는 능력을 상실한다.

나는 어렸을 때 산타클로스와 함께 '이빨 요정Tooth Fairy(아이의 빠진 젖니를 베개 밑에 넣어두면 요정이 이를 가져가는 대신 돈이나 선물을 넣어두고 간다고 함-옮긴이)'을 믿도록 교육받았다. 나의 심리 체계 속에서 산타클로스와 이빨 요정은 현재 활성화되지 않고 기능하지 않는 믿음의 완벽한 사례다. 그러나 그렇게 믿음이 비활성화됐다고 하더라도 그것은 여전히 나의 심리 체계 안에 존재한다. 다만 에너지가 없는 개념으로만 존재할 뿐이다. 앞 장에서 나는 믿음을 활성화된 개념을 이루는 감각적 경험과 언어의 조합으로 규정했다. 에너지는 개념으로부터 끄집어낼 수 있지만, 개념 자체는 원래의 형태를 그대로 유지한다. 그러나 에너지가 없으면 개념은 더 이상 나의 정보 인식에 따라서 행동할 힘을 상실하게 된다.

그렇다면 누군가가 지금 컴퓨터 앞에 앉아서 타자를 치고 있는 내게 다가와 산타클로스가 문 앞에 와 있다고 한다면 나는 그 정보를 어떻게 정의하고 해석할까? 당연히 지금의 나는 부적절한 정보나 농담으로 간주할 것이다. 그러나 내가 다섯 살이라면 산타클로스가 문 앞에 와 있다는 그 정보는 나를 즉시 거대한 긍정적 에너지 저장소로 빠뜨렸을 것이다. 그리고 그 에너지는 나를 최대한의 속도로 문 앞으로 뛰어가게 했을 것이다. 또 이때 아무것도 나를 막지 못했을 것이다. 달려가는 길에 놓인 장애물을 모두 뛰어넘었을 테니까.

조금 더 컸을 무렵 부모님께서 산타클로스는 없다고 말씀해주셨다. 물론 처음에는 그 말을 믿을 수 없었다. 믿고 싶지도 않았다. 부모님은 많은 노력을 기울여 결국 나를 설득시켰다. 그러나 그 과정에서도 산타클로스에 대한 나의 믿음은 파괴되지 않았다. 또한 산타클로스가 사라지게 된 것도 아니었다. 다만 부모님의 말씀은 산타클로스에 대한 내 믿음으로부터 모든 에너지를 빼앗아갔을 따름이다. 결과적으로 산타클로스에 대한 내 믿음은 세상이 돌아가는 방식에 대한 비활성화된 개념으로 바뀌었다. 그 모든 에너지가 어디로 갔는지 확실히 모르겠지만, 에너지 중에 일부는 산타클로스가 존재하지 않는다는 믿음으로 '전환'됐다고 생각한다.

이제 나는 내 심리 체계에 존재하는 세상의 본질과 관련해서 두 가지 상충되는 믿음을 갖고 있다. 하나는 산타클로스가 존재한다는 믿음이고, 다른 하나는 산타클로스가 존재하지 않는다는 믿음이다. 이 두 가지 믿음 사이의 차이는 들어가 있는 에너지의 양이다. 첫 번째 믿음에는 사실상 아무런 에너지가 없다. 두 번째 믿음에는 에너지가 존재한다. 따라서 기능적 차원에서 봤을 때는 두 믿음 사이에는 아무런 충돌이나 갈등이 존재하지 않는다.

이런 방식으로 한 가지 믿음을 비활성화시키는 게 가능하다면 어떤 믿음이든 비활성시키는 것이 가능하다. 즉, 믿음을 효과적으로 바꾸는 열쇠는 단순히 하나의 개념에서 다른 개념, 다시 말해 우리의 바람을 성취하거나 목표를 달성하는 데 더 '유용하다고 생각하는 개념'으로 에너지를 전환하는 것임을 이해하고 결국 믿는 데 있다.

## 모든 활성화된 믿음은 밖으로 표현되기를 원한다

믿음은 '활성'과 '비활성' 두 가지 기본 범주로 나뉜다. 이 두 가지 믿음의 차이는 간단하다. 활성화된 믿음에는 에너지가 깃들어 있다. 정보에 대한 우리의 인식과 행동에 영향을 미치는 '힘'으로서 작용할 수 있을 만큼 충분한 에너지를 갖는다. 비활성화된 믿음은 이와 정반대다. 에너지를 갖고 있지 않거나 에너지가 거의 없어서 정보를 인식하거나 우리 자신을 표현하는 방법에 영향을 줄 수가 없다.

모든 활성화된 믿음은 표현되기를 원한다는 말이 우리 안에 들어 있는 모든 믿음이 동시에 자신을 표현하겠다는 요구를 하고 있다는 뜻은 아니다. 예를 들어 내가 당신에게 지금 세상에 당면한 가장 큰 문제가 뭐라고 생각하는지 물었다고 치자. 이때 내가 말한 '문제'는 당신의 머릿속에서 걱정이나 불안감을 일으키는 여러 사건들에 대해 생각하도록 해줄 것이다. 물론 기존에 당신이 생각했던 것들이 있다면 말이다. 여기서의 요점은, 잘못됐다고 믿는 뭔가가 있다고 치더라도 내가 묻기 전까지는 그것에 대해서 전혀 생각하지 않았을 수 있다는 것이다. 그러나 내가 질문한 순간에 그 문제에 대한 여러분의 믿음은 의식적인 사고 과정의 전면으로 '이동'해왔다. 사실상 믿음이 표현되기를 요구한 것이다.

나는 믿음이 '표현되기를 원한다'고 썼다. 우리가 어떤 이유로든 무언가를 믿게 되면 그것을 표현하고 싶어서 참지 못하는 것처럼 보이기 때문이다. 이런 현상은 특히 열정을 갖는 혹은 감정적으로 민감한 이슈나 믿음에서 더 확실히 나타난다. 이는 너무도 당연하게 들린다. 내가 내 믿음을 표현하는 걸 억제할 이유가 어디 있겠는가? 하지만 다음과 같은 몇 가지 이유로 표현을 억제를 하기도 한다. 당신이 직장에서 상사와 일하고 있는데, 그가 당신이 절대 동의할 수 없는 어떤 말을 하고 있다고 치자. 당신은 당신의 생각을 곧이곧대로 표현하겠는가, 아니면 참겠는가? 그 상황에서 적절하다고 생각하는 당신의 믿음에 따라서 반응은 달라질 것이다. 당신의 믿음이 솔직히 말하는 게 부적절하다고 지시하고, 그런 믿음의 에너지가 그와 반대되는 믿음의 에너지보다 더 강하다면 솔직한 의견을 말하지 않고 꾹 참을 것이다.

당신은 상사를 바라보면서 그의 생각에 동의한다는 듯 머리를 끄덕거리고 있을지 모른다. 하지만 그게 상사의 생각에 동의한다는 뜻은 절대 아니다. 다시 말해 당신의 믿음은 여전히 표현을 요구하고 있지만 외부로 표현되지 않고 있을 뿐이다. 그 이유는 더 큰 다른 믿음들이 반대의 힘으로 작용하고 있어서다. 그러나 이렇게 억눌린 믿음은 곧 탈출구를 찾아낼 것이다. 당신은 상사와 헤어지는 순간 자기 생각을 '털어놓거나' 심지어 '발산하기' 위해 주위를 둘러볼 것이다. 아마도 당신의 의견에 공감해줄 누군가에게 그동안 참아왔던 생각을 털어놓을지도 모르겠다. 이것은 우리의 믿음이 외부 환경과 상충될 때 어떤 식으로 표현되기를 요구하는지를 잘 보여주는 사례다.

그러나 우리의 믿음 가운데 하나 이상이 우리의 목표, 꿈, 혹은 바람과 상충된다면 어떻게 되겠는가? 그러한 갈등은 투자에도 중대한 영향을 미칠 수가 있다. 앞서 살펴봤듯이 믿음은 외부 환경에 따라 차이를 만든다. 차이는 곧 다른 말로 경계를 뜻한다. 반면 믿음보다 더 큰 개념인 인간의 의식은 믿음이 부과한 경계와 상관없이 어떤 방향으로든 생각할 수 있는 능력을 부여한다. 믿음의 경계 밖에서 사고한다는 건 다른 말로 창조적 사고를 한다는 뜻이다. 우리가 일부러 믿음(아는 것)에 대해서 의문을 가지고 진심으로 답변을 구할 때 우리의 머리는 당면한 이슈에 대한 '기발한 생각'이나 '영감'이나 '해결책'을 받아들일 준비를 해놓는다.

창조성은 과거에는 없었던 뭔가를 만드는 것과 같다. 창조적인 사고 모드로 전환되면 우리는 자동적으로 합리적 사고 바깥에 있는 믿음들을 받아들일 수 있게 될 것이다. 내가 알고 있는 한, 종교나 과학계에서 말하는 창조성의 출처는 모두 다르다. 그러나 창조성 자체가 무한대이며 경계가 없다는 사실만큼은 확실하게 말할 수 있다. 지난 50년 동안 이루어진 놀라운 기술 발전의 속도를 생각해보자. 인류 진화의 역사 속에서 이루어진 모든 발명이나 발전은 당연한 믿음이라 여겨졌던 혹은 믿으라고 강요됐던 경계를 벗어나서 생각하려는 인간의 사고 속에서 태어났다.

우리 모두 본래부터 창조적 사고 능력을 가졌다면(나는 그렇다고 믿는다) '창조적 경험'을 하게 될 가능성이 있다. 내가 말하는 '창조적 경험'이란 우리의 믿음이 정해놓은 경계 밖에서 일어나는 일에 대한 경험이다. 새로운 장면, 즉 과거에 본 적은 없지만, 외부 환경의 시각에서 봤을 때 항상 그 속에서 존재했던 무엇일 수도 있고 아니면 새로운 소리나 냄새나 맛이나 감각일 수도 있다. 창조적 사고, 영감, 육감, 번뜩이는 생각 등과 마찬가지로 창조적 경험도 갑자기 혹은 의식적인 노력의 결과로 얻어질 수 있다. 어떤 경우건 간에 창조적 경험을 하게 될 때 우리는 중요한 심리적인 딜레마에 빠진다. 창조적 순간은(그것이 경험이든 생각이든 간에) 우리가 가진 믿음과 직접적으로 상충되는 뭔가에 이끌리도록 만들기 때문이다.

부연 설명하는 차원에서 앞에 나왔던 소년과 개의 사례로 되돌아보자. 소년은 개 때문에 몇 차례 고통스런 경험을 했다. 첫 번째 경험은 환경의 시각에서 봤을 때 진짜였다. 그러나 다른 경험은 소년의 머리가 정보를 처리하면서(연상과 고통 회피 메커니즘의 작용에 의해서) 빚어낸 결과였다. 결과적으로 소년은 개를 만날 때마다 공포를 느꼈다. 소년이 처음 개에 대한 부정적인 경험을 했던 순간이 갓난아기였을 때라고 가정해보자. 성장하면서 구체적인 단어와 개념을 기억과 연관시키기 시작하면서 소년은 개의 본질에 대한 믿음을 갖게 된다. 소년이 '모든 개는 위험하다'와 같은 믿음을 갖게 됐다고 가정하는 게 합리적이다.

이러한 소년의 믿음은 그가 모든 개를 피하도록 구조화되었다. 그는 이러한 믿음에 의문을 제기할 이유가 없다. 자신의 경험에 따라 그러한 믿음에 확신이 더해졌기 때문이다. 그러나 어느 순간, 소년(그리고 지구상에 있는 다른 모든 사람)은 창조적인 경험을 하게 된다. 정상적인 환경에서라면 그는 개를 만나지 않으려고 온갖 방법을 다 쓸 것이다. 그러나 예상하거나 의도하지 않은 어떤 일이 일어난다면 어떻게 될까?

소년이 부모와 함께 길을 걸으면서 안전하게 보호받는다고 느끼고 있다고 치자. 길을 가던 그들은 소년과 같은 또래의 몇몇 아이들이 개와 놀고 있는 장면을 보게 된다. 더군다나 그들은 아주 즐겁게 놀고 있다. 이것이 창조적인 경험이다. 소년은 자신이 개에 대해 가진 믿음이 진실이 아니라는 반박할 여지가 없는 정보에 직면하게 된 것이다. 이제 무슨 일이 생길까?

첫째, 그 경험은 소년이 의식적으로 한 것이 아니었다. 그는 자신의 믿음을 부정하는 정보에 노출되겠다는 결정을 한 적이 없었다. 우리는 이것을 '우연한 창조적 경험'이라고 부를 수 있다. 외부 환경이 소년에게 존재하지 않는다고 믿었던 다른 가능성을 접하게 해주었기 때문이다. 둘째, 다른 아이들이 개와 놀면서도 다치지 않는다는 걸 본 소년은 혼란스러움을 느낄 것이다. 이런 혼란이 줄어들면, 즉 모든 개가 위험한 건 아닐 수 있다는 사실을 그가 받아들이기 시작하면 다음과 같은 일이 발생할 수 있다. 이를 몇 가지 시나리오로 정리해보자.

먼저 소년은 자기와 같은 또래의 다른 아이들(그가 강력하게 동질화할 수 있었던 아이들)이 개와 놀면서 그토록 즐거운 시간을 보내는 걸 보고 자기도 다른 아이들처럼 개와 즐거운 시간을 보내고 싶다고 생각할 수 있다. 우연한 창조적인 만남은 소년이 앞서 불가능하다고 믿었던 방식으로 자신을 표현하는 데 관심을 갖게 만들었다.

그가 이런 바람에 맞게 자신을 표현할 수 있을까? 이 질문에 대한 대답은 에너지 역학의 문제와 관련된다. 소년 안에는 직접적으로 상충되는 두 가지 힘이 존재한다. 이 두 힘은 각자 우세를 점하기 위해서 경쟁한다. 하나는 '모든 개는 위험하다'는 소년의 믿음이고, 다른 하나는 다른 아이들처럼 개와 즐겁게 놀고 싶다는 바람이다. 소년이 다음에 개를 만나게 될 때 어떻게 행동할지는 이 두 가지 힘, 즉 그의 믿음과 바람 중 더 강력한 에너지를 가진 쪽에 의해서 판가름이 날 것이다.

'모든 개는 위험하다'는 믿음의 에너지 강도를 고려해봤을 때 소년의 믿음은 바람보다 훨씬 더 강한 에너지를 갖고 있다고 합리적으로 유추해볼 수 있다. 그런 이유로 소년은 다음에 개를 만났을 때 매우 곤혹스러워할 것이다. 개를 쓰다듬어 보고 싶더라도 어떤 식으로건 개와 교류를 할 수 없다는 걸 깨닫게 된다. 그의 믿음에 들어 있는 '모든'이라는 단어가 그의 바람을 성취하지 못하게 막는 힘으로 작용하기 때문이다. 소년은 쓰다듬고 싶은 개가 자신을 해치지 않을 거라는 사실을 알고 있을지 모르지만 에너지의 균형이 그의 바람 쪽으로 기울어지기 전까지는 개를 만질 수 없다.

소년이 진정으로 개와 교류하기를 원한다면 두려움을 극복해야 한다. 소년이 자신의 바람에 더욱 부합하는 믿음을 가지려면 모든 개가 위험하다는 믿음을 비활성화시킬 수 있어야 한다. 우리는 개가 사랑스럽고 다정하거나, 반대로 더럽고 추악하게 행동하는 등 광범위한 방식으로 자신을 표현할 수 있다는 걸 알고 있다. 그러나 비율로 따져봤을 때 더럽고 추악한 개의 비율은 아주 낮은 편이다. 따라서 소년이 받아들일 수 있는 믿음은 '개는 대부분 친근하나 추악하고 더러운 개도 더러 존재한다'와 같은 것이 될 수 있다. 이러한 믿음은 소년에게 어떤 개와 놀면 되고 어떤 개는 피해야 하는지를 알려주는 개의 특성과 행동 패턴을 인식하는 방법을 배우게 해준다.

그러나 중요한 문제는 과연 소년이 두려움을 극복하기 위해서 '모든 개는 위험하다'란 믿음에서 '모든'을 비활성화시킬 수 있느냐의 여부다. 믿음은 그것의 현재 상태를 바꾸게 만드는 어떤 힘이라도 거부한다는 것을 명심하라. 그러나 앞서도 지적했듯이, 이 문제를 해결하는 적절한 방법은 믿음 자체를 바꾸는 것이 아니라 믿음으로부터 에너지를 빼낸 후 그 에너지를 우리의 목적에 더 잘 부합하는 다른 믿음으로 전환하는 것이다. '모든'이란 단어가 나타내는 개념을 비활성화시키기 위해서 소년은 앞으로 언젠가 개와 긍정적인 경험을 창조해야 한다. 그는 또 두려움을 이겨내고 개를 쓰다듬을 수 있어야 한다.

그러려면 소년 입장에서는 상당한 노력이 필요하다. 개에 대해 새로운 깨달음을 얻었더라도 바로 개에게 다가가지는 못한다. 이런 노력 과정의 초기에는 그저 개를 멀리서 바라봐도 도망가지 않는 정도가 최선일 것이다. 그러나 멀리서나마 개와 접촉하는 횟수가 늘어나는데도 부정적인 결과가 생기지 않는다면 '모든 개는 위험하다'는 소년의 믿음으로부터 부정적인 에너지는 점점 더 많이 빠져나가게 된다. 결과적으로 새로운 긍정적인 경험을 쌓는 횟수가 늘어날수록 소년은 자신과 개 사이의 간격을 개를 쓰다듬을 수 있는 수준까지 조금씩 줄여나갈 수 있다. 에너지 역학적 시각에서 보면 '개를 만지고 싶다'는 소년의 바람이 '모든 개는 위험하다'는 믿음보다 조금이라도 더 강해질 때 비로소 그는 개를 만질 수 있을 것이다. 그가 실제로 개를 만지는 순간, '모든'이란 개념으로부터 남아 있는 부정적인 에너지를 대부분 빼내서 새로운 경험을 반영하는 믿음으로 전환하는 효과가 생길 것이다.

지금까지 설명한 첫 번째 시나리오의 최종 결과는 소년이 개의 본질에 대한 자신의 제한적인 믿음을 비활성화시킴으로써 두려움을 극복하게 됐다는 것이다. 이로 인해 소년은 즐겁게 자신을 표현할 수 있게 되었는데, 사실 그렇게 되기가 불가능할 수도 있었다.

소년과 개의 우연한 창조적인 만남으로부터 나올 수 있던 두 번째 시나리오는 소년이 개와 놀게 될 가능성에 전혀 이끌리지 않는 것이다. 다시 말해 소년은 다른 아이들처럼 개와 놀고 싶어 하지 않을 수 있다. 이 경우 모든 개는 위험하다는 믿음과 모든 개가 위험한 건 아니라는 새로운 깨달음은 그의 정신 환경 속에서 상충되는 개념으로 존재할 것이다. 나는 이때의 모순을 '활성화된 모순active contradiction' 이라고 부르고 싶다.

이때 두 가지 활성화된 믿음이 서로 표현되기를 원하면서 다른 믿음과 직접적으로 갈등을 일으킨다. 이번 사례에서 첫 번째 믿음은 소년의 정신 환경에서 매우 강력하게 자리 잡고 있다. 또한 그 믿음에 담긴 부정적 에너지의 양도 대단하다. 반면 두 번째 믿음은 한층 피상적인 수준에 머물면서 긍정적인 에너지가 거의 없다.

이러한 상황의 역학은 흥미로우면서도 극도로 중요하다. 우리는 믿음이 정보에 대한 우리의 인식을 통제한다고 주장해왔다. 정상적인 환경에서라면 소년은 개와 교류할 가능성에 대해서 의도적으로

등을 돌렸을 것이다. 그러나 다른 아이들이 개와 놀고 있는 장면을 본 경험은 그의 정신 환경에 모든 개가 위험한 건 아니라는 긍정적인 개념을 만들어줬다. 즉, 우호적인 개도 있을 수 있다는 개념이다. 그러나 소년은 '모든 개는 위험하다'는 믿음 속에서 '모든'을 비활성화시킬 수 없었으며, 내가 알고 있는 한 믿음은 스스로 비활성화될 수는 없다. 결과적으로 믿음은 의식적으로 비활성화시키기 위한 조치를 취하지 않는다면 죽는 순간까지 우리 안에 존재한다. 그러나 이번 시나리오에서 소년은 두려움을 극복하고 싶은 바람이 없었기에 결과적으로 그러고 싶다는 동기도 느끼지 않았다.

따라서 소년은 모든 개가 위험한 건 아니라는 미약한 믿음이 그에게 개와 함께 놀 가능성을 인식할 수 있게 해주었지만 그의 또 다른 강력한 믿음은 여전히 그가 개를 만날 때마다 어느 정도 두려움(다만 이때 그가 느끼는 두려움은 공포에 질려 도망갈 정도의 두려움은 아닐 수 있다. 일정 수준의 두려움이 다른 믿음에 의해 상쇄되고 있기 때문이다)을 느끼게 해주는 모순된 상황에 빠뜨린다.

두 번째 시나리오처럼 직접 '보고' 결과적으로 상황이 위험하지 않다는 걸 알게 됐더라도 그 깨달음이 우리의 정신 환경을 지배하는 힘이 될 수 있을 만큼 충분한 에너지를 갖지 못할 수 있음을 이해해야 한다. 그래야 좌절감에 빠지지 않는다. 다시 말해 새로운 자각이나 발견이 우리가 보지 못했을 수 있는 여러 가지 가능성을 '인식'하도록 해줄 순 있어도 행동의 변화로 이어질 만큼 충분한 에너지를 가지지는 못했을 수 있다(나는 뭔가를 관찰하는 데 드는 에너지보다 행동

하거나 스스로를 표현하는 데 드는 에너지가 더 많다는 전제하에 이러한 주
장을 하고 있다).

반면에 새로운 인식과 발견은 우리 안에 그것과 모순될 만한 믿음
이 아무것도 없을 때 매우 쉽게 주도적인 힘이 된다. 그러나 서로 상
충되는 믿음들이 존재하고, 우리에게 그러한 상충되는 힘들을 비활
성화시킬(그러려고 약간의 수고를 들일) 의사가 없고, 특히 그 힘들이
부정적이라면 우리가 알아낸 결과에 따라 행동하기가 최소한 힘들
거나 아예 불가능해질 것이다.

나는 지금까지 사실상 모든 투자자가 해결해야 할 심리적인 딜레
마에 대해 설명했다. 당신이 확률의 속성을 확실히 이해하고 있어서
다음 번 투자 역시 확률적인 결과를 내는 일련의 투자들 중 또 하나
의 투자에 불과하다는 것을 '알고' 있다고 전제해보자. 알고 있지만
여전히 당신은 다음 거래에 두려움을 느끼거나 앞서 설명했던 두려
움 때문에 생기는 잘못을 저지르기가 쉽다. 두려움이 생기는 근본 원
인은 시장의 정보를 위협적으로 판단하고 해석해버리기 때문이다.
시장 정보를 위협적이라고 판단하게 되는 이유는 무엇일까? 우리의
기대 때문이다! 시장이 우리가 기대하지 않은 정보를 생산할 때 시
장의 등락은 위협적이거나 부정적인 성격을 띠는 것처럼 보인다. 결
과적으로 우리는 두려움, 스트레스, 불안을 경험한다. 그렇다면 우리
의 기대는 근본적으로 어디서 생기는 것일까? 바로 믿음이다.

당신이 투자를 할 때 여전히 부정적인 마음 상태를 경험한다면 그
이유는 확률적 결과에 대해서 '아는' 것과 다른 주장을 하는(표현되

기를 원하는) 당신 안에 있는 믿음이 서로 충돌하기 때문이다. 확률에 따라서 생각하려면 시장의 매 순간이 독립적이라거나, 아니면 더 구체적으로 말해서 모든 우위가 특별한 결과unique outcome를 낸다는 사실을 믿어야 한다.

모든 우위는 '특별한 결과'를 낸다고 믿을 때(다른 뭔가를 옹호하는 다른 어떤 믿음도 없는 주도적인 믿음일 때), 당신은 비로소 공포, 두려움, 걱정이 없는 마음 상태를 경험하게 될 것이다. 특별한 결과란 경험해보지 못했기 때문에 미리 알 수 있는 결과가 아니다. 이미 알려져 있다면 그것은 특별하다고 정의내릴 수 없다. 다음에 무슨 일이 일어날지 모른다고 믿는다면 당신은 시장으로부터 정확히 무엇을 기대하고 있는가? 이 질문에 대해서 '모른다'고 대답한다면 정답이다. 무슨 일이 일어나더라도 수익을 내는 데 그 일이 뭔지를 꼭 알 필요는 없다고 믿는다면 시장 정보를 위협적이고 고통스럽다고 규정하고 해석할 가능성이 어디 있단 말인가? '없다'라고 말한다면 이번에도 역시 정답이다.

다음은 믿음이 어떻게 표현되기를 원하는지 보여주는 또 다른 사례다. 이번에는 개와의 첫 번째 만남에서 매우 긍정적인 경험을 했던 소년을 예로 들어보자. 이 소년은 개와 교류하는 데 전혀 문제가 없다(어떤 개와도 마찬가지다). 자신에게 비우호적인 개를 만나본 적이 없기 때문이다. 따라서 소년은 개가 어떤 피해를 주거나 고통을 유발하리라고 생각(활성화된 믿음)하지 못한다.

말과 기억을 연결하는 법을 배우면서 소년은 '모든 개는 친근하고 재미있다'고 믿게 된다. 따라서 개가 그의 인식 범위 안에 들어올 때마다 이 믿음은 표현되기를 원한다. 개와 부정적인 경험을 한 적이 있는 사람 눈에는 이 소년이 '무모한 방종'을 저지르고 있는 것처럼 보일 것이다. 당신이 주의하지 않으면 언젠가 개한테 물린다고 아무리 타일러도 소년의 믿음은 당신의 조언을 폄하하거나 아예 무시하게 만들 것이다. 소년은 "걱정하지 마세요!"나 "절대로 그런 일은 없어요."라고 응수할지도 모른다.

이후 언젠가 소년이 예민한 성격의 낯선 개를 만났다고 치자. 소년을 본 개는 으르렁거린다. 소년이 경고를 무시하자 개는 소년을 공격했다. 소년의 믿음 체계에서 그는 방금 창조적인 경험을 한 것이다. 그 경험이 '모든 개는 우호적이다'라는 그의 믿음에 어떤 영향을 미칠까? 소년은 앞서 예를 들었던 소년처럼 모든 개에 대해서 두려움을 느끼게 될까?

불행하게도 이 질문에 대한 대답은 확실하지 않다. 개와 특별히 어떤 관련도 없으면서도 이러한 특별한 상황에서 활성화될 수 있는, 마찬가지로 표현되기를 원하는 다른 믿음이 있을 수 있기 때문이다. 예를 들어 이 소년이 배신감에 대해 고차원적인 믿음(소년은 아주 중요한 상황에서 아주 중요한 사람으로부터 배신을 당한 적이 있어서 강력한 감정적인 고통을 경험한 적이 있다)을 갖고 있다면 어떨까? 그가 이 한 마리의 개로부터 받은 공격을 개 전체로 확장시켜 '배신'당한 거라고 여긴다면(개에 대한 믿음의 배신), 그는 쉽게 모든 개를 두려워하게 될 수 있다. 이때 소년의 원래 믿음 속에 있던 모든 긍정적인 에너지가 순식간에 부정적인 에너지로 뒤바뀔 수 있다. 소년은 이러한 변화를 '한 마리의 개가 나를 배신할 수 있다면 다른 개들도 배신할 수 있다' 식의 합리화를 통해서 이런 변화를 정당화시킬 수 있을 것이다.

　그러나 나는 이것이 극단적이면서도 일어날 가능성이 희박한 일이라고 생각한다. 이보다는 소년의 원래 믿음 속에 들어 있던 '모든'이라는 단어가 순식간에 비활성화되면서, 그 에너지가 개의 진정한 특성을 더 잘 반영하는 새로운 믿음으로 전환될 가능성이 더 크다고 하겠다. 이번에 겪은 경험 덕에 소년은 개의 본질에 대한 새로운 깨달음을 얻게 해준 에너지의 전환을 겪었다. 그가 갖고 있던 '우호적인 성격의 개'에 대한 믿음은 여전히 변함이 없다. 그는 여전히 개와 함께 놀고 싶어 한다. 다만 그는 개가 우호적인지 아닌지를 의식적으로 구분하려고 할 것이다.

　이 같은 우리 존재의 본질을 둘러싼 근본적인 진실은 일상생활뿐만 아니라 시장에서도 발견할 수 있다. 시장에는 매 순간 우리가 알고 있는 요소(유사성)와 아직 경험해보지 못해서 모르거나 알 수 없는 요소가 함께 들어 있다. 만약 우리가 특별한 결과를 기대하도록 적극적으로 훈련하지 않는다면 우리는 알고 있는 것만을 계속해서 경험할 것이다. 그 밖의 다른 모든 것(우리가 기대하는 것과 일치하지 않는 다른 정보와 가능성)은 우리가 인식하지 못한 사이에 왜곡되고, 부정되고, 무시된 채 우리를 스쳐 갈 것이다. 반대로 진심으로 몰라도 된다고 믿는다면 당신은 확률, 즉 시장의 관점에 따라서 생각하면서 시장이 어떤 특정 방향으로 움직일 가능성에 대해서 알려주는 어떤 정보도 무시하거나, 왜곡하거나, 부정하거나, 공격할 이유를 찾지 못할 것이다.

이런 식의 정신적 자유를 느껴보지 못해서 느껴보고 싶다면 매 순간의 특별함을 믿는 사고 훈련을 열심히 하되 다른 뭔가를 옹호하는 믿음은 비활성화시킬 필요가 있다. 이러한 과정은 첫 번째 시나리오에 나왔던 소년이 거쳐온 과정과 별반 다르지 않으며, 결코 저절로 이루어지지 않는다. 소년은 두려움을 느끼지 않고 개와 교류하기를 바랐고, 그러려면 새로운 믿음을 창조하고, 모순된 믿음을 비활성화시켜야 했다. 바로 이것이 투자자로서 꾸준한 성공을 거둘 수 있는 비밀이다.

## 믿음은 그 존재를 의식적으로 인식하느냐와 상관없이 계속해서 작동한다

다시 말해 정보를 인식하고 행동에 영향을 미치도록 어떤 특별한 믿음을 적극적으로 기억하려고 하거나 그것에 의식적으로 다가가지 않아도 된다. 이 말의 의미를 선뜻 받아들이기 힘들지도 모르겠다. 그러나 생각해보면 우리가 평생 배우는 지식과 믿음의 상당 부분은 무의식적 내지는 잠재의식적인 차원에서 저장된다.

운전을 예로 들어보자. 내가 당신에게 운전을 처음 배울 때 익혀야 했던 구체적인 기술들을 모두 기억해보라고 요청했다고 치자. 아마도 당신은 제대로 기억해내지 못할 것이다. 나는 몇 년 전 10대 소년에게 처음으로 운전하는 법을 가르칠 기회가 생겼는데 그때 내가 당연하게 여기고 있던, 그러니까 의식적 차원에서 한 번도 생각해보지 않았던 운전 과정이 얼마나 많았는지 깨닫고는 기겁하고 말았다.

아마도 이런 특성을 보여주는 가장 좋은 사례는 음주 운전하는 사람일 것이다. 술을 먹고 자신이 A 지점에서 B 지점으로 어떻게 운전해 갔는지 전혀 모르는 사람이 족히 수천 명은 되리라. 운전 기술과 운전 능력에 대한 믿음이 자동적으로 작동한다고 믿지 않고서야 어떻게 이런 일이 가능할까. 단언컨대, 이러한 음주 운전자 중 다수가 사고를 일으킨다. 그러나 음주 운전을 했을 것이라 추정되는 사람들의 숫자와 비교해보면 사고가 훨씬 더 많이 일어나지 않는 게 매우 놀랍게 느껴진다. 사실상 음주 운전자가 졸거나 순간적으로 반응을 해야 하는 사건이 발생했을 때 사고를 일으킬 가능성이 가장 크다. 다시 말해 '무의식적 기술'만 갖고 운전하기에 적절치 않은 상황이 발생했을 때다.

## '자기훼방적 믿음'에서 벗어나는 법

이러한 특성은 투자에도 상당히 심오한 영향을 미친다. 투자 환경은 우리에게 무한한 부의 축적 기회를 제공한다. 그러나 얼마나 많은 돈을 벌고 싶고 벌 수 있느냐와 실제로 얼마나 많은 돈을 벌 가치나 자격이 있다고 믿느냐 사이에는 거대한 괴리가 존재한다.

모두가 자기평가에 대한 '감'을 갖고 있다. 이러한 감이 얼마나 되는지 알아보는 가장 쉬운 방법은 당신이 가진 모든 '활성화된 믿음'을 목록으로 정리해보는 것이다. 의식적·무의식적 믿음 모두를 포함해서 말이다. 다음으로 긍정적 믿음에서 나오는 에너지를 부정적 믿음에서 나오는 에너지와 대조해보라. 성공과 번영에 반대하는 부정적 에너지보다 찬성하는 긍정적 에너지가 더 많다면 자기평가에 긍정적인 감을 가진 것이다. 반대라면 부정적인 감을 가진 것이다.

이러한 믿음들의 상호교류 역학은 그다지 간단하지 않다. 사실상 아주 복잡해서 정리하고 분류하는 데만 수년 동안의 정신적인 수고가 필요하기도 하다. 그리고 이 과정에서 당신이 어떤 사회 환경 속에서 자라왔든 성공이나 거액의 돈을 모으는 걸 반대하는 부정적인 믿음을 가질 수밖에 없었다는 걸 깨달아야 한다. 이러한 '자기훼방적 믿음self-sabotaging belief' 대부분은 오랫동안 잊힌 채 잠재의식적인 차원에서만 작동하지만, 우리가 잊어버렸다고 해서 그것이 비활성화됐다는 뜻은 아니다.

그렇다면 자기훼방적 믿음은 어떻게 생기는 걸까? 이러한 믿음은 불행하게도 성장 과정에서 너무 쉽게 얻어지곤 한다. 아이가 부모가 하지 말라는 어떤 행동을 했다가 결국 다치게 됐다고 생각해보자. 이때 많은 부모가 아이에게 "내가 하지 말랬을 때 안 했으면 이런 일이 없잖아(아이가 얼마나 다쳤는지는 들여다보지 않고)!"나 "그러게 내 말을 들었어야지. 하나님이 벌주신 거다."라고 말할 것이다. 이런 말을 들었을 때의 문제는 아이가 앞으로 다칠 때마다 이 말을 떠올리면서 결과적으로 자신은 성공이나 행복이나 사랑을 얻을 자격이 없는 사람이라고 믿게 된다는 점이다.

　우리가 죄의식을 느끼게 되면 그게 무엇이건 자신의 가치에 부정적인 영향을 준다. 일반적으로 죄는 나쁜 사람을 연상시키며, 사람들은 대부분 나쁜 사람은 벌을 받고 보상을 받아서는 안 된다고 믿는다. 어떤 종교에서는 아이들에게 부의 축적이 경건하거나 영적인 행동이 아니라고 가르치기도 한다. 혹자는 아무리 완전히 합법적이고 사회적 시각에서 봤을 때 도덕적이더라도 특정한 방법으로 돈을 버는 게 잘못됐다고 믿기도 한다.

　우리가 투자할 때 잠재의식 속에 자리 잡은 이러한 자기훼방적 믿음은 집중이나 초점을 흐리는 형태로 모습을 드러냄으로써 매도 주문을 해야 하는데 매수 주문을 내거나 반대로 매수 주문을 해야 하는데 매도 주문을 내는 것과 같은 실수를 낳는다. 혹은 정신이 산만해져서 어쩔 수 없이 매매를 중단했다가 나중에 다시 와서 보니 '대박' 기회를 놓쳤다는 걸 알게 된다. 나는 정도의 차이가 있을 뿐 꾸준히 성공을 거둔 많은 투자자와 일해보았는데 그들 역시도 주식을 살 때 방해가 되는 몇몇 장애물을 무너뜨리지 못했다는 사실을 발견했다. 그들은 많은 여성 임원들이 기업에서 만나는 '유리 천장' 같은 보이지는 않지만 매우 현실적인 장애물에 부딪치곤 했다.

　이러한 투자자들은 장애물에 부닥칠 때마다 시장 상황과 상관없이 상당한 타격을 입었다. 그러나 무슨 일 때문에 그렇게 됐느냐는 질문을 받으면 보통 갑자기 운이 나빠졌거나 시장이 변덕을 부려서 그렇게 됐다고 말한다. 흥미롭게도, 그들의 주식투자 수익률은 꾸준히 올라갔다. 어떤 경우에는 몇 달 동안 이런 기간이 지속됐다. 그러다가 심각한 타격을 입게 되는 일은 항상 같은 지점에서 일어났다. 바로 '부정적인 영역negative zone'에 빠졌을 때였다. '무아지경', 즉 몰입 상태에 빠졌을 때 돈이 마술처럼 투자자의 계좌로 들어오는 것과 마찬가지로 해결되지 않은 자기평가 문제가 정보와 행동에 대한 인식에 기이하게 작용하는 '부정적인 몰입'의 상태에 있을 때는 돈이 계좌에서 썰물처럼 쉽게 빠져나갈 수 있다.

나는 지금 자기평가에 대한 긍정적인 감각을 부정하는 모든 믿음을 비활성화시켜야 한다고 말하는 것이 아니다. 애초에 그렇게 하기가 불가능하기 때문이다. 그러나 그러한 믿음이 존재한다는 걸 인지하면서 투자 시 그것이 모습을 드러내지 못하도록 구체적인 조치를 취할 필요는 있다.

# 최고의 투자자처럼
# 생각하라

투자를 한마디로 뭐라고 정의할 수 있느냐고 묻는다면 나는 "투자는 패턴 인식 숫자 게임이다."라고 답하겠다. 우리는 패턴을 파악하고, 위험을 정의하고, 수익을 창출할 시점을 판단하기 위해 시장을 분석한다. 투자는 소기의 성과를 거둘 때도 있고 그렇지 못할 때도 있다. 결과가 어떻든 우리는 계속해서 투자를 한다.

아주 간단하지만 쉽지 않은 게 바로 투자다. 사실상 투자는 가장 성공하기가 힘든 일 중에 하나인데, 머리를 써야 해서가 아니라 실은 그 반대이기 때문이다! 더 많이 알아야겠다고 생각하기 때문에 성공을 거두기 더 힘들어지는 것이다. 어떤 경우 분석 결과가 '완벽하게' 옳다고 드러날 때조차 알아서는 안 되는 상태로 투자해야 하기 때문에 투자는 어렵다.

이와 같은 알면 안 되는 상태로 투자를 하기 위해선 적절한 '기대 관리'가 필요하다. 기대를 적절히 관리하기 위해서는 다섯 가지 근본적 진리를 추호의 의심도 없이 믿을 수 있도록 당신의 정신 환경을 정돈해놓아야 한다.

이번 장에서는 시장에 대한 이러한 진리들을 당신의 정신 환경 속에 통합하는 훈련 방법을 알려줄 것이다. 그러려면 투자자에게 필요한 3단계 발전 과정을 먼저 이해할 필요가 있다.

1단계는 바로 '기계적mechanical' 단계다. 이 단계에서 해야 할 일은 다음과 같다.

1. 무제한적 환경 속에서 활동하는 데 필요한 자기신뢰를 쌓는다.
2. 투자 시스템을 실수 없이 실행하는 방법을 배운다.
3. 확률(다섯 가지 근본적 진리)에 따라서 생각할 수 있게 머리를 훈련시킨다.
4. 투자자로서 꾸준한 결과를 내는 데 대한 강력하고 흔들리지 않는 믿음을 만든다.

이 1단계를 끝냈다면 투자의 '주관적subjective' 단계로 넘어갈 수 있다. 2단계에서는 시장 움직임에 대해서 지금까지 배워왔던 걸 모두 이용한다. 아울러 앞 장에 나왔던 해결되지 않은 자기평가 문제가 야기하는 투자 실수를 저지르지 않도록 주의하는 방법을 배우게 된다.

3단계는 '직관적intuitive' 단계다. 직관적으로 투자하기는 가장 진보한 단계로 마치 무술에서 검은 띠를 따는 것과 같다. 다만 직관은 자연스럽게 생기는 것이라 노력한다고 해서 직관적이 될 수는 없다. 직관은 합리적 지식 차원에서 생기지 않기 때문이다. 우리 머릿속의 합리적인 부분은 본래 이해하지 못하는 출처로부터 나온 정보를 신뢰하지 못한다. 그러나 어떤 일이 일어날 거라는 느낌은 합리적으로 아는 그 어떤 것과도 매우 다른 지식의 한 형태다. 나는 다음에 무슨 일이 일어날지 직관적으로 감을 잘 잡았지만 다른 식으로 행동하도록 종용하는 머릿속의 이성 때문에 갈등하는 투자자들과도 자주 같이 일해봤다. 물론 그들이 직관대로 행동했더라면 아주 만족스러운 결과를 얻었을 것이다. 그러나 그들은 직관을 따르지 않음으로써 아주 불만족스러운 결과를 냈다. 내가 알고 있는 한 직관적이 되기 위한 유일한 길은, 직관적 충동에 따라서 정보를 받아들이고 행동하는 데 열린·마음 상태를 만드는 것이다.

## 기계적으로 투자하기

그럼 이제부터 각 단계별로 구체적인 훈련 방법들을 알아보자.

1단계인 기계적 단계는 투자에서 꾸준한 결과를 내게 해줄 기술들(신뢰, 자신감, 확률적 사고)을 익힐 수 있도록 하기 위해 특별히 고안됐다. 여기서 나는 꾸준한 결과를 '우위가 통하지 않았을 때 자연스럽게 약간의 실패를 맛보더라도 점진적으로 수익을 내는 것'이라고 정의하겠다.

투자에서 이길 확률을 높이는 패턴을 찾는 방법뿐 아니라 꾸준한 수익을 올리기 위해서는 내가 이 책에서 내내 강조했던 공포나 도취감이나 자기평가에 따른 투자 실수를 저지르는 성향에서 체계적으로 벗어나야 한다. 투자 실수를 없애고 자기평가에 대한 '감'을 키우기 위해서는 사실상 모든 심리적인 기술을 습득해야 한다.

이 기술이 심리학적인 이유는 각각의 기술이 가장 '순수한' 형태의 믿음이라서다. 우리 행동의 기초가 되는 믿음이 마음 상태를 결정하고 우리가 이미 진실로 믿는 것을 부단히 강화해주며 경험을 만들어나간다는 사실을 명심하라.

믿음이 얼마나 진실한지는 그것이 우리에게 얼마나 유익한지에 따라서 달라질 수 있다. 다시 말해 목표를 성취하는 데 믿음이 얼마나 도움이 되느냐에 따라서 달라질 수 있다는 말이다. 일관되고 꾸준한 결과를 내는 게 투자자인 당신의 최우선 목표라면 '나는 꾸준히 성공하는 투자자'라는 믿음(변화를 거부하고 밖으로 표현되기를 원하는 의식적이고 활성화된 개념)을 가져라. 그러면 그것은 믿음뿐 아니라 결과적으로 목표를 만족시키면서 인식과 해석과 기대와 행동을 통제할 중요한 에너지원 역할을 할 것이다.

'나는 꾸준히 성공하는 투자자'라는 강력한 믿음을 가지려면 몇 가지 일관된 성공 원칙을 고수해야 한다. 그리고 이러한 원칙 중 몇 가지는 당신이 투자에 대해서 이미 갖고 있던 몇 가지 믿음과 직접적으로 충돌할 것이다. 이때 작용하는 에너지 역학은 개를 두려워하지 않는 다른 아이들처럼 되고 싶어 했던 소년의 사례에서의 에너지 역학과 다르지 않다.

소년은 그동안은 불가능하다고 생각했던 방식으로 자신을 표현하고 싶어 했다. 그리고 이러한 바람을 만족시키기 위해서 적극적인 변화 과정에 돌입해야 했다. 이때 소년이 사용한 방법은 간단했다. 성취하려는 목표에 집중하려고 최대한 애쓰면서 점차 자신의 바람과 상충되는 믿음을 비활성화시키고 바람과 부합하는 믿음을 굳건히 만드는 것이었다.

당신이 언젠가 꾸준한 승자가 되고 싶다면 그렇게 되기 위한 변화에 뛰어들어야 한다. 개인적인 변화에서 가장 중요한 요소는 변하려는 의지, 명확한 의도, 그리고 강력한 바람이다. 궁극적으로, 이러한 변화 과정이 성과를 거두기 위해서는 투자를 할 때 무엇보다 일관성을 중시해야 한다. 그런 일관성으로 내적 장애물을 극복할 수 있을 때 궁극적으로 바라는 결과를 얻을 수 있다.


### 자신을 객관적으로 관찰하라

일관성을 창조하는 과정의 첫 단계는 생각, 말, 행동을 관찰하는 일이다. 왜 그래야 할까? 우리가 투자자로서 생각하거나 말하거나 행동하는 모든 일은 심리 체계에 있는 믿음에 기여하고, 그 결과로 믿음을 강화하기 때문이다.

이때는 궁극적으로 자신의 생각, 말, 행동을 객관적으로 관찰하는 법을 배워야 한다. 투자 실수를 막는 1차 방어선은 실수에 대해서 '생각하는 자신을 관찰하는 것'이다. 물론 최종 방어선은 '행동 관찰하기'다. 이러한 과정에서 관찰자가 되기 위한 노력을 하지 않으면 항상 실수하고 나서야 뒤늦은 깨달음을 얻는다. 그러면 보통 깊은 후회와 좌절감에 빠지게 된다.

자신을 객관적으로 관찰하려면 자신에 대해서 알게 된 사실에 대해 판단하거나 가혹한 비판을 자제해야 한다. 그러나 감정적인 고통 상태에 빠지는 걸 원하는 사람은 아무도 없다. 그런 이유로 우리는 보통 잘못을 하더라도 그것을 최대한 오랫동안 인정하지 않으려 한다.

예를 들어 나는 함께 일하고 있는 투자자들에게 그들이 얼마나 위험한 상황에 빠졌는지를 알려줄 때 그들에게 그랜드캐니언 위에 놓인 다리를 건너고 있다는 상상을 해보라고 부탁한다. 이때 다리의 넓이는 그들의 투자 건수와 관련이 있다. 가령 한 번만 거래를 한(한 건의 계약만 성사시킨) 투자자의 다리는 매우 넓다. 이를테면 다리 폭이 6미터라고 해보자. 6미터 폭의 다리를 건널 때는 실수에 대해 상당한 아량을 가질 수 있다. 폭이 넓으니 발을 헛디딜까 봐 과도하게 신경을 쓰거나 집중하지 않아도 된다는 얘기다. 그렇지만 어떤 이유 때문이든 다리 밖으로 떨어지면 그랜드캐니언 바닥까지 2킬로미터를 그대로 추락하게 된다.

2킬로미터 위에 세워진 난간도 없는 좁은 다리를 건너려는 사람이 실제로 얼마나 많은지 나는 모른다. 어쨌든 그런 사람은 극소수에 불과할 것이다. 마찬가지로, 선물 거래소에서 여러 종류의 투자 위험을 경험하고 싶은 사람은 거의 없을 것이다. 단 한 차례의 계약만으로도 2킬로미터 높이에서 떨어지는 것과 비슷한 심각한 피해를 입을 수 있기 때문이다. 그러나 그 투자자는 한 차례의 계약만 했기 때문에 실수를 했거나 시장 변동성이 심해 오판한 자신에게 상당한 관용을 베풀 수도 있다.

반면에 내가 지금까지 같이 일해본 투자자 중 가장 규모가 큰 투자를 하는 사람 중 한 명은 한 번에 500개의 미국 국채 선물을 가지고 거래를 한다. 그는 종종 1,000개가 넘는 계약을 맺기도 하는데 그러려면 증거금(계약이행보증금)만 해도 엄청나다. 물론 국채 선물시장은 변동성이 매우 크기 때문에 불과 몇 초 사이에도 위아래로 몇 틱씩 움직일 수 있다.

투자자의 포지션 규모가 커진다는 것은 그랜드캐니언 위에 놓인 다리 폭이 좁아진다는 의미다. 대규모 채권 투자자에게 다리는 가느다란 선만큼이나 좁아졌다고 할 수 있다. 분명 투자자는 극도로 균형을 잘 잡아야 하며, 한 걸음 한 걸음마다 매우 집중해야 한다. 조금만 헛디디거나 센 바람이 불어오면 다리에서 추락할 수 있기 때문이다. 한 번 잘못하면 2킬로미터 아래로 떨어지게 된다.

여기서 조금만 발을 헛디디거나 바람이 분다는 것은 정신을 다른 데로 돌린다는 의미다. 다시 말해 딴생각을 하며 집중하지 않은 불과 1~2초 사이에도 포지션을 청산할 수 있는 좋은 기회를 놓칠 수 있다는 얘기다. 그가 충분히 돈을 건지고 빠져나올 수 있는 다음 가격 레벨은 엄청난 손실을 보거나 그동안 크게 얻은 수익을 대폭 반납해야 하는 지점일 수 있다.

잘못을 하지 않아야 지속적인 결과를 낼 수 있다는 말은 잘못을 인정할 수 없으면 목표를 성취하는 데 상당한 어려움을 겪을 거라는 말과 같다. 사실 잘못을 인정하지 않으려는 경향이 인간에게 너무 만연되어 있어 그것이 인간의 고유한 특성이 아닌가 하는 생각마저 든다. 그러나 나는 반드시 그런 건 아니라고 믿는다. 또한 나는 우리가 잘못이나 실수하는 자신을 조롱하거나 무시하는 능력을 갖고 태어났다고도 믿지 않는다.

누구든지 살면서 잘못을 저지른다. 우리는 다음과 같이 되기 전까지 계속해서 잘못을 저지르게 될 것이다.


1. 우리의 모든 믿음이 우리의 바람과 절대적으로 조화를 이룰 때
2. 우리의 모든 믿음이 환경의 시각에서 유용한 것과 완벽한 일관성을 이뤘을 때


분명히 말하지만 우리의 믿음이 환경의 시각과 조화를 이루지 못한다면 잘못할 가능성이 아주 높다. 목표를 달성하기 위한 적절한 일련의 단계들을 인식할 수 없게 만들기 때문이다.

또한 목표와 상충되는 믿음들은 우리의 의식 속에 잡념의 형태로 나타나 순간적으로 초점이나 집중을 잃게 만든다. 언뜻 보기에 이것이 심각해 보이지 않을 수도 있다. 그러나 그랜드캐니언 위에 놓인 다리 비유에서 봤듯이 많은 게 걸려 있을 때는 집중력을 유지할 수 있는 능력이 조금만 떨어져도 재난에 가까운 일이 벌어질 수 있다. 이러한 원칙은 투자건 운동경기건 컴퓨터 프로그래밍이건 어디에나 똑같이 적용된다. 우리의 의도가 명확하고, 어떤 반대되는 에너지로 인해 흔들리지 않을 때, 집중력을 유지할 수 있는 능력은 더 커지고

목표를 성취할 가능성은 더 높아진다.

앞서 나는 이기는 태도를 우리가 한 노력에 대해 갖는 긍정적인 기대로 정의한 바 있다. 이때 어떤 결과가 나오건 그 결과가 더 많은 발전을 위한 토대임을 받아들여야 한다. '꾸준히 위대한 성과'를 내는 운동선수는 잘못하는 데 두려움이 없다는 점이 평범한 선수와 다르다. 다시 말해 그들에겐 의식적인 사고 과정에 영향을 미칠 순간만을 기다리는 부정적 에너지 저장소가 없다.

실수했다고 해서 자신을 비난하지 않고 더 빨리 달릴 수 있는 그들의 비범한 능력은 어디서 생기는 것일까? 한 가지 이유를 찾자면, 그들은 더할 나위 없이 비범한 부모와 교사와 코치와 함께 성장했기 때문일 것이다. 훌륭한 스승들이 말과 모범을 통해서 진정한 사랑과 애정과 관용을 통해서 오판과 잘못을 고치는 방법을 가르쳐주었을지 모른다. 나는 지금 그들이 '더할 나위 없이 비범하다'고 했는데, 그 이유는 당신과 나 같은 대부분의 사람들은 그와 반대되는 사람들과 교류하면서 자라왔기 때문이다. 우리들 중 대부분은 쉽게 분노하고 관용이 부족한 사람들을 통해서 우리의 실수와 잘못을 수정하는 법을 배워왔다. 반면 위대한 운동선수들은 잘못에 대한 과거의 긍정적인 경험 덕분에 그 잘못과 실수가 자신이 성장하고 더 나아가기 위한 토대가 되었다고 믿었다. 그러한 믿음이 있으면 부정적 에너지가 나올 곳이 없다. 따라서 자기비하적 사고를 하지 않게 된다.

그러나 자신의 행동에 대해서 많은 부정적인 반응을 경험하면서 성장해온 평범한 사람들은 잘못에 대해서 자연스럽게 다음과 같은 믿음을 갖게 된다.

- "어떤 수를 써서라도 잘못해서는 안 된다."
- "내가 실수한다면 분명 내게 문제가 있기 때문이다."
- "나는 엉망진창이다."
- "나는 나쁜 사람이라서 잘못을 저지르는 거다."

모든 사고와 말과 행동은 자신에 대해 갖고 있는 믿음을 더욱 공고히 해준다는 사실을 명심하라. 부정적인 자기비판을 반복함으로써 우리 자신이 '엉망진창'이라는 믿음을 갖게 된다면 그러한 믿음은 사고 속에서 자신을 드러낼 기회를 찾아 정말로 우리를 엉망진창이 되게 만들지 모른다. 다시 말해 스스로나 타인에 대해 우리가 믿고 있는 대로 말하더라도 행동은 과도하리만큼 자기훼방적으로 할 수도 있다.

꾸준한 승자가 되고자 한다면 대부분의 사람들이 그렇게 하듯 잘못과 실수를 부정적 맥락 속에서 받아들여서는 안 된다. 당신은 어느 정도 자기 자신을 관찰할 수 있어야 하는데, 잘못을 저지르는 자신을 발견했을 때 감정적인 고통을 느낄 가능성이 높다면 객관적인 관찰이 어려워진다. 그런 상황에 놓인다면 다음 두 가지 중 하나를 택해야 한다.

첫째, 잘못에 대해 새로운 긍정적인 믿음을 가지면서, 그런 믿음과 반대되거나 잘못을 저지르는 자신을 깎아내리게 만드는 부정적인 믿음을 비활성화시키기 위해서 노력할 수 있어야 한다.

둘째, 첫 번째 선택이 바람직하지 않다고 본다면 투자 원칙을 정함으로써 잘못할 가능성을 극복할 수 있다. 즉, 자신을 관찰하지 않으면서 동시에 꾸준한 결과를 바란다면 전적으로 기계적으로 투자를 해야 이 딜레마를 해결할 수 있다.

잘못과 관련된 부정적 에너지를 제거하면 자신을 관찰하는 법을 배우기가 비교적 간단해진다. 사실, 아주 쉬워진다. 그저 자신을 왜 관찰하고 싶은지만 결정하면 끝이다. 먼저 마음속에 확실한 '관찰 목적'을 정해놓으라는 뜻이다. 목적이 분명하면 이제 그냥 생각과 행동과 말로 관심을 전환하기 시작하면 그만이다.

당신이 성취하고자 하는 방향으로 생각과 말과 행동을 전환하라. 필요한 만큼 자주 전환을 지속하라. 확신을 갖고 더 적극적으로 이러한 과정에 뛰어들 수 있다면 반대되는 믿음으로부터 어떤 저항도 받지 않은 채 자신의 목표와 일치하는 방향으로 자유롭게 기능하는 정신적 틀을 더 빨리 창조할 수 있게 된다.


## 자기 원칙의 역할


나는 방금 설명한 과정을 '자기 원칙self-discipline'이라고 부른다. 나는 자기 원칙을 '목표가 내 안에 있는 다른 믿음과 상충될 때 목표의 대상에 다시 최선을 다해 집중하게 만드는 정신적 기술'로 정의한다.

이러한 정의와 관련해서 가장 먼저 '자기 원칙'이 새로운 정신적 틀을 창조하는 기술이라는 사실부터 알아야 한다. 자기 원칙은 태어나면서 누구에게는 주어지고 누구에게는 주어지지 않는 선천적인 특성이 아니다. 즉, 누구든지 이 자기 원칙을 자신의 변화 과정에 적용할 수 있다.

1978년, 나는 문득 육상선수가 되고 싶다는 강렬한 열망에 사로잡혔다. 당시 왜 그런 생각을 하게 됐는지는 정확하게 기억이 나지는 않는다. 그전에 운동이라곤 해본 적도 없었고, TV 시청도 취미라고 하면 모를까 그 외에 제대로 된 취미를 가진 적이 없었는데 말이다. 그러던 내가 왜 갑자기 달리기를 하고 싶었는지 확실히 모르겠다. 아마도 TV를 보다가 갑자기 달리기에 관심을 갖게 됐던 것 같다. 한 가지 확실하게 말할 수 있는 건 당시 달리고 싶다는 나의 동기가 매우 강렬했다는 것이다.

그 길로 밖에 나가 운동화를 사 신고 달리러 나갔다. 달리자마자 제일 먼저 깨달은 사실은 나는 달릴 수 없는 사람이라는 것이었다. 40~50미터를 달릴 정도의 체력도 안 됐다. 아주 놀라운 사실이었다. 내가 100미터조차 달릴 수 없을 정도의 신체 조건을 갖고 있다는 사실을 모르고 있었고, 또 그런 사실을 믿을 수도 없었다. 너무 가슴이 아파서 이후로 2~3주 동안 다시 달릴 생각을 하지 않았다. 그러다가 다음에 다시 뛰러 나갔을 때도 역시 40~50미터 이상을 달리지 못했다. 엉망진창인 몸 상태에 대해 너무나 낙담한 나머지 나는 이후 4개월 동안 아예 뛰지 않았다.

그러다가 1979년 봄이 됐다. 나는 다시 달리기로 마음을 먹었다. 그러나 동시에 내게 아무런 발전이 없었다는 사실에 심히 좌절했다. 이런 딜레마에 빠져 고민하고 있었을 때 불현듯 이런 생각이 들었다. 내가 가진 문제 중 하나는 성취하고자 하는 목표가 없다는 사실이었다. 내가 육상선수가 되고 싶다고 말하고 다니는 건 멋졌다. 그러나 그래서 어쨌단 말인가? 나에겐 진짜 목표가 없었다. 내 목표는 너무 모호하고 추상적이었다. 구체적인 목표가 필요했다. 그래서 여름이 끝날 때까지 8킬로미터를 달리겠다는 목표를 정했다.

당시의 몸 상태로는 그것도 도저히 달성할 수 없는 목표 같았다. 그러나 8킬로미터를 달릴 수 있을지 모른다고 생각하니 열의가 샘솟았다. 이렇게 열의가 강해지자 그 주에만 달리기를 하러 네 차례나 밖으로 나갔다. 달리기를 시작한 뒤 일주일이 지났을 무렵, 그 약간의 운동으로도 체력과 달리기 기량이 달릴 때마다 조금씩 더 좋아지고 있다는 사실을 깨닫고 짐짓 놀라지 않을 수 없었다. 이로 인해서 나의 열의는 더욱 뜨거워졌고, 밖으로 나가서 초시계와 달리기 일기로 쓸 공책을 한 권 샀다. 3킬로미터짜리 코스를 잡은 다음에 400미터씩을 더 달릴 때마다 표시를 해두었다. 그렇게 달리기 일기에 날짜, 달린 거리, 시간, 그리고 달릴 때마다 어떤 느낌을 받았는지 등을 기록했다.

그렇게 8킬로미터 달리기 목표를 향해서 순항 중 갑자기 말 그대로 다른 문제들을 겪게 되었다. 가장 큰 문제는 밖으로 나가서 달리겠다는 결심을 할 때마다 의식에 넘쳐흐르는 갈등과 잡념이었다. 머릿속에서 달리지 않아도 되는 이유들이 얼마나 많이(혹은 강하게) 떠올랐는지 놀라울 정도였다. '밖이 더우니(혹은 추우니) 나가지 말자', '오늘 비가 올 것 같으니 뛰지 말자', '어제 달려서(사실은 3일 전에 달렸지만) 아직 피곤하니 달리지 말자', '내가 달리는 걸 아무도 모를 거다' 이런 생각들이 머리를 스치고 지나갔다. 가장 많이 든 생각은 'TV 프로그램이 끝나면 곧바로 나가서 뛰자'는 것이었다(물론 그럴 때마다 나가지 않았다).

내가 성취하고자 하는 것을 향해 관심 방향을 의식적으로 전환하는 방법 말고는 이런 상충되는 정신 에너지를 제거할 수 있는 다른 방법을 찾지 못했다. 나는 여름이 끝날 때까지 정말로 8킬로미터를 달리고 싶었고, 이 바람은 갈등보다 더 강했다. 그래서 결과적으로 다시 운동화를 신고, 밖으로 나가서 달리기 시작했다. 그러나 산만한 생각은 사라지지 않았다. 솔직히 말하면 달리기 초기에 이런 생각이 세 번 들면 그중 두 번은 극복하지 못했던 것 같다.

내가 2킬로미터를 달릴 수 있는 수준에 이르렀을 때 다음 문제가 생겼다. 나는 2킬로미터를 달릴 수 있게 됐다는 데 너무 흥분한 나머지 8킬로미터를 달리기 위해서는 추가적인 메커니즘이 필요하다고 생각했다. 나는 내가 2킬로미터를 달릴 수 있는 수준에 이르는 순간 너무나 만족스러워서 8킬로미터 달리기 목표를 성취할 필요성을 느끼지 않게 될 거라고 생각했다. 그래서 규칙을 하나 만들었다. 이른바 '8킬로미터 규칙'으로, "나가서 뛰고 싶다는 생각이 안 들더라도 운동화를 신고 밖으로 나가면 지난번 달렸을 때보다 적어도 한 걸음 더 달리기 위해서 노력하겠다."는 것이었다. 한 걸음 더 달리는 건 괜찮았지만 어떤 일이 일어나더라도 한 걸음 덜 달리는 건 용납할 수 없었다. 결과적으로 나는 스스로 정한 이 규칙을 지켰다. 그리고 여름이 끝날 무렵에 8킬로미터를 달리는 데 성공했다.

그 과정에서 정말로 흥미로우면서도 전혀 예상하지 못했던 일이 일어났다. 8킬로미터 달리기 목표에 조금씩 다가가고 있을 무렵에 달리기를 방해했던 잡념들이 사라지기 시작한 것이다. 그리고 끝내는 그런 서로 상충되는 생각들이 아예 없어져버렸다. 나는 비로소 내가 달리고 싶다면 어떤 정신적 저항이나 갈등없이 완전히 그렇게 할 수 있다는 걸 깨달았다. 그동안 겪었던 시련을 생각해봤을 때 진심으로 놀라지 않을 수 없었다. 이후로 16년 동안에 나는 꾸준히 계속해서 달리기를 했다.

나의 이런 경험을 믿음의 본질에 대해 우리가 이해하는 차원에서 생각해보면 다음과 같은 결론에 이를 수 있다.


1. 처음에 육상선수가 되고자 했던 내 바람은 내 심리 체계에서 아무런 지원도 받지 못했다. 다시 말해 내 바람에 부합하는 아무런 에너지원(표현되기를 원하는 활성화된 개념)이 없었다.

2. 나는 그러한 지원을 끌어내기 위해서 사실상 뭔가를 해야 했다. '내가 육상선수다'라고 믿기 위해서 나는 이 새로운 믿음에 부합하는 일련의 경험을 해야 했다. 우리의 생각과 말, 행동 모든 것이 심리 체

계 속에 있는 어떤 믿음에 에너지를 부여한다는 사실을 기억하라. 내가 상충되는 생각에 빠져도 운동화를 신고 밖으로 나가겠다고 다짐하면서 목표에 성공적으로 다시 매진할 때마다 '내가 육상선수다'라는 믿음에 에너지를 추가했다. 그리고 이에 못지않게 중요하게도, 이런 믿음에 반대되는 모든 다른 믿음으로부터 '불현듯' 에너지를 빼냈다. 내가 '불현듯'이라고 표현한 이유는 사실 상충되는 믿음을 찾아내 비활성화시킬 목적으로 특별히 고안된 기술들이 다양하게 있었지만 당시 나는 내가 겪고 있는 변화 과정의 기본적 역학을 이해하지 못했기 때문이다. 그래서 나는 그런 기술을 이용할 생각을 하지 못했다.

3. 이제 나는 (정신적 시각에서) 힘들지 않고 나를 '육상선수'라고 칭할 수 있다. 나는 '육상선수'이기 때문이다. 이렇게 활성화된 개념은 이제 내 정체성의 일부가 됐다. 처음 달리기를 시작했을 때 나는 달리기와 관련해 서로 대립되는 수많은 믿음에 시달렸다. 결과적으로 계속 달리기 위해서 자기 원칙 기술을 써야 했다. 그러나 이제는 육상선수라는 게 내 정체성의 일부가 됐기 때문에 자기 원칙이 필요하지 않다. 믿음이 목표나 바람과 완벽히 일치할 때는 상충되는 에너지원이 존재하지 않는다. 그런 에너지원이 존재하지 않으면 에너지는 잡념, 변명, 합리화, 정당화, 혹은 잘못(의식적이건 잠재의식적이건)을 유발하지 않는다.

4. 믿음은 바뀔 수 있다. 한 가지 믿음을 바꿀 수 있다면 어떤 믿음도 바꾸는 것이 가능하다. 단, 이때 엄밀히 말하면 믿음을 바꾸는 게

아니라 하나의 개념으로부터 다른 개념으로 에너지를 '전환'하고 있을 뿐이란 걸 이해하고 있어야 한다. 따라서 두 가지 완전히 서로 상충되는 믿음이라도 나란히 심리 체계 속에 존재할 수 있다. 하지만 하나의 믿음으로부터 에너지를 빼온 뒤 다른 믿음을 100퍼센트 활성화시킨다면 기능적 차원에서 어떤 충돌도 일어나지 않게 된다. 에너지와 결합한 믿음만이 당신의 마음 상태, 지각, 정보 해석, 그리고 행동에 영향을 주는 힘 역할을 할 능력을 갖게 될 것이다.

기계적으로 투자를 해야 하는 유일한 이유는 '꾸준히 성공하는 투자자'로 변신하기 위해서다. 만일 당신의 정신 환경에 '나는 꾸준히 성공하는 투자자'라는 믿음을 갖게 해주는 원칙과 대립되는 믿음이 있다면 자기 원칙 기술을 사용해서 '꾸준히 성공하는 투자자'를 정체성의 지배적인 부분에 통합시켜야 한다. 일단 원칙들을 당신의 것으로 만든다면 더 이상 자기 원칙은 필요치 않게 된다. '지속적이고 일관된 결과'를 내기 쉬워지기 때문이다.

지속성은 단순히 연달아 수익을 내는 능력을 의미하지 않는다. 계속해서 이야기하지만 이기는 투자를 하기 위해서는 전혀 기술이 필요하지 않기 때문이다. 지속성은 그보다는 잡념 등 다른 상태에 놓이는 걸 허용하지 않는 마음 상태다. 지속적이 되려고 굳이 노력하지 않아도 그렇게 된다. 만약 꾸준히 성공하는 투자자가 되기 위해 의식적인 노력을 해야 한다면 그것은 당신이 꾸준한 성공의 원칙을 지배적이고 상충되지 않은 믿음으로 완전히 통합하지 못했다는 걸 의미한다.

예를 들어 위험 예측은 지속적인 투자 성과를 내기 위한 과정의 한 단계에 속한다. 위험을 예측하기 위해 어떤 특별한 노력을 기울이거나, 계속해서 그렇게 예측해야 한다는 걸 의식적으로 상기하거나, 상충되는 생각을 한다면, 또 위험을 미리 규정하지 않은 채 투자하고 있다면 이런 원칙은 정체성에서 지배적 기능을 수행하지 못하고 있는 것이다. 즉, 정체성으로 자리 잡지 않았다. 정체성에 제대로 자리를 잡았다면 위험을 사전에 정의할 필요가 있을까 하는 의문조차 들지 않게 된다.

모든 충돌을 일으키는 원인이 비활성화됐다면 당신이 다른 마음 상태에 놓일 가능성은 없어진다. 예전에는 안간힘을 쓰며 해야 했던 행동들을 이제는 사실상 전혀 힘을 들이지 않고도 할 수 있게 되기 때문이다. 그렇게 되면 다른 사람들 눈에는 당신이 원칙으로 무장한 사람으로 보일 수 있겠지만, 사실 당신은 원칙을 정해놓고 행동하고 있는 게 아니다. 단지 당신의 바람, 목표, 혹은 목적과 일치하는 방향으로 행동하게 만드는 일련의 믿음에 따라서 기계적으로 움직이고 있을 뿐이다.

# 일관성을 유지하기 위한 7대 원칙

"나는 꾸준한 승자다."라고 믿는 게 중요한 목표지만, 육상선수가 되려고 했던 내 의지와 마찬가지로 단계적 과정으로 쪼개지 않으면 목표는 쉽게 지나치게 광범위하고 추상적으로 변하고 만다. 따라서 이런 믿음을 정의 가능한 가장 작은 부분으로 나눈 다음에 나눈 부분들을 각기 지배적인 믿음으로 통합할 계획을 알려주도록 하겠다.

다음 일곱 개의 하위 믿음들은 '꾸준한 승자'라는 말에 담긴 구성요소들이다.

> 내가 꾸준한 승자인 이유는…
> 1. 나는 나의 우위를 객관적으로 파악한다.
> 2. 나는 모든 투자의 위험을 사전에 정의한다.
> 3. 나는 위험을 완전히 받아들인다. 위험하다고 판단될 경우 투자를 중단할 의사가 있다.
> 4. 나는 주저하거나 머뭇거리지 않고 내가 정한 우위에 따라서 행동한다.
> 5. 시장이 내게 돈을 벌 수 있게 해주기 때문에 나는 투자한다.
> 6. 나는 내가 잘못을 저지를 위험을 계속해서 감시한다.
> 7. 나는 꾸준한 성공을 거두기 위해 이 원칙들이 절대적으로 필요하다는 사실을 이해하고 있다. 따라서 이 원칙들을 어기지 않는다.

이러한 믿음들은 일관성을 유지하기 위한 7대 원칙이다. 이 원칙들이 당신의 심리 체계 안에서 잘 작동하려면 이 원칙과 일치하는 일련의 경험을 의도적으로 해야 한다. 이것은 개와 놀고 싶었던 소년이나 육상선수가 되려는 내 바람과 크게 다르지 않다. 소년은 개와 놀 수 있기 전에 개와 가까워지기 위한 시도를 몇 차례 해야 했다. 그러다가 결국 그의 심리 체계 속에 있는 에너지의 균형이 바뀌자 내적 거부감 없이 개와 놀 수 있었다. 나는 육상선수가 되기 위해 내 안의 모든 반대를 물리치고 달리기 경험을 해야 했다. 결과적으로 에너지가 내 자신에 대한 새로운 정의에 점점 더 우호적으로 바뀌자 달리기는 내 정체성의 자연스러운 일부가 되었다.

분명 여기서 우리가 목표로 하는 것이 육상선수가 되거나 개와 노는 것보다 훨씬 더 복잡하긴 하지만, 변화 과정의 기본적인 역학은 동일하다. 우리는 구체적인 목표를 갖고서 시작할 것이다. 일관성 유지의 첫 번째 원칙은 '나는 우위를 객관적으로 파악하겠다'는 믿음이다. 여기서 핵심어는 '객관적'이다. 객관적이 된다는 건 정의하고 해석하지 않아서 어떤 시장 정보든 고통스럽거나 반대로 도취된 시각에서 인식할 가능성이 없다는 뜻이다. 객관적이 될 수 있는 길은 기대를 중립적으로 유지하는 믿음에 따라 행동하고, 항상 미지의 변수를 고려하는 것이다.

명심할 점은, 객관적으로 생각하면서 '지금 이 순간에 발생한 기회의 흐름'에 계속 집중할 수 있게 훈련해야 한다는 것이다. 우리의 머리는 자연스럽게 이렇게 생각하도록 설계되어 있지 않기 때문에 객관적 관찰자가 되기 위해서는 시장의 시각에서 생각하는 법을 배워야 한다. 시장의 시각에서 보면 항상 가격 움직임에 영향을 주려고 기다리는 미지의 변수(투자자)가 존재한다. 따라서 시장의 시각에서는 모든 순간이 진정 특별하다. 어떤 순간이 기억 은행 저 어딘가에 저장해놓은 어떤 순간과 정확히 똑같아 보이거나 들리거나 느껴질 순 있어도 절대 똑같지 않다.

다음에 어떤 일이 일어날지 안다고 판단하거나 전제하는 순간, 자동적으로 당신은 당신이 옳기를 기대하게 될 것이다. 하지만 당신이 아는 것은 과거의 어떤 순간에 대한 기억일 수도 있다. 이런 기억은 시장의 시각에서 실제 지금 일어나고 있는 일과는 무관하다. 이때는 기대와 일치하지 않는 모든 시장 정보가 고통스럽다고 정의되고 해석될 가능성이 있다. 그러면 당신은 이런 고통을 겪지 않으려고 의식적 및 잠재의식적인 고통 회피 메커니즘을 동원해서 기대와 시장이 주는 것 사이에 있을 수 있는 어떤 차이를 자동적으로 메우려고 할 것이다.

당신은 이때 보통 '착각'에 빠지게 된다. 착각 상태에 빠졌을 때는 객관적이지도 않고, '지금 이 순간에 발생한 기회의 흐름'과도 연결되지 못한다. 대신에 온갖 유형의 전형적인 투자 실수, 즉 주저하기, 서두르기, 위험을 미리 규정하지 않기, 위험을 규정해놓고도 손실을 받아들이길 거부하기, 더 큰 손실을 방치하기, 이기는 투자를 지나치게 서둘러 중단하기, 수익을 내고도 이익을 실현하지 않기, 수익을 내다가 손실을 보기, 시초가 부근에서 손절하기, 강제 청산 당하기,

지나치게 많은 포지션을 취하기 등을 쉽게 저지르게 된다. 그러나 시장에 대한 다섯 가지 근본적 진리는 기대를 중립적으로 유지하고, 지금 이 순간에 발생한 기회의 흐름에 집중하고(현재와 과거의 순간을 분리해줌으로써), 그로 인해 방금 언급한 실수들을 저지를 위험을 없애줄 것이다.

투자 실수를 멈추면 자신을 전적으로 믿을 수 있게 된다. 스스로에 대한 신뢰가 올라갈수록 그만큼 자신감도 커지고 자신감이 커질수록 투자를 하기(주저하거나 머뭇거림 없이 우위에 따라 행동하기) 쉬워진다. 다섯 가지 진리는 투자의 위험을 진심으로 받아들일 수 있는 마음 상태를 만들어줄 것이다. 위험을 진심으로 받아들이면 어떤 결과가 나와도 마음의 평화를 유지할 수 있다. 그리고 어떤 결과가 나와도 마음의 평화를 유지한다면 시장이 '지금 이 순간' 제공해주는 모든 걸 인식하고 그에 따라 행동할 준비를 끝낸, 걱정 없고 객관적인 마음 상태를 경험할 것이다.

당신의 우위를 객관적으로 파악하기 위해 극복해야 할 첫 번째 도전 과제는 어떻게 객관적으로 변할 수 있느냐이다. 이 말은 시장의 시각에서 일관되게 생각할 수 있는 사람으로 어떻게 변화할 수 있느냐라는 질문과 연결된다.

변화의 과정은 당신의 바람 및 목표로 하는 대상에 재집중하려는 당신의 의지(자기 원칙)로부터 시작한다. 바람은 곧 힘이다. 구체적인 목표 달성을 위한 확실한 바람은 매우 강력한 도구다. 이런 바람의 힘을 이용해서 완전히 새로운 차원의 정체성을 창조하거나, 두 가지 이상의 서로 상충되는 개념 사이에서 에너지를 전환하거나, 기억의 맥락이나 성격을 부정적에서 긍정적으로 바꿀 수 있다.

단언컨대, "마음을 정하라."는 말에 자주 들어보았을 것이다. 마음을 정하라는 건 의심 없이 우리가 바라는 게 무엇인지를 결정하라는 것이다. 이때 말 그대로 내적으로나 외적의 그 어떤 것도 우리의 결정을 방해하지 못하게 강한 확신을 가져야 한다. 충분히 확실한 결정을 했다면 동시에 우리의 정신 구조는 중대한 변화를 겪을 수 있다. 극단적인 명료함과 확신이 부재한 상황에서라도 자기 원칙의 기술은 시간이 흘러 본연의 역할을 원활히 수행할 것이다. 물론 이때 당신이 그 기술을 사용할 의사가 있어야 한다.

그러려면 최대한의 확신을 갖고 다른 어떤 것보다 투자를 하는 데 있어 일관성(신뢰, 자신감, 객관성을 유지하는 마음 상태)을 바란다는 마음의 결정을 내려야 한다. 특히 대부분의 다른 투자자들이 그렇듯 당신이 어떤 상충되는 힘에 직면하게 될 때는 더욱 그럴 필요가 있다. 예를 들어 친구와 가족에게 깊은 인상을 심어주거나, 영웅이 되거나, 무작위적 보상에 대한 중독을 채우거나, 예측이 옳다는 걸 보여주려 하거나 등 일관성을 유지하는 문제와 아무런 관련이 없는 다른 이유로 투자를 해왔다면 당신은 이러한 다른 동기들에 내재된 강력한 힘이 내가 지금 하려는 훈련을 매우 힘들게 만들고, 나아가 불가능하게까지 만들 수 있다는 걸 알게 될 것이다.

다른 아이들처럼 개와 놀고 싶은 생각이 전혀 없었던 소년의 사례를 떠올려보자(두 번째 시나리오). 사실 소년은 '모든 개가 위험한 건 아니다'라는 약간의 긍정적인 믿음과 '모든 개는 위험하다'는 지배적인 부정적인 믿음 사이에서 갈등하며 살기로 결심했다. 그는 개를 우호적으로 인식할 수 있는 능력을 가졌지만, 동시에 개와 교류하기가 불가능하다는 걸 알았다. 그가 그런 시각을 바꾸지 않는다면 이 두 가지 믿음 사이의 에너지 불균형은 평생 동안 그대로 유지될 것이다.

훈련을 시작하기 위해서는 당신의 믿음을 통합하는 데 부합하지 않는 투자와 관련된 다른 어떤 이유나 동기나 의제도 모두 포기할 각오가 되어 있어야 한다. 명확하고 강력한 바람은 이번 훈련 과정을 유용하게 만들기 위해 절대적으로 필요한 전제조건이다.


## 카지노처럼 확률 우위를 갖고 투자하는 법


이 훈련의 목적은 투자가 슬롯머신의 손잡이를 잡아당기는 것과 크게 다르지 않은 단순한 확률(숫자) 게임에 불과하다는 걸 당신이 확신하는 것이다. 미시적 차원에서 보면 개별 우위들이 내는 결과는 모두 독립적인 사건이며, 결과들의 관계는 서로 무관하다. 거시적 차원에서 보면 일련의 투자를 통해서 나온 결과는 일관성을 띤다.

확률적인 시각에서 바라본다는 것은 투자자인 당신이 슬롯머신을 당기는 사람이 되기보다는 카지노가 될 수 있다는 뜻이다. 다만 이때는 다음과 같은 조건이 충족돼야 한다. 다음 조건들이 충족된다면 당신은 카지노와 마찬가지로 게임을 지배하면서 꾸준한 승자가 될 수 있을 것이다.

1. 진정 자신에게 유리한 쪽으로 성공 확률을 높여주는 우위를 갖고 있다.
2. 적절한 방법(다섯 가지 근본적 진리)에 따라서 투자에 대해 생각할 수 있다.
3. 일련의 투자를 하는 동안에 필요한 일은 뭐든지 할 수 있다.

본격적인 훈련에 돌입하기 전에 먼저 활발하게 거래가 이루어지는 시장을 하나 골라라. 주식시장이건 선물시장이건 상관없다. 시장에 유동성이 풍부하기만 하면 된다.

그 다음에는 우위를 규정하는 일련의 시장 변수들을 선택하라. 우위는 당신이 원하는 투자 시스템이나 매매 기법 등 그 어떤 것도 될 수 있다. 당신이 선택하는 시스템이나 방법은 수학적이거나 기계적이거나 시각적(가격 차트에 나온 패턴에 따라서 봤을 때)일 수 있다. 여기서 염두에 두어야 할 것은 가장 적절한 시스템을 찾거나 개발하기 위해서 시간을 소모하거나 너무 까다롭게 굴 필요는 없다는 것이다. 이번 훈련은 시스템 개발과는 아무런 상관이 없으며, 여러분의 분석 능력을 시험하려는 것은 아니기 때문이다.

실은 당신이 선택하는 변수들이 대부분의 투자자 기준에서는 평범해 보일 수도 있다. 당신이 이 훈련을 통해서 배우는 것이 실제로 돈을 벌고 수익을 내느냐와는 관련이 없기 때문이다. 이번 훈련을 교육비로 생각한다면 이번 훈련을 하지 않았을 때 가장 수익성이 높은 우위를 찾아내느라 쏟아야 할지 모를 시간과 노력의 양을 아껴줄 것이다.

아직도 훈련 참가를 고민하는 사람을 위해 말하자면, 나는 당신이 사용해야 할 시스템이나 변수에 대해 아무런 구체적인 추천도 하지 않을 예정이다. 나는 이 책을 읽는 독자들이 이미 기술 분석에 대해서 많이 공부한 사람들이라고 전제하고 있기 때문이다. 기술 분석에 대해서 추가로 도움을 받으려면 시중에서 판매되고 있는 수많은 관련 서적을 읽어보면 된다. 그러나 당신이 어떤 시스템을 선택하건 다음 조건들에 부합해야 한다.

• 투자 개시하기 우위를 규정할 때 쓰는 변수가 절대적으로 정확해야 한다. 시스템은 여러분에게 우위의 존재 여부에 대해서 어떤 식의 주관적인 결정이나 판단을 내리게 하지 않도록 설계되어야 한다. 시장이 시스템의 엄격한 변수들에 순응하면서 움직인다면 그때 투자를 하면 된다. 그렇지 않다면 투자를 해서는 안 된다. 그게 끝이다! 이때 어떤 다른 외부 요소나 임의적 요소가 개입해서는 안 된다.

• 손절매 후 중단하기 이익을 내지 못한 투자에서 빠져나올 때도 똑같은 조건이 적용된다. 당신이 쓰는 시스템은 그것이 효과적인지 알아보기 위해 얼마나 많은 돈을 투자해야 하는지를 정확히 알려줘야 한다. 손해 가능성이 너무 높아져서 손실을 입더라도 다음 우위에

따라서 행동하도록 마음을 가다듬는 게 더 나을 '최적의 순간optimum point'이 항상 존재한다. 당신이 투자하면서 감수하려는 임의적인 돈의 액수가 아니라 시장 구조가 그 순간을 결정하도록 하라. 어쨌든 어떤 시스템을 선택하건 주관적인 의사결정을 요구하지 않고 절대적으로 정확해야 한다. 여기서도 마찬가지로 어떤 다른 외부 요소나 임의적 요소가 개입되어서는 안 된다.

• **동일한 기간 설정하기** 당신의 투자 방법이 이미 어떤 '시간 틀time frame' 안에 들어 있을 수 있지만 투자의 시작과 끝을 알리는 모든 신호도 같은 시간 틀, 즉 같은 기간 안에서 나와야 한다. 예를 들어 당신이 30분 봉 차트에서 특정한 지지선과 저항선의 패턴을 찾아내는 변수들을 사용하고 있다면 당신의 위험과 수익 목표 계산도 그 30분이라는 시간의 틀 속에서 결정돼야 한다.

그러나 어떤 기간 안에만 매매를 한다고 해서 다른 기간을 필터로 사용하지 못하는 건 아니다. 예를 들어 주요한 추세 방향을 따라 투자하라는 규칙을 필터로 삼을 수 있다. 투자 업계에는 "추세는 당신의 친구다."라는 오래된 격언이 있다. 이 말은 주요한 추세 방향에 따라 투자를 할 때 성공 확률이 높아진다는 의미다. 사실상 가장 위험은 낮으면서 가장 성공 확률은 높은 투자는 시장이 상승 추세일 때 싸게(지지선에서) 사서, 시장이 하락 추세일 때 비싸게(저항선에서) 파는 것이다.

이 규칙의 적용 방법에 대해서 부연 설명을 해보겠다. 당신이 30분 안에서 저항선과 지지선 패턴을 정확하게 찾아내는 방법을 우위로 삼았다고 치자. 이 규칙에 따라 당신은 주요한 추세 방향에 따라서만 매매를 할 것이다. 상승 추세인 장에서 고점은 점점 더 올라가고 저점도 점점 더 올라가지만, 반대로 하락 추세인 장에서 고점은 점점 더 낮아지고 저점도 점점 더 낮아진다. 시간의 틀이 길수록 추세가 더욱 중요해지기 때문에 일봉 차트에서의 시장 추세는 30분 봉 차트에서의 시장 추세에 비해 훨씬 더 중요하다. 따라서 일봉 차트에 나온 추세가 30분 봉 차트에 나온 추세보다 더 중요하므로 그것을 주요 추세로 간주해야 한다.

주요 추세의 방향을 결정하려면 일봉 차트에서 일어나는 일을 살펴보라. 그날 추세가 상승이라면 매도나 30분 차트상 당신의 우위가 지지선으로 규정해놓은 부분까지 되돌림이 일어날 때를 기다리면 된다. 거기가 매수 지점이다. 반면에 추세가 하락이면 30분 차트상 매도자가 되기 위해 당신의 우위가 저항선으로 규정해놓은 지점까지 랠리가 펼쳐지길 기다리면 된다.

하락 추세인 장에서 당신이 가져야 할 목표는 일중 기준으로 얼마나 랠리를 펼치는지 살펴보면서 장기 추세의 균형을 어기지는 않는 것이다. 상승 추세 장에서의 목표는 장기 추세의 균형을 어기지 않는 상태에서 일중 기준으로 매도세가 얼마나 강력할 수 있는지를 판단하는 것이다. 일반적으로 이러한 일중 지지선과 저항선을 이용한 투자 방법은 위험도가 아주 낮은 편이다. 시장이 당신의 투자가 잘못됐다는 걸 알려줄 정도까지 그 두 지점에서 아주 멀리 벗어나는 일이 드물기 때문이다.

• **이익 실현하기** 꾸준히 성공하는 투자자가 되기 위해서 배워야 할 온갖 기술 중에서 이익을 실현하는 방법이 가장 익히기 어려운 기술이라 해도 과언이 아니다. 개인적이며 매우 복잡한 심리적 요소들과 시장 분석 이론이 이 기술에 영향을 주기 때문이다. 그런데 불행하게도, 이처럼 복잡한 문제를 해결하는 건 이 책의 범위를 벗어난다. 다만 한 가지 말해주고 싶은 점은 당신이 다른 모든 기술을 익혔더라도 이 기술을 완전히 익히는 데는 아주 많은 시간이 걸릴 수 있다는 점이다.

그렇다고 낙담할 필요는 없다. 적어도 일관성의 다섯 번째 원칙(시장이 내게 돈을 벌 수 있게 해주기 때문에 나는 투자한다)의 목적을 성취할 정도의 이익 실현 시스템을 만드는 방법이 있기 때문이다. 자신이 꾸준한 승자라는 믿음을 가지려면 그러한 믿음에 부합하는 경험을 창조해야 한다. 믿음을 갖는 목표가 꾸준한 승리라는 점에서 이기는 투자에서 이익을 실현하는 방법은 상당히 중요하다.

시장이 얼마나 많이 당신이 원하는 방향으로 움직일지는 알 수 없다. 시장이 좀처럼 계속해서 오르기만 하거나 내리기만 하는 법이 없다. 일반적으로 시장은 올라간 다음에 상승분을 어느 정도 반납하거나 하락하다가도 하락분을 어느 정도 만회하는 양상을 나타낸다.

이처럼 '일정 수준'으로 되돌림이 일어나기 때문에 계속 이기는 투자를 하기가 매우 어렵다. 당신은 일반적인 되돌림(시장이 원래 방향으로 다시 돌아올 가능성이 있는 상태)과 일반적이지 않은 되돌림(원래 방향으로 다시 돌아올 가능성이 아예 없지는 않더라고 해도 돌아오는 정도가

크게 약해진 상태) 사이의 차이를 정교하면서도 객관적으로 분석해야
한다.

시장이 어느 정도 원하는 방향으로 움직일지 모른다면 언제, 어떻
게 이익을 실현해야 할까? 이익 실현 시점을 파악하려면 시장을 읽
고, 시장의 현재 움직임이 중단될 가능성이 가장 큰 지점을 찾아내는
능력이 중요하다. 이 일을 객관적으로 할 수 없다면 심리적인 관점에
서 가장 좋은 행동 방법은 현재 포지션을 3~4등분으로 나눈 다음에
시장이 당신에게 유리하게 움직일 때 포지션을 줄여나가는 것이다.
선물투자를 하고 있다면 최소 포지션이 최소 3~4계약은 돼야 한다
는 뜻이다. 주식투자를 한다면 최소 포지션은 3이나 4로 나눌 수 있
는 수량이면 좋다.

내가 이기는 포지션을 늘리는 방법은 다음과 같다. 내가 처음 투
자를 시작하고 나서 3년 동안(1979~1981년까지) 나는 내 투자 활동
을 정기적으로 철저하게 분석하곤 했다. 그 결과 적어도 처음에는 시
장이 내가 정한 방향대로 움직여주지 않아 손절매를 한 적이 좀처럼
없었다는 사실을 발견했다. 평균적으로 10번 투자를 하면 한 번 정
도만 시장이 내가 정한 방향대로 움직이지 않아서 곧바로 손해를 보
았다. 그리고 궁극적으로 손해를 보게 된 투자 중에 25~30퍼센트 정
도는 시장이 일반적으로 3~4틱 정도는 내가 원하는 방향대로 움직
였다가 방향을 바꿔서 내가 손절매를 할 수밖에 없었다. 나는 시장이
내게 3~4틱 정도 먹을 기회를 주었을 때 내 원래 포지션의 최소 3분
의 1을 정리하는 습관을 들이면 1년 누적 이익이 내 경비를 충당할

정도는 되리라 계산했다. 내 계산은 맞았다. 지금까지도 나는 주저함이나 머뭇거림 없이 시장이 수익을 낼 기회만 주면 언제나 내 포지션의 일부를 정리한다. 정리 규모는 시장에 따라서 다르다. 예를 들어 나는 국채 선물시장에서 4틱을 먹을 수 있으면 내 포지션의 3분의 1을 털어낸다. S&P 주가지수 선물시장에서는 1.5~2포인트 정도 지수가 오르면 포지션의 3분의 1을 정리한다.

채권시장에서는 보통 내 전략이 효과가 있는지 알아보기 위해서 6틱 이상의 위험을 감수하지 않는다. 3계약 트레이딩을 예로 설명해보면 이런 식이다. 내가 어떤 포지션을 취했는데, 시장이 곧바로 내 생각대로 최소 4틱이 움직이지 않고 내 생각과 반대로 움직인다면 나는 최대 18틱(6틱×3계약)의 손해를 보고 손절한다. 그러나 앞서도 말했지만 이런 일이 자주 일어나지는 않는다. 이보다 내가 손해를 보기 전에 시장이 어느 정도는 나한테 유리한 방향으로 움직일 가능성이 더 높다. 시장이 최소 4틱 정도만이라도 내게 유리하게 움직이면 나는 1계약(3계약의 3분의 1)을 판다. 이렇게 함으로써 다른 두 계약에 대한 총 위험이 10틱 줄어든다. 내가 나머지 두 계약에서 6틱씩 손해를 보더라도 이번 투자의 내 순손실은 8틱(6틱이 내려가도 2계약×6=12틱 손해지만 4틱을 먹은 상태라서 총 손해는 8틱이 된다)이다.

내가 나머지 두 계약을 손절하지 않은 상태에서 시장이 내게 유리한 방향으로 움직인다면 나는 미리 정해놓은 이익 목표에 도달할 때 포지션의 3분의 1을 더 털어낸다. 장기적인 시간대의 지지선이나 저항선 내지는 이전의 중요한 고점이나 저점을 기준으로 매매한다. 두 번째 3분의 1의 포지션을 털어내서 이익을 내면 나는 손절 시점을 시초가로 올려 잡는다. 이제 남은 3분의 1 포지션의 결과가 어떻게 되건 나는 순이익을 거두게 된다.

다시 말해 나는 이제 '위험이 없는 기회'를 얻게 된다. 이렇게 '위험이 없는 기회'를 경험하는 게 얼마나 중요한지 아무리 강조해도 지나치지 않다고 생각한다. '위험이 없는 기회'를 만들었을 때 극단적으로 이상한 일(손절 기회를 놓칠 정도로 갑자기 급락하는 일)이 생기지 않는 한 실패할 이유가 없다. 정상적인 환경에서 실패할 수가 없다면 당신은 편안하고, 걱정이 없는 마음 상태로 투자하는 기분이 어떤 것인지를 제대로 경험하게 될 것이다.

이 점을 부연 설명하는 차원에서 이기는 투자를 하고 있다고 상상해보라. 시장이 당신이 생각한 방향으로 꽤 크게 움직였지만 더 움직이리라 생각하고 이익을 실현하지 않았다고 치자. 그러나 시장은 당신의 생각대로 더 움직이지 않고 원래 진입 지점으로 회귀하거나 아니면 그 부근으로 회귀한다. 이때 당신은 공포에 질려서 주식을 청산한다. 앞서 올린 수익을 잃고 손해를 보고 싶지 않았기 때문이다. 그러나 그렇게 시장에서 빠져나오자마자 시장은 다시 곧바로 반등한다. 그냥 있었더라면 다시 이기는 투자를 할 수 있었다. 당신이 포지션 규모를 조정해서 일부 이익을 실현했고, '위험이 사라진 기회'의 상황에 들어가 있다면 시장이 당신의 생각과 반대로 움직인다고 해도 공포를 느끼거나 스트레스를 받을 확률이 아주 낮다.

앞서 사례에서 나는 여전히 내 포지션의 3분의 1을 남겨뒀다. 이제 어떻게 하면 될까? 나는 시장의 움직임이 중단될 가능성이 가장 큰 지점을 찾는다. 일반적으로 장기간 아주 높거나 아주 낮은 지점이다. 나는 장기 포지션을 잡았을 때 그 지점 바로 밑에서, 단기 포지션을 잡았을 때는 그 지점 바로 위에서 청산한다. 내가 이렇게 바로 위나 바로 밑에서 청산하는 이유는 마지막까지 버티다 나오는 데 관심이 없기 때문이다. 나는 오랜 시간에 걸쳐 투자를 해오면서 그렇게 하려고 하는 게 그다지 가치가 없다는 걸 알아냈다.

고려해야 할 또 다른 요소는 '위험보상비율risk-to-reward ratio'이다. 이것은 잠재적으로 올릴 수 있는 이익 대비로 감수할 의사가 있는 위험을 돈으로 환산한 것이다. 이상적인 위험보상비율은 최소 3:1이다. 다시 말해 3달러의 잠재 이익을 얻기 위해서 1달러의 위험만을 감수해야 한다. 당신이 가진 우위와 포지션 축소 방법을 통해 그렇게 3:1의 위험보상비율을 유지할 수 있다면 이기는 투자를 할 확률이 50퍼센트 미만이더라도 꾸준히 수익을 낼 수 있을 것이다.

3:1의 위험보상비율은 이상적이다. 그러나 이번 훈련에서는 이 비율이 무엇인지 중요하지 않다. 또 가격이 오를 때 포지션을 축소하는 한 얼마나 효과적으로 축소하는지도 중요하지 않다. 시장이 돈을 벌게 해줄 때 적절한 이익을 낼 수 있게 최선을 다하라. 이처럼 이기는 투자를 할 때마다 자신이 꾸준한 승자라는 믿음이 더욱 확고해질 것이다. 꾸준히 수익을 낼 수 있다는 믿음이 강해질수록 더욱 많은 이익을 내게 된다.

- **샘플 규모로 투자하기** 일반 투자자는 가장 최근에 한 투자 결과

에 따라 말 그대로 (감정적으로) 죽고 산다. 수익을 내면 기쁜 마음으로 다음 투자에 나설 테고 손해를 보면 자신이 선택한 우위의 효과에 대해 의문을 제기하기 시작할 것이다. 어떤 변수들이 효과가 있고, 그 변수들이 얼마나 효과가 있는지 알아내기 위해서는 체계적인 접근법을 취해야 한다. 즉, 다시 말해 성공과 실패의 정의를 일반적인 투자자처럼 한 번의 투자를 기준으로 내리지 말고 20차례 이상의 매매를 표본(샘플)으로 삼아 내려야 한다는 뜻이다.

당신은 시장의 등락 가능성을 알려줄 변수들 사이의 관계를 참조해 우위를 정할 것이다. 그러나 시장의 시각에서 봤을 때 각각의 투자자는 가격을 변화시키는 힘으로 작용할 수 있으므로 시장의 변수가 된다. 어떤 우위나 기술 시스템도 모든 투자자들이 투자를 시작하거나 중단하기로 한 이유를 전부 고려할 수는 없다. 결과적으로 우위를 규정하는 어떤 시장 변수는 모든 가능성 중 아주 제한적인 일부분만을 보여주는 스냅 사진과 같다.

변수들을 시장에 적용했을 때 그들이 장기간 아주 좋은 효과를 낼 수도 있지만, 얼마 안 가 효과가 줄어드는 걸 목격하게 될지 모른다. 이런 일이 일어나는 이유는 모든 참가자(시장) 사이에 일어나는 상호 작용의 기본 역학이 계속해서 변하기 때문이다. 고가와 저가에 대한 자신만의 기준을 갖고서 새로 시장에 들어오는 투자자가 있는 반면에 시장을 떠나는 투자자도 생긴다. 이런 변화들이 시장을 움직이는 방법의 기본 역학에 조금씩 영향을 준다. 어떤 스냅 사진(경직된 변수들)도 이러한 미묘한 변화를 전부 고려할 수는 없다.

하지만 샘플 크기로 투자를 하게 되면 시장 움직임의 기본 역학에서 일어나는 이러한 미묘한 변화를 상쇄하면서 일관된 접근법을 유지할 수 있다. 샘플 규모는 변수들을 공정하고 적절히 시험해볼 수 있을 만큼 커야 하지만, 이와 동시에 변수들의 효과가 줄어들 때 거액의 돈을 잃기 전에 문제를 완벽히 시정할 수 있을 만큼 크기가 작아야 한다. 나는 최소 20차례의 투자가 이 두 가지 조건을 모두 충족시킨다는 걸 알아냈다.

• **테스트하기** 일단 이러한 세부 조건에 맞는 일련의 변수들을 결정했다면 이제는 그 변수들이 얼마나 효과적인지 직접 테스트해봐야 한다. 적절한 소프트웨어를 갖고 있다면 이미 테스트 절차를 숙지하고 있을 것이다. 그러나 테스트 소프트웨어가 없다면 제3의 기관 같은 곳에 테스트를 의뢰하면 된다. 어쨌든 이번 훈련의 목적은 투자를 객관적으로(시장의 시각에서) 생각하는 법을 배우기 위함임을 명심하라. 지금 당장은 당신이 사용하는 투자 시스템의 최종 성과가 아주 중요하지는 않다. 다만 '승패 비율(샘플 투자에서 지는 횟수 대비 이기는 횟수의 비율)'을 통해 어느 정도를 기대할 수 있을지는 알고 있어야 한다.

• **위험 받아들이기** 이번 훈련의 목적은 20차례의 샘플 투자에서 각 거래마다 감수해야 할 위험이 정확히 어느 정도인지를 미리 알아내는 것이다. 알다시피 위험을 '아는' 것과 '받아들이는' 것은 전혀 다른 문제다. 나는 당신이 이번 훈련에서 감수해야 할 위험을 돈으로 환산했을 때 이를 최대한 편하게 받아들여주기를 바란다. 훈련을

위해선 20차례의 투자를 표본으로 삼을 것이므로, 이에 따르는 잠재 위험은 20번 모두 잃는 것이다. 최악의 시나리오를 상정했을 때 그럴 수도 있다는 말이다. 반대로 20번 모두 이길 가능성도 역시 존재한다. 그럴 확률은 매우 낮겠지만 확률적으로 가능은 하다. 결론적으로 당신은 20번 모두 지는 위험을 돈으로 환산해서 받아들일 수 있게 훈련해야 한다.

환산한 돈의 규모가 너무 커서 마음이 불편하다면 S&P 미니 선물 계약에 투자해서 위험을 줄여볼 수도 있다. 여기서 20차례 계약 모두를 잃었을 때 감수해야 할 손실의 총액을 보고도 마음이 불편하지 않을 지점까지 투자당 주식 수를 계속해서 줄여보면 된다.

이때 불안감을 줄이려고 기존에 정해놓은 위험 한도를 바꾸지 않으면 좋겠다. 연구 끝에 S&P500 선물투자 시 3포인트 위험 이상을 감수할 수 없다는 판단이 든다면 그대로 하라. 기술적 분석 시각에서 확실히 변경이 필요할 때만 이 변수를 바꾸도록 하라.

• **훈련하기** 지금까지 설명한 세부 조건에 맞는 변수들을 확보하고, 개별 투자가 효과를 낼지 알아보기 위해서 들여야 할 비용을 정확히 파악하고, 이익 실현 계획을 세워놓고, 표본의 승패 비율을 예상할 수 있다는 걸 안다면 이제 훈련할 준비는 끝났다.

훈련 규칙은 간단하다. 설계한 투자 시스템에 따라 그대로 투자하라. 다시 말해 우위를 갖고 적어도 20차례 이상을 투자하는 데 집중하라. 한 차례나 한두 차례가 아니라 무슨 일이 있어도 20차례 모두 투자해야 한다. 어떤 다른 외부 요인들을 이용하거나 그들로 인해 영향을 받거나 정신이 산만해져서는 안 된다. 또는 20번의 투자를 전부 끝마칠 때까지 우위를 규정하는 변수를 바꿔서도 안 된다.

우위를 규정하는 엄격한 변수, 비교적 고정된 확률, 그리고 표본 크기대로 투자하겠다는 약속에 따라 훈련 시스템을 만든다는 건 카지노 운영 방법과 똑같은 투자 시스템을 만드는 것과 같다. 왜 카지노는 임의적 결과를 내는 게임에서도 꾸준히 수익을 올리는 걸까? 카지노는 게임 횟수가 늘어날수록 자신들이 돈을 딸 확률이 올라간다는 걸 알고 있기 때문이다. 그들은 또한 이러한 우호적인 확률이 주는 혜택을 얻기 위해선 모든 게임에 참여해야 한다는 것도 안다. 그들은 개별 게임의 결과를 미리 예측하려고 애쓰면서 블랙잭이나 주사위 던지기나 룰렛 돌리기 게임 중 어떤 게임에 참여할지를 취사선택하지 않는다.

다섯 가지 근본적인 진리를 믿고, 투자가 슬롯머신 손잡이를 당기는 것과 크게 다르지 않은 확률 게임에 불과하다는 사실을 믿는다면 이번 훈련이 그리 힘들지 않다는 걸 알게 될 것이다. 힘이 들지 않는 이유는 표본 크기대로 전부 투자하겠다는 약속을 끝까지 지키고 싶다는 바람과 투자의 확률적인 성격에 대한 믿음이 완벽한 조화를 이룰 것이기 때문이다. 결과적으로 두려움, 거부감, 잡념이 생기지 않을 것이다. 당신이 해야 할 일을 못하게 만드는 주저함과 머뭇거림은 있을 수 없다!

이와 달리 깨달음을 얻지 못했다면 이 훈련은 '객관적이고 확률적으로 사고하려는 바람'과 그러한 바람과 갈등을 일으키는 당신 안에 있는 모든 힘 사이에서 정면충돌을 일으킬 것이다. 훈련의 힘든 정도는 그러한 충돌 수준과 정비례할 것이다. 또 어느 정도는 앞 문단에서 설명했던 것과 정반대의 경험을 하게 될 것이다. 이 훈련을 처음 시도해보고는 훈련을 계속하는 게 불가능하겠다는 생각이 들었더라도 괜찮다. 충분히 그런 생각이 들 수 있다.

그렇다면 그런 갈등을 어떻게 해소할 수 있을까? 자신을 관찰하고, 자기 원칙 기술을 활용해서 목표에 다시 집중하라. 다섯 가지 근본적 진리와 일관성의 7대 원칙을 적어놓고, 투자를 할 때마다 항상 그것들을 보라. 확신을 갖고 그러한 진실과 원칙을 되새겨라. 이러한 진실이나 원칙에 부합하지 않는 어떤 생각이 떠오르고 그런 말과 행동을 하고 있다는 걸 눈치챌 때마다 갈등이 생겼음을 인정하라. 갈등이 가진 힘을 부정하려고 애쓰지 마라. 그것은 자기 나름의 진실을 요구하는 당신 정신의 일부일 뿐이다.

이런 일이 일어나면 당신이 성취하려고자 하는 것에 정확히 다시 초점을 맞춰라. 목표가 객관적으로 사고하는 것이라면 연상 과정을 막고(그럼으로써 '지금 순간에 발생한 기회의 흐름' 속에 머물 수 있게 된다), 실수하고, 돈을 잃고, 기회를 놓치고, 머뭇거릴지 모른다는 두려움을 극복하면(그럼으로써 잘못을 저지르지 않고 자신을 신뢰할 수 있게 된다), 자신이 해야 할 일이 무엇인지를 정확하게 알게 될 것이다. 투자 시스템에서 정해놓은 규칙을 최대한 따르라. 다섯 가지 근본적 진리에 집중하면서 규칙이 요구하는 대로 정확하게 하면 결과적으로 투자의 진정한 본질과 관련된 모든 갈등은 해소될 것이다.

다섯 가지 근본적 진리 중에 하나를 확인해주는 훈련을 할 때마다 상충되는 믿음에서 에너지를 빼내고, 확률에 따라 꾸준한 성과를 낼 수 있는 능력에 에너지를 더하게 될 것이다. 그 결과 당신이 갖게 된 새로운 믿음이 너무 강력해져서 더이상은 목표와 일치하는 방식으로 생각하고 행동하기 위해 의식적인 노력을 기울일 필요가 없어질 것이다.

　아무런 어려움과 거부감 없이, 그리고 최소 20회 이상의 샘플 투자를 할 수 있게 되면 확률적 사고가 당신의 정체성의 일부로 자리 잡았음을 확실히 깨닫게 될 것이다. 그리고 그렇게 됐을 때 비로소 당신은 한층 발전된 직관적인 투자를 할 수 있는 단계로 나아갈 준비를 끝낸 것이다.

# 확신과 인내가 있는 투자

지금까지 최고의 투자자가 되기 위해 확률적으로 사고하는 법과 그러한 사고방식을 나의 정체성의 일부로 전환하기까지 어떻게 훈련해야 하는지에 대해 이야기했다. 이 훈련법에 대해 이야기하고 나면 대부분의 사람들이 뒤이어 묻는 질문은 '그래서 언제쯤 그런 사고를 하는 게 가능해지는가?'이다.

시간은 필요한 만큼 걸릴 것이다. 내가 해주고 싶은 말은 이것뿐이다. 바라건대, 당신이 계획한 샘플 규모의 투자를 끝마칠 때까지 얼마나 많은 시간이 걸릴지 선입견에 빠지지 않도록 노력하라. 프로 골퍼들조차 스윙 연습에 매진한다는 사실을 아는가? 그들은 몸 속의 모든 근육들이 스윙할 때의 움직임을 완전히 기억해서 더 이상 스윙 동작에 일일이 신경 쓰지 않아도 될 때까지 1만 번 이상은 연습한다. 투자도 이와 마찬가지다.

당신이 골프공 치는 연습을 할 때는 누군가를 상대로 실제 경기를 하지도 않고, 대규모 토너먼트에 참가하지도 않는다. 그런데도 그런 재미없는 행위를 왜 하는가? 그 지루한 연습과 훈련이 나중에 당신이 게임에서 이기는 데 도움이 되리라 믿기 때문이다. 투자자로서 꾸준한 승자가 되기 위해 훈련하는 것도 이와 전혀 다르지 않다.

여러분의 투자에 성공과 행운을 빈다. 그러나 이 책에서 말한 적절한 사고방식을 습득하는 데 애쓴다면 사실상 '행운'은 그리 필요치 않을 것이다.

# 나는 투자를 어떻게 바라보는가

1. 투자자로서 돈을 벌려면 시장이 다음에 어떻게 움직일지 알아야 한다.

   그렇다 | 아니다

2. 나는 절대 손해 보지 않는 투자법이 분명히 있다고 생각한다.

   그렇다 | 아니다

3. 투자자로서 돈을 벌려면 시장 분석은 필수다.

   그렇다 | 아니다

4. 투자를 할 때 손해를 피할 수는 없다.

   그렇다 | 아니다

5. 투자하기 전에 항상 위험을 파악해놓는 편이다.

   그렇다 | 아니다

6. 시장이 다음에 어떻게 움직일지를 알아내기 위해서는 대가가 따른다고 생각한다.

   그렇다 | 아니다

7.  나는 승리를 확신할 수 있을 때만 투자에 뛰어든다.

그렇다 ｜ 아니다

8.  시장과 시장의 움직임에 대한 지식이 쌓일수록 투자하기가 더 쉬워질 것이다.

그렇다 ｜ 아니다

9.  어떤 시장 상황에서 투자를 해야 하는지, 어떤 시장 상황에서 빠져나와야 하는지를 정해놓고 있다.

그렇다 ｜ 아니다

10. 포지션을 뒤집으라는 확실한 신호를 받아도 그렇게 하기가 너무 힘들다.

그렇다 ｜ 아니다

11. 나는 보통 일정 기간 꾸준히 성공을 거두다가도 나중에 상당히 큰 손해를 본다.

그렇다 ｜ 아니다

12. 처음 투자를 시작했을 때 자주 손실을 보고 이따금 성공하는 데 그칠 정도로 내 투자 방법은 무계획적이었다고 말하고 싶다.

그렇다 ｜ 아니다

13. 종종 시장이 내 편이 아니라고 느끼곤 한다.

그렇다 ｜ 아니다

14. 아무리 털어버리려고 해도 과거 입었던 감정의 상처를 털어버리기가 너무 힘들다.

그렇다 ｜ 아니다

15. 나는 시장에서 어느 정도 수익을 내고 나면 빠져나오는 걸 원칙으로 하고 있다.

그렇다 ｜ 아니다

16. 투자자는 기회에 해당하는 시장의 행동 패턴을 찾아낼 수 있어야 한다. 그리고 그 패턴을 그대로 따랐을 때 발생할 수 있는 위험이 어느 정도인지도 판단해야 한다.

그렇다 ｜ 아니다

17. 가끔씩 내가 시장의 피해자라는 느낌을 받는다.

그렇다 ｜ 아니다

18. 나는 보통 일정한 시간대를 정해서 집중적으로 매매한다.

그렇다 ｜ 아니다

19. 성공적인 투자를 위해서는 대부분의 사람들보다 훨씬 더 유연하게 사고해야 한다.

그렇다 ｜ 아니다

20. 시장의 흐름을 분명하게 감지할 수 있을 때가 있지만, 종종 그러한 느낌을 받고도 민첩하게 대응하지 못할 때가 있다.

그렇다 ｜ 아니다

21. 앞으로 높은 수익을 내지 못한다 해도 욕심을 버리거나 투자를 중단할 생각은 없다.

그렇다 ｜ 아니다

22. 얼마나 높은 수익을 올리건 간에 좀처럼 만족하는 법이 없다. 항상 더 많이 벌 수 있었다고 느낀다.

23. 나는 주식투자를 통해서 내가 올릴 수 있는 수익을 긍정적으로 예상한다.

그렇다 ㅣ 아니다

24. 장기간에 걸쳐서 돈을 벌 수 있는 투자자의 능력에서 가장 중요한 건 자신이 꾸준한 수익을 낼 수 있다는 믿음이다.

그렇다 ㅣ 아니다

25. 지금 당장 한 가지 투자 기술을 배울 수 있다면 어떤 기술을 배우고 싶은가?


26. 나는 시장에 대한 걱정에 종종 밤에 잠을 설친다.

그렇다 ㅣ 아니다

27. 기회를 놓치는 것이 두려워서 어쩔 수 없이 투자를 해야 한다고 느낀다.

그렇다 ㅣ 아니다

28. 아주 드물더라도 완벽한 타이밍에 매매할 수 있기를 진심으로 바란다. 정말 완벽한 투자를 한 것 같았을 때는 기분이 너무 좋아져서 그렇지 못했을 때 들었던 모든 나쁜 감정들이 사라진다.

그렇다 ㅣ 아니다

29. 생소한 투자 계획을 세워보고, 계획에도 없던 매수(혹은 매도)를 해본 적이 있다.

그렇다 ㅣ 아니다

30. 대부분의 투자자들이 왜 돈을 벌지 못하는지, 왜 자신이 번 돈을 지키지 못한다고 생각하는지 그 이유를 두세 문장으로 써보라.